"二重性逻辑"研究
RESEARCH OF DUALISTIC LOGIC

哲学方法论之探寻
EXPLORATION OF PHILOSOPHICAL METHODOLOGY

王小刚 著

社会科学文献出版社
SOCIAL SCIENCES ACADEMIC PRESS (CHINA)

序

在哲学社会科学研究中，思想的继承与创新是有迹可循的，没有任何思想是无源之水，无本之木。但是，这些前后相继的思想之间有一种什么样的联系？用什么方法能够更高效地继承和创新呢？本书试图揭示，在总结吸收前人思想、继往开来的思想传承中，无论是对前人思想的"温故"，还是引领未来的"知新"，都应该有一定的方法可循。我们采用一种高效科学的方法，既能深入地分析前人思想中的异同点，又能深刻地洞察前人思想中的盲点，从而在"温故"和"知新"的过程中迅速地掌握要点，找到盲点。所以方法的研究对哲学社会科学来说是至关重要的。

爱因斯坦曾说过，科学的进步首先是方法的进步，因此，对方法的探索是科研创新的重要动力。现在国家提倡"推进以科技创新为核心的全面创新"[①]，科技创新所带来的效果显而易见，哲学社会科学的创新对人类发展的影响同样无处不在，上至哲学形而上学，下至各类社科实证课题研究；大至国家方针政策和企业战略规划，小至居家生活和工作安排，方方面面都离不开思想观念的创新。创新离不开科学方法论，通常的观念认为，创新主要依靠灵感、直觉与猜想等非理性的因素，逻辑的作用是不明显的。但是，本书尝试介绍一种创新性逻辑，即"二重性逻辑"；通过哲学社会科学诸实例论证，这种逻辑在哲学社会科学定性分析方面引导创新的作用是显著的。

---

① 《习近平关于科技创新论述摘编》，中央文献出版社，2016，第11~12页。

用二重性逻辑来分类的方法早已经不是新鲜事物了，在管理学中就有著名的"艾森豪威尔法则"，或称"十字法则"，源自艾森豪威尔的十字时间计划：画一个十字，分成四个象限，分别代表重要而紧急、重要不紧急、不重要不紧急、紧急不重要，把自己要做的事按照紧急程度放进去，然后先做重要而紧急那一象限中的事，如此一来，艾森豪威尔的工作和生活效率大大提高（见图0-1）。该法则由美国总统艾森豪威尔、管理大师彼得·德鲁克等积极倡导。被《时代》杂志誉为"人类潜能的导师"的史蒂芬·柯维在《要事第一》中提出的时间管理的"四象限法则"与"艾森豪威尔法则"基本一致。

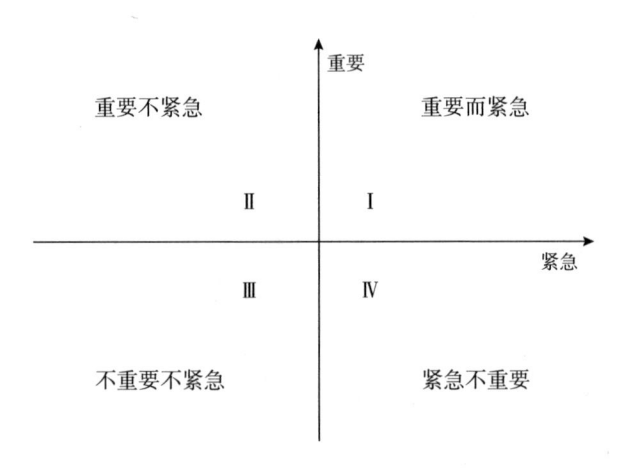

图0-1 艾森豪威尔法则

时间管理理论的一个重要观念是把主要的精力和时间用来处理那些重要但不紧急的工作，这样可以做到未雨绸缪，防患于未然。人们在日常工作中，很多时候往往有机会去很好地计划和完成一件事，但常常又没有及时地去做，随着时间的推移，工作质量下降。因此，把主要的精力有重点地放在重要但不紧急这个"象限"的事务上是必要的。这需要合理地安排时间，从而能够有效地开展工作。

第一象限和第三象限是相对立的，而且是壁垒分明的，很容易区分。第一象限是重要而紧急的事情，每一个人包括每一个企业都会分析判断哪些是重要而紧急的事情，并将其优先解决。第三象限是既不重要又不紧急的事情，有志向而且勤奋的人断然不会去做。第二象限和第四象限最难以区分，第四象限对人们的欺骗性是最大的，它很紧急的事实造成了它很重要的假象，耗费了人们大量的时间。依据紧急与否是很难区分这两个象限的，要区分它们就必须借助另一标准，看这件事是否重要。也就是按照自己的人生目标和人生规划来衡量这件事的重要性：如果它重要就属于第二象限的内容；如果它不重要，就属于第四象限的内容。

所以，通过图0-1我们能显而易见地知道，走出毫无意义的第四象限，把有限的时间投入最具收益的第二象限，不要再在第四象限做那些紧急但是不重要的无聊事情。

由上述引例可以看到，如此简单的方法应用在生活中却能收到奇效，这就是方法的力量。这里的"四象限法则"即是二重性逻辑的一种表现形式。笔者多年从事西方哲学史、伦理学和马克思主义基本原理概论本科教学，在多年的阅读与教学过程中发现，无论是大哲如柏拉图与康德，还是黑格尔与马克思，抑或是当代科学哲学领域的波普与库恩等；无论是哲学领域，还是其他社会科学领域，哲学家、思想家们在进行经验总结与理论创新时皆自觉或自发地在运用二重性逻辑。《中庸》一书中有言："君子之道费而隐。夫妇之愚，可以与知焉，及其至也，虽圣人亦有所不知焉。夫妇之不肖，可以能行焉，及其至也，虽圣人亦有所不能焉。"二重性逻辑也有这样的特点，其实我们无论在学术科研还是日常生活中都在日用而不知，它是一种极为普遍而普通的思维方法，但是其精微之处，即使圣人亦难知晓并使用之，故而它是一种值得推敲研究并推广运用的方法。

笔者在高校工作十余年，一直讲授思政公共课和专业课等诸多课程，深感思政专业的学生除了需要掌握扎实的基础知识以外，还需要响应建立创新型社会的号召，学习和探索思政专业的创新之路。本书的定位就是为思政专业的学生提供一本结合思政专业各门课程的创新方法论指导的入门书籍。笔者将在书中尝试运用"二重性逻辑"来还原和揭示哲学家、思想家们在概念创造和思想创新时的基本思路，以展示二重性逻辑的基本特点及其在学术研究过程中的运用范围与方式方法。

王小刚
2021 年 9 月

目 录
CONTENTS

第一章 "二重性逻辑"的原理及其方法论意义 / 001

> 第一节 二重性逻辑基本概念 / 003
> 第二节 "二重性逻辑"的经验基础与合理性 / 005
> 第三节 "二重性逻辑"的构造原则和技巧 / 008

第二章 概念创造与思想创新中的二重性逻辑 / 015

> 第一节 概念创造中的二重性逻辑 / 017
> 第二节 思想创新中的二重性逻辑 / 026

第三章 用"二重性逻辑"解读西方哲学史中的创新案例 / 039

> 第一节 古希腊罗马哲学史中的创新案例 / 041
> 第二节 中世纪哲学史中的创新案例 / 086
> 第三节 近代哲学史中的创新案例 / 103
> 第四节 当代西方科学哲学史中的创新案例 / 146

第四章 "二重性逻辑"视域下马克思主义原理中的创新案例 / 169

> 第一节 马克思主义中基本原理的创新 / 171
> 第二节 用"二重性逻辑"解读唯物辩证法的思维模式 / 174
> 第三节 二重性逻辑视域下的自由与必然关系之探讨 / 188

第五章　"二重性逻辑"视域下的传统智慧 / 193

　　第一节　儒家思维中的"二重性逻辑" / 195
　　第二节　道家思维中的"二重性逻辑" / 204

第六章　王海明《新伦理学》思想中的"二重性逻辑" / 211

　　第一节　王海明新伦理学体系中的二重性逻辑研究 / 213
　　第二节　二重性逻辑视域下的多元主义立场 / 224

参考文献 / 231

后　记 / 232

第一章

"二重性逻辑"的
原理及其方法论意义

第一节 二重性逻辑基本概念

一 "二重性"

"二重性"或"两重性"的概念广泛出现于社会科学中，关于对象的二重性特征的研究比比皆是。粗略地统计，有诸如"劳动二重性""人性二重性""价值二重性""伦理二重性"等关于不同对象的二重性特征的研究成果。这些研究表明，一方面，从客观上看，对象的性质往往不是单向度的而是多维的；所谓"二重性"并不能被僵化地理解为事物只有两个方面的性质，事物的性质是无穷的。这里的"二"不是简单的数量的枚举，而是揭示了事物的诸多性质所固有的内在差异性和对立性，有其一必有其二，有其正必有其反。这是"二重性"逻辑的本体论基础。另一方面，从主观上看，对事物的认识越全面，便越接近真理。从单一的视角转向多维的视角，这是认识进步的表现，也是走向真理的路径。关于"二重性"的研究越多，表明人类对世界的认识越深入。这是"二重性"逻辑的认识论依据。

"二重性"与"二元性"不同。尽管在事物二重性性质的研究中，必然采用两个元来描述，但是"二元性"表达的是同一水平面的二元关系，只有逻辑关系，没有历史递进。"二重性"体现的是不同层次间的互动关系，体现了思维的深入发展，是逻辑与历史的统一。

在诸如"劳动二重性"等学术概念中的"二重性"指的通常是对某一研究对象的分类结果，如劳动可以分为具体劳动与抽象劳动，价值可以分为价值与使用价值，等等。但是本书所讲的二重性是指研究对象皆有两个以上呈递进关系的分类标准，如"量与质""逻辑与历史""先验与经验"等。

二 "二重性逻辑"的特点

逻辑一词，从最广义的方面来讲，可以分为事物的逻辑与思维的逻辑，思维的逻辑又可以分为形式逻辑与内容逻辑。形式逻辑是只关注推理过程与结构而与事实无涉的逻辑，即我们所说的传统普通逻辑以及近代数理逻辑；内容逻辑亦称实质逻辑，是既关注推理结构又关注事实内容的逻辑，是形式与内容相结合的逻辑，二重性逻辑是一种典型的内容逻辑。所谓二重性逻辑，即多维度多层次认识事物的方法，是哲学社会科学与日常事务最常用且有效的思维方式。

首先，形式逻辑是不够的。现实事物都是多棱多面多边，而且处于不断流变之中，想要把握事物的本质，想要正确地处理和应对现实问题，仅靠完全形式化的形式逻辑是远远不够的，形式逻辑不像我们所想象的那样完美无缺，一方面，它不能服务于论证实践的需要，由于不能考虑到内容的变化，反而在实践中容易犯形而上学的思维错误；另一方面，由于它采用符号化和数学化的方法来研究推理，虽然显示出严格性和确定性，但是同人们的实际思维相差甚远。就其本性来说，形式逻辑没有能力处理日常思维所涉及的种种问题。如果我们一味地去追求形式逻辑，不仅将背离逻辑学在人们日常思维与论证中的工具性质，而且还会使得它由于远离人们的思维实际而丧失其生命力，对逻辑的存在构成威胁。因此，要发挥逻辑学的应用效力，就不能不结合特定领域思维的特殊性。而思维一旦涉及哲学社会科学与日常事务，就不能不需要一种多重性的思维方式。这就是二重性逻辑存在之理由。

其次，辩证逻辑的应用范畴偏窄，可以运用于日常事务，但难以处理精细化的思维。由于辩证逻辑既要遵守普遍的思维规律这个大前提，又要考虑到现实的不断变化这个特殊的小前提，所以辩证逻辑在运用过程中必须实事求是，具体问题具体分析。事实上，辩证逻辑就是一种研究事物二重性特征的逻辑，所有关于事物二重性性质的研究在方法上都有一个共性特征，即采用两个元，既可静态地剖析事物的二重结构，亦可动态地把握事物的发展变化。对这种方法的形式研究即是二重性逻辑。辩证法亦是如此，辩证法事实上运用到两个元，一个元是普遍规律，另一个元是现实条件；一个元是有关思维规律的大前提，另一个元是有关现实存在的小前提；一个元是出于形式上的考虑，另一个元是出于内容上的考虑。因此，辩证逻辑反映的是形式随内容而变化的规律，本质上是一种"二重性逻辑"，而且是一种处理"形式与内容""普遍性与条件性""大前提与小前提"等范畴的"二重性逻辑"。所以，广义的二重性逻辑实际上包含着辩证逻辑，本书中，笔者使用狭义的二重性逻辑，它与辩证逻辑一同作为内容逻辑之一。固然，二重性逻辑与辩证逻辑一样，只能是一种实质逻辑，难以真正形式化严格化，但是由于二重性逻辑较之辩证逻辑有更严格的标准，所以在处理哲学社会科学思维活动时更为清晰明确。而且二重性逻辑不局限于处理现实事务，它在纯思维的活动中也能灵活运用。

正是以事物固有的二重性特征为基础，以诸多关于事物性质二重性的研究为依托，本书展开对二重性逻辑的研究，试图从横断科学的层面去探讨二重性逻辑的基本结构与应用前景。在关于结构的研究方面，由于无法形式化，只能采用类似文恩图的方式进行直观的解释。在应用前景上，本书主要结合哲学社会科学的典型例证来加以说明，以体现二重性逻辑的方法论意义。

第二节　"二重性逻辑"的经验基础与合理性

"二重性"是认识过程中的思维层次的表征，是对一重性、一维性、一阶性或一元性思维的提升。"二"并非局限于数字二，而是相对于"一"而言的一种泛指，是对"一"的反对和超越，即"非一"。所谓"二重性逻辑"，是在认识过程中超越单一向度，从多维多面多棱多边多层看问题的一种思维方法。从逻辑上看，对概念"属加种差"的定义就是一种"二重性逻辑"，"属"是第一重逻辑，"种差"是第二重逻辑。推理的过程也是一种二重性逻辑，大前提是第一重逻辑，小前提是第二重逻辑。从经验上看，事物外部表现的多维性与多层性就是二重性逻辑得以存在的经验基础，事物内部矛盾的普遍性与特殊性也是二重性逻辑得以适用的依据。

二重性逻辑的经验基础来自我们对事物做事实判断或者价值判断的过程。可以发现，任何一个涉及具体事物的事实判断或价值判断都内在地包含着大前提与小前提，有时是明显的，有时是不明显的，但是逻辑上都存在这样两类前提，否则就会犯抽象的、形而上学的错误，以辩证法的立场看，这是一切判断的条件性的体现。这就要求我们在分析问题的过程中，避免用一重标准即一个元来做出判断，而是尝试多加一重标准，用两个元来思考问题。"二重性逻辑"本质上是一种整体看问题的方法，而且由于标准的严格性保证了思路的清晰，从而避免了整体而又模糊的思维缺陷；同时，由于两重标准之间的递进关系，所以呈现思维的层次性特点。故而，其本质上是一种对我们思维的梳理与简化，在定性分析的过程中大有用武之地，简单地说，"二重性逻辑"具有描述、解释、完善与拓展的功能，恰当地运用这种方法有助于我们拓展思维领域，优化思维结构，往往会发现新的领域，擦出新的思想火花。由于"二重性逻辑"无法形式化，故而采用图像展示的方式，直观地表达概念之间的关系，可以说兼顾了形象思维与逻辑思维的优点。简言之，"二重性逻辑"兼有直观性、全面性、规范性和层次性四大特点。

通常人们分析问题习惯于用一个明晰的标准来区分，但是这种非此即彼的单线思维容易将问题过于简单化，导致形而上学地思考问题，这是我们的思维缺乏整体观念的表现。同时，当我们在使用辩证法进行整体思维的时候，又往往流于笼统和模糊，让人觉得不够严谨和规范，这也是辩证思维不被广泛采用的原因之一。如图1-1所示。

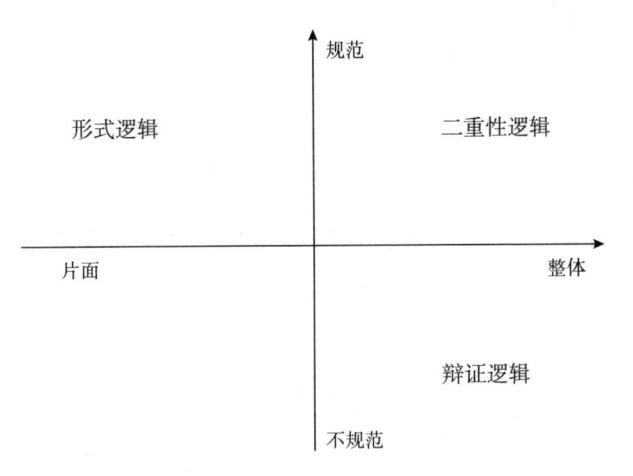

```
              规范
               │
    形式逻辑    │    二重性逻辑
               │
               │
  片面 ────────┼──────── 整体
               │
               │
               │    辩证逻辑
               │
             不规范
```

图1-1　二重性逻辑与形式逻辑、辩证逻辑的关系

形式逻辑的思维往往注重规范性与精确性，但是片面孤立地看问题，结果导致形而上学；辩证逻辑的思维注重整体看问题，在流动范畴的前提下看问题，是非常科学的指导性原则，但是在具体运用过程中，往往对流动的范畴把握不够准确，因而抓不住矛盾转化的关键点，实用性大打折扣。

如何既克服这种思维的局限性，同时又能克服思维的模糊性，而达到辩证的创新式思维呢？"二重性逻辑"的构想即来自对形而上学思维的片面性和辩证法具体运用过程中的模糊性的双重考察，从而达到逻辑上的完备性和经验中的有效性的统一。

序言中的时间管理"四象限法则"让人印象深刻。这不禁让人思考，为何一个简单的直角坐标系可以有如此神奇的效果，并被管理学大师们推崇呢？首先，从逻辑上看，其既具备简洁完备的逻辑力量，四个象限的清晰划分让人无可辩驳；又有着灵活多变的应用特征，两个变量（即"元"）可以根据实际的需要而灵活选择。当然，变量（元）的抽象度越高、概括性越强，其分析的效果越明显。其次，从经验上考察的话，主体的认识总是受到各种认知条件的制约，这是认识的局限性的表现，同时也是所有认识皆有条件性的根据。正因为我们的认识都有条件性和相对性，所以我们要尽量整体看问题，多角度看问题，以尽量减少认识的误差。

"二重性逻辑"结构是一个二维结构，不是单线条的孤立的形而上学思维，而是充分考虑了更多条件的辩证思维。形象地说，人们习惯于用一根数轴即一重固有标准来看问题，其结果只有两个真值；"二重性逻辑"的创造性思维在于，如果能够再添加一根新的数轴，多一重新的标准，我们就能够不断突破之前的认知条件，在新的前提下看问题。把固有的条件当作大前提的话，新的条件可以作为小前提，这样我们关于事物的认知结果变成了三个或者四个真值，眼界也随之上升到了一个新的层次，所获得的就是更全面、更深刻的认识。因而，"二重性逻辑"本质上是一种全景式、组合式和递进式思维，有助于我们在创新活动中拓展思维领域，提升思维层次，这是一个原理简单但用起来无比灵活有效的思维方法。此外，本书对"二重性逻辑"做了一个形象化的体现，用坐标系或者类坐标系的方式来展现创新思维的过程，既在选取两重变元的过程中体现了抽象思维，又在二元坐标系中体现了形象思维，这样兼顾了精练和直观的特点。

第三节　"二重性逻辑"的构造原则和技巧

如前所说，"二重性逻辑"既可以类似于"四象限法则"一样用两根数轴分成四个象限，又可以根据需要分成三种情形，此两种情形具体在书中都会有实例说明。但是无论什么情况，两个"元"是必要条件。

"二重性逻辑"的两个"元"就是我们根据情况所选择的两重标准，每个"元"按数轴方向分为两个"变元"，即两个相关的概念。每一组变元在数轴上分成两极,是相互对立或矛盾的关系。在元的选择与变元的使用方面,具有灵活性。

首先,元是灵活多变的。在上述时间管理方法中,"紧急"和"重要"就是两个元。"紧急"是时间范畴,"重要"是价值范畴。除此之外,我们可以在诸多范畴中选取恰当的两类来作为分类标准,马上展现出不一样的效果。比如,可以将上述两个元改成"必要"与"重要","必要"是逻辑范畴,"重要"是价值范畴,放在一起组合的话,效果如图1-2所示。

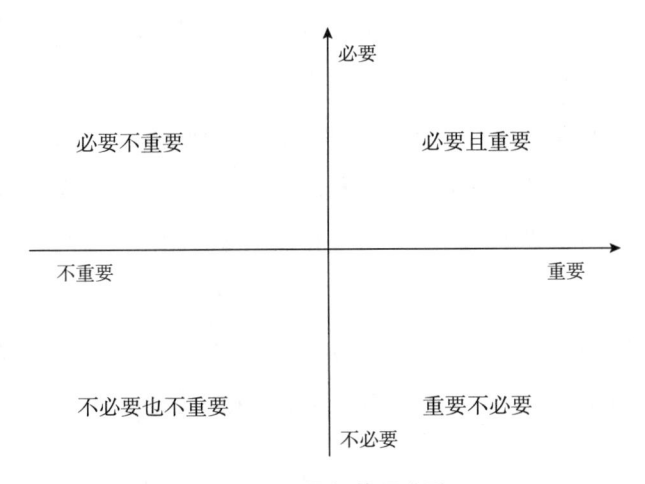

图1-2 目标管理法则

借用"时间管理法则"的说法,图1-2可以称为"目标管理法则"。人生最需要追求的固然是必要且重要的事,比如健康与良知等,这个可以说众所周知。但是其他一些目标容易对人生产生错觉,借助于这个目标管理分类方法,就可以避免把精力浪费在一些不正确的目标上。比如说金钱、名声与地位等,至多属于第二和第四象限,甚至对于有些人来说,它们属于第三象限,但是无论如何绝不是属于第一象限的。此外,每个人以及人生的每个阶段,都可以根据图1-2来调整自己的奋斗目标,这对于我们矫正自己的价值观,合理分配人生精力是很有必要的。

其次,变元间的关系也可以是灵活的。一个元可以分为两个变元,这两个变元可以是互相矛盾的关系，比如上述两个例子中，"重要"这个元分成两个相反的变元："重要"与"不重要"，"紧急"分成"紧急"与"不紧急"，"必要"分成"必要"与"不必要"。但是有时候也可以根据需要分成两个相互对立的变元和两个具有差异的变元。关于同一、差异、对立与矛盾之间的联系与区别，本书将在下一章有详细论述，简单地说，所谓矛盾就是形式矛盾，即"A 与非 A"，每个概念只有唯一的矛盾概念，所以有时候在数轴上可以做标注也可以不做标注；所谓对立就是辩证矛盾，既有斗争性又有同一性，比如"黑与白""好与坏"等，对立的概念不是唯一的，因此在数轴上要做出标注。下面举个对立变元的例子。

秦晖教授的重要思想之一是"西儒会融"或者"引西救儒"，这是他对晚清以来儒家图新求变的心路历程的事实描述，也是他对如何在文化上继承传统并且开放发展的价值判断。在此不做价值上的置评，仅对秦晖教授的"西儒会融"思想做一番二重性逻辑上的探讨。按照"尊儒学与反儒学"和"尊西学与反西学"两大变量来分类的话，当时的社会思潮可以分为四类：文化虚无主义、文化专制主义、文化保守主义与西儒会融。

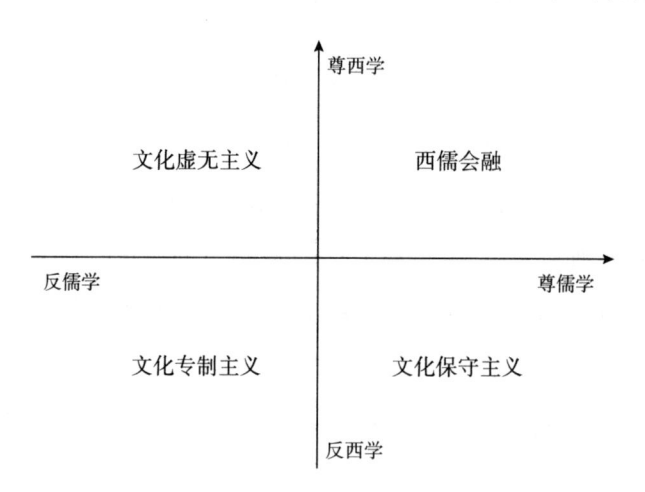

图 1-3　晚清社会思潮分类

如图 1-3 所示，第一类是既批判西方启蒙思想，又批判儒家思想的观点，它们实质上是一种文化专制主义，这种思想其实是"法道互补"的封建文化遗毒。第二类是那种只要儒家、不学西方的文化保守主义，他们紧抓不放的儒家思想，其实质量参差不齐，充斥了"道儒"和"法儒"的思想，没有西方启蒙思想的融合，无法将这些思想垃圾从儒家思想中清理出去。他们抱残守缺，食古不化，完全落后于现代文明，早该被扫入历史的垃圾堆。第三类是当时社会的激进思潮之一，即文化虚无主义，他们的态度是主张全盘西化，认为传统文化特别是儒家思想是社会道德堕落的罪魁祸首，他们的主张好比是希望国人放弃吃米饭的习惯，改吃西方人喜爱的肉食，这种观点同样是形而上学，刻板僵化，在理论上和实践中都是有害的。第四类就是"西儒会融"，他们以郭嵩焘、徐继畬等"纯儒"为代表，主张合理吸收西方的文明。图1-3清晰地展示了秦晖教授文章中各类思潮之间的联系与区别，从而也为做正确的价值判断奠定了基础。

二个元的关系与上述不同，"尊与反"不是相互矛盾而是相互对立的关系，在此语境中，"儒学与西学"也是一对对立的概念。选择这两对概念准确地抓住了晚清时期这四类思潮的主要特征，简洁而明了，并让人对之有更深刻的理解。

最后，元的使用也是灵活多变的。有时可以将对立的一组概念分开来作为两个元，也可以根据需要将对立的概念设为一个元，另外再补充一个元。

例如，关于"性善"与"性恶"这一组对立的概念，在研究人性善恶的时候，可以拆开安排成两个元，此时每个元内部两个变元之间是相互矛盾的关系，如图1-4所示。

这是关于性善性恶的争论中出现的四种情况，一目了然。比如中国历史上，孟子讲人性本善，荀子讲人性本恶，扬雄主张人性是善恶混合，公孙子主张人性无善无恶。

在研究人的社会性的时候，又可以将"性善"与"性恶"这组概念设为一个元的两个相互对立的变量，同时增加另一组对立的变量作为另一个元，见图1-5。

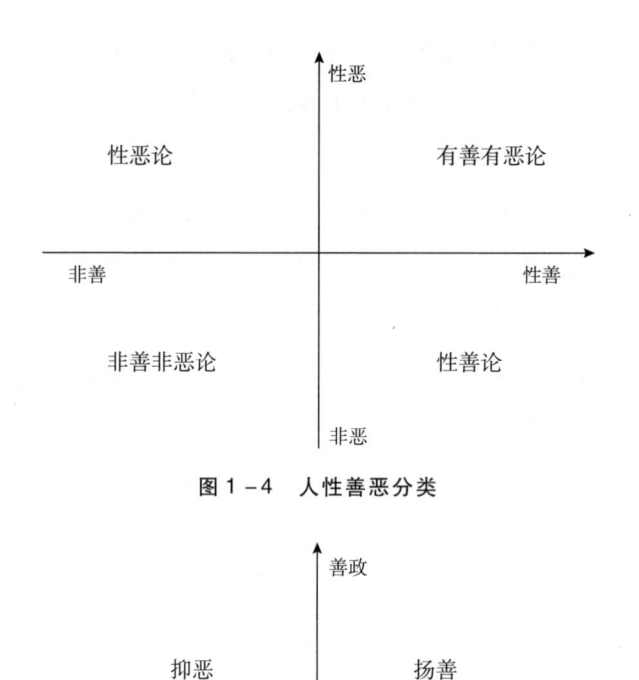

```
            性恶
             |
   性恶论     |    有善有恶论
             |
   非善 ――――――+――――――― 性善
             |
   非善非恶论 |    性善论
             |
            非恶
```

图 1-4　人性善恶分类

```
            善政
             |
     抑恶    |    扬善
             |
    性恶 ――――+――――― 性善
             |
     助恶    |    抑善
             |
            恶政
```

图 1-5　人性与善政关系

"性善"与"性恶"这组变量是先验范畴,"善政"与"恶政"这组变量是经验范畴。图 1-5 很清楚也很深刻地表明了政治对人性的影响。好的政治能扬善抑恶,坏的政治却能使好人变恶,助人为恶。

比较图 1-4 和图 1-5 可以看到,由于所探讨的人性的方面不同,所以,在选取哪两个元,以及将每组变元设置为矛盾还是对立的关系时,都需要根据情形来做出调整。

所以,"二重性逻辑"之所以在应用中变化多端,完全是根据实际的需要而制定相应的元与变量。运用之妙,存乎一心,在遵循上述三个原则的前提下，怎么运用要靠对具体问题的具体分析。

　　本书尝试将"二重性逻辑"主要运用于西方哲学与唯物辩证法的解释性分析，展现其在思维创新活动中的显著效果；另外也选取其他社会学中的典型例证，体现其广阔的应用范围。所以，本书的目的有两个，一个是在科学方法论的意义上介绍"二重性逻辑"，使普通读者能掌握基本的使用技巧，提高思维创新的能力；另一个是将之作为哲学业余爱好者的辅助读本。本书大部分篇幅是关于如何运用"二重性逻辑"对哲学内容进行通俗简明的解释，使非哲学专业的读者们亦可以轻松理解哲学的诸多深刻概念，窥见哲学家们思维创造的奥秘。

第二章

概念创造与思想创新中的二重性逻辑

二重性逻辑可以作为定性分析中一种新颖而特殊的手段。定性分析是哲学社会科学的重要工具,无论是逻辑推演还是思辨,都是一种理性的定性分析方法,非常需要二重性逻辑这种思维工具。无论是思想家们概念与思想的创新过程,还是其解读与论证过程,都可以用二重性逻辑给予合理解释。因此,二重性逻辑的应用范围主要有两种:一是概念的创造;二是思想的创新。

第一节　概念创造中的二重性逻辑

在人类所有的创新中，恐怕哲学的创新是最为深刻的；而在哲学的创新中，概念的创造是最为重要的。哲学的智慧体现在认识事物方面的深刻性与全面性，究其原因，哲学善于创造概念，而且超越了日常"只知其一，不知其二"的简单思维，能创造出多层次的概念。正如德勒兹所说，哲学最重要的甚至是唯一的任务就是制造或者说创造概念。

概念是被创造的，但绝不是凭空捏造，概念之所以被创造往往是因为旧的概念的僵死和对新的时代或者新的事件的"失语"，在这样的意义上，概念是有生命的，概念是有"力"的。在哲学史上，柏拉图、亚里士多德、康德、黑格尔等都是创造概念的大师，其中可以说黑格尔是最为自觉地使用概念的典范。在他之前，康德还是在静观、知性的层面上来使用概念，比如他那典型的从逻辑学史上总结出来的十二对"范畴"，所以就连矛盾和辩证法在康德那里都是偶然之物。黑格尔则不然，在他的绝对唯心的体系内，他使概念活了起来：一个概念经由自身的内在规定性而过渡到一个新的概念，这一新的概念同时借由自身新的规定性而继续生成又一新的概念……以此类推直至达到终极概念即黑格尔的"绝对理念"。在这样的意义上，黑格尔的辩证法是关于概念的辩证法。所以，黑格尔才会认为，"达到概念的概念，自己返回自己，自己满足自己，就是哲学这一学科唯一的目的、工作和目标。"[①] 文德尔班也评价道："只有通过黑格尔，哲学史才第一次成为独立的科学，因为他发现了这个本质问题：哲学史既

[①] 〔德〕黑格尔：《小逻辑》，贺麟译，商务印书馆，2007，第59页。

不能阐述各位博学君子的庞杂的见解，也不能阐述对同一对象的不断扩大、不断完善的精心杰作，他只能阐述理性范畴连续不断的获得明确的意识并进而达到概念形式的那种有限发展过程。"①

笔者是从哲学方法论的角度去研究哲学概念的变迁过程，对哲学概念的创造方法的研究，缘起于文德尔班的《哲学史教程》。关于西方哲学史的著作汗牛充栋，但是只有文德尔班的《哲学史教程》启发了笔者对于哲学概念创造过程的思考。作者在第一版序中说："着重点就放在从哲学的观点看最有分量的东西的发展上，即放在问题和概念的历史上，我的主要目的就是将这发展理解为连贯的相互关联的整体。"② 文德尔班说，哲学力图把人类理性呈现其活动的必需形式和原则自觉地表现出来，力图把这些形式和原则从原始的知觉感情和冲动的形式转化为概念的形式。每一种哲学，向着某一方向，以某一种方式，在或大或小的领域里，力图将世界上和生活中直接表现出的材料，用概念明确地表达出来……哲学史是一个发展过程，在这个过程中，欧洲人用科学的概念具体表现了他们对宇宙的观点和对人生的判断……哲学史知识是必需的。不仅是对于所有的学术教育是必需的，而且对于无论何种文化也是必需的。因为哲学史告诉我们概念和形式是怎样创造出来的，我们大家在日常生活中，以及在各特殊科学中，都用这些概念和形式去思考和判断我们的经验世界。③

关于哲学史的看法，文德尔班克服了两种极端的倾向。一方面他批判黑格尔，认为黑格尔把某种范围内才有效的因素，当作唯一的至少是主要的因素。另一方面他也批判那种在哲学学说中只看见个人混乱的偶然性的思想，从而绝对否认历史中的理性的观点。④ 文德尔班对哲学史的看法，事实上就是他对哲学概念创造的看法。他指出，有两种错误的倾向，一种

---

① 〔德〕文德尔班：《哲学史教程》，罗达仁译，商务印书馆，1997，第20页。
② 〔德〕文德尔班：《哲学史教程》，罗达仁译，商务印书馆，1997，第18页。
③ 〔德〕文德尔班：《哲学史教程》，罗达仁译，商务印书馆，1997，第18页。
④ 〔德〕文德尔班：《哲学史教程》，罗达仁译，商务印书馆，1997，第22页。

是像黑格尔那样用僵化的正反合的方式来创造概念，另一种是凭借灵感随意地创造概念。文德尔班在《哲学史教程》这本书里面践行了他的理念，他对哲学史的研究，重点放在对概念的剖析上，尤其是对概念的前后相继的内在联系产生了浓厚的兴趣，在他看来，概念的创造不是偶然的，也不是僵化的，而是有着内在的逻辑线索。

文德尔班的系列论述启发笔者去寻找隐藏在这深刻的概念创新背后的核心奥秘，正是"二重性逻辑"。

经过对哲学史的研读，笔者发现，二重性逻辑是哲学方法论的核心。以柏拉图为例，他是西方哲学史上最早一位自觉地创造概念的哲学家。他提出的二分法与通种论是为了解决"分有说"的疑难，但在此过程中，却自觉地分析了诸对彼此矛盾的概念，并且对概念进行有意识有目的的裂变。柏拉图说哲学"是区分和集合的热爱者"。区分和集合是辩证法的两条途径：集合是由低到高逐步上升的过程，区分是相反的由高到低的下降过程。区分的方法实际上是两分法：为了确定一个概念的定义，从包含它的最高概念开始，把它分成两个相互矛盾的概念；撇开其中与所需定义无关的一个，把另一组相关概念再分为相互矛盾的两个概念。文德尔班在《哲学史教程》中说："柏拉图依靠这个权宜之计将善的理念指定为一，并力图从一中推论出不变的事物与变的事物的二重性，即一与多，或限度与无限的二重性……通过划分等级，原来由于知觉与思维之间的对立面而发展起来的现实概念的分裂成倍的增加了。"[①] 二分法的目的当然是维护"分有说"，提供了联系普遍理念与可感个体的纽带。但是它的副产品则是一方面为哲学提供了大量的新概念，另一方面为哲学概念的创造提供了一种重要的方法，即根据概念的二重性特点，持续地进行分裂，以此来创造大量的哲学概念。下面我们从三个方面分别来解读思想家们创造概念的奥秘。

---

① 〔德〕文德尔班：《哲学史教程》，罗达仁译，商务印书馆，1997，第228页。

一 "裂变"与"衍变"

每位哲学家固然有他自己的哲学方法论，但其核心和实质都是一样的，在哲学创造过程中，哲学家通常使用一对范畴或概念来划分另一对范畴或概念，从而两两结合形成四种组合，这便是一种典型的二重性逻辑。在西方哲学中，首先出现一个个原始的概念，如水、火、土、气、数等。随着抽象思维的发展，开始形成"生成与消亡""凝聚与消散""有定形与无定形""动与静"乃至"一与多""存在与流变""物质与精神""一般与个别""现象与本质"等更抽象的概念。在西方哲学主客二分的传统里，正如黑格尔所说的，涉及本质的概念是成对出现的，这些成对出现的概念就开始形成"概念组"。随着思维的进一步深入，概念组内部每个概念在新的条件下又会分裂为两个对立的新概念，这个过程笔者称之为概念的"裂变"，比如"感性与理性"这一概念组，在亚里士多德那里，"理性"又分裂为"理论理性"与"实践理性"，到了康德这里，"实践理性"又分裂为"一般实践理性"与"纯粹实践理性"。具体见图2-1。

理性	理论理性	
	实践理性	一般实践理性
		纯粹实践理性

图2-1 理性分类

如图2-1所示，这种裂变方式是用"理论与实践"这一对范畴去划分"理性"这一个概念，得到一对概念组，进而再用其他一对范畴继续划分，形成裂变效应。

用这种方式可以裂变出许多概念组。比如伯格森将时间这个概念，加入了"质与量"这一对范畴作为新标准,从而创造了质的时间和量的时间这两个全新的概念,大大深化了我们对时间的理解。比如用"内与外"这一对范畴对另外一些概念进行裂变,将"原因"裂变为"内因与外因",将"形式"裂变为"内形式与外形式",将"转化"裂变为"内化和外化",将"约束"裂变为"自律与他律",等等。具体见图2-2。

内	内因	内化	自律	内形式
外	外因	外化	他律	外形式

图2-2 概念裂变

以上是用一组范畴来划分一个概念从而裂变出一对新概念的方式。另外一种裂变方式是用一个范畴去划分一个概念组,形成两个概念组。比如在马克思主义原理课程中,讲到新事物和旧事物的时候,要善于引导学生,可以问学生,新和旧这一对概念,除了时间上的关系,还可能有什么关系?引导学生从事实与价值的区分入手,事实关系,在此即表现为时间关系,是客观的关系;价值关系,则是主观的关系,在此即表现为,顺应时代潮流的,则在价值上为新;逆时代潮流的,则在价值上为旧。于是,在"新与旧"这一对概念的基础上,进行第二重逻辑分类,以"事实与价值"这一对立概念为标准来划分,我们就创造了"事实上的新与旧"与"价值上的新与旧"这两对新概念。用二重性逻辑表示见图2-3。

可以看到,正是通过二重性逻辑,在原有的概念基础之上,加入了新的标准,从而实现概念的裂变和精细化,从而使我们的认识得以深入。哲学概念的生成不是随意的,而是像细胞的分裂一样,一裂变为二,二裂变为四。概念与概念之间就是以这种二元对立的方式,不断地裂变式的展开。从精神与物质的二元对立开始,逐渐生长成一个枝蔓横生的树状结构。

另外一种概念生成的方式是概念组向外部扩展的过程,在不同的领域和层面形成一对对相似的概念组。例如,自泰勒斯开创了从"多"中

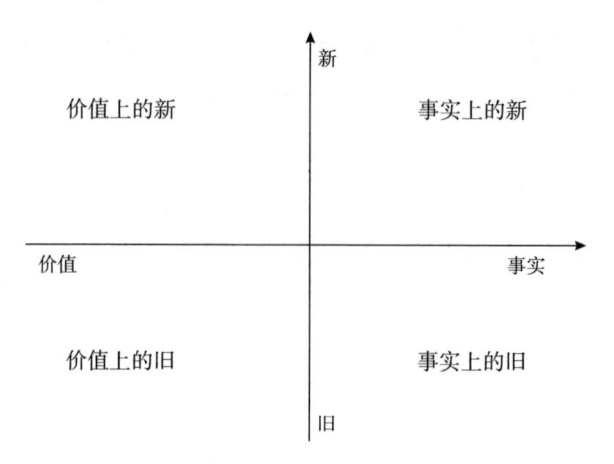

```
        新
        |
价值上的新  |  事实上的新
        |
────────价值────┼────事实────────
        |
价值上的旧  |  事实上的旧
        |
        旧
```

图 2-3　概念裂变

寻找"一"的本体论传统之后，从"一与多"这一概念组向其他领域迁移，逐渐形成了"个别与一般""现象与本质""动与静""同与异""变与不变""存在与非存在""理智与感觉""真理与意见""永恒与可朽""可靠与不可靠"等诸多相似的概念组，可以思辨到，它们之间有这样一种维特根斯坦的"家族相似"的关系，后面这些概念组都部分地具有了"一与多"这个概念组的内涵，它们是在"一与多"这一基本概念组投射到的不同的领域所产生的，相当于在"一与多"的基础上增加了第二重标准而构成的。因此，这种以基本概念组为单位向外部领域扩展的过程笔者称之为"衍变"，其实哲学里面所谓的概念思辨就是概念组的"衍变"过程。具体见图 2-4。

一	同	静	不变	一般	存在	本质	理智	真理	永恒	可靠
多	异	动	变	个别	非存在	现象	感觉	意见	可朽	不可靠

图 2-4　概念衍变

可以看到，通过"衍变"的过程，"一与多"这一对基本概念向各个领域扩散，形成了更多含义相似的概念组，它们共同丰富和深化了"一与多"这对基本概念的内涵。

二 裂变与衍变的方式

"裂变"过程是逻辑性较强的过程，体现的是概念间的对立统一；"衍变"过程是思辨性较强的过程，体现的是概念组间的相似统一。

在哲学里面，概念裂变与衍变的方式还是有迹可循的。首先，在概念裂变的过程中，对逻辑范畴、事实（或历史）范畴与价值范畴的区分是哲学里面最深层的区分方式之一。比如必要与重要的对立就是逻辑范畴与价值范畴的对立，实然与应然的对立就是事实范畴与价值范畴的对立，先验与经验的对立就是逻辑范畴与事实范畴的对立。这三者之间经常两两组合作为一对标准来对其他概念或概念组进行概念裂变。比如上述对"新与旧"这对概念的裂变就是如此。事实上，黑格尔本质论五大范畴本质上都可以看作是"逻辑与历史"这一概念组在不同领域的衍变，比如在"可能与现实"的范畴中，可能世界符合矛盾律，现实世界符合充足理由律，其本质上是逻辑与历史的关系问题。在"必然与偶然"的范畴中，必然是逻辑范畴，偶然是历史范畴。其本质也是逻辑与历史的关系问题。同理，原因属于逻辑范畴，结果属于历史范畴；本质属于逻辑范畴，现象属于历史范畴；形式属于逻辑范畴，内容属于历史范畴。这些更是非常明显的。具体见图2-5。

逻辑	原因	形式	必然	本质	可能	矛盾律	形式逻辑	形而上学
历史	结果	内容	偶然	现象	现实	充足理由律	辩证逻辑	辩证法

图2-5 概念衍变

此外，上述本质论五对范畴也经常用来划分概念，比如对"真"这个概念可以区分为形式上为真和内容上为真。数学意义上的真就是形式上为真；物理意义上的真就是内容上的真。"善恶"这一对概念可以划分为"原因的善与结果的善"和"原因的恶与结果的恶"两对概念。以上这些范畴是划分概念时常用的基本范畴。

其次，在概念衍变的过程中，也有一些基本的领域作为概念迁移的条件。通常是本体论、认识论、逻辑学与价值论这几大领域。比如上述从"一与多"衍变产生的概念组中，"存在与非存在"和"静与动"是本体论领域，"理智与感觉"和"真理与意见"是认识论领域，"同与异"和"个别与一般"是逻辑学领域，而"永恒与可朽"和"可靠与不可靠"则是价值论范畴。除哲学几大领域之外，社会科学其他领域都可以作为衍变的前提条件。

黑格尔本质论中的五对范畴可以帮助我们寻找到许多概念组之间的"衍变"关系。比如从"内容与形式"这一个概念组出发，可以衍变出形式逻辑与辩证逻辑、逻辑学与认识论、程序民主与实质民主、自然主义与规范主义、逻辑主义与历史主义等概念组。可以做如下思辨，形式逻辑就是只有形式而不重内容的逻辑，逻辑推理的真假只与形式有关，而与内容无关。辩证逻辑则是看重内容的逻辑，它随着对象和条件的变化而变化，所以辩证逻辑注重具体问题具体分析。它们与"形式与内容"这个概念组有本质上的相似性。逻辑学与认识论的区分，本质上也是形式与内容的区分。逻辑（通常指狭义的数理逻辑）只与形式有关，而认识论与经验内容有关。通过对"形式与内容"这一对范畴的展开，我们不难发现哲学史上很多概念都是在这一对对立范畴上衍变而生的。科技哲学领域里的自然主义与规范主义，逻辑主义与历史主义等一系列家族相似的对立概念，自然主义与历史主义主张经验与历史，规范主义与逻辑主义主张形式与逻辑，它们在本质上都是形式与内容的对立。在政治学领域里，程序民主与实质民主的区分也是形式与内容的区分。程序民主强调的是过程，实质民主强调的是结果。程序民主注重的是形式的正确性，而实质民主注重的是内容的可靠性。

比如现象与本质这一对范畴，运用这对范畴来区分存在，可以分为现象的存在和本质的存在。这样就不难理解康德所区分的现象界与物自体，以及把人分为现象界的人和超越界的人了。哲学流派中很多对立都是现象主义与本质主义的对立，反实在论与实在论的对立就是如此。比如原因与结果这一对范畴，可以联系到科技哲学领域里的反实在论与实在论的对立，此二者的对立既是现象与本质的对立，也是结果与原因的对立。反实在论注重结果的可描述性，实在论则注重原因的真实性。比如可能与现实这一对范畴，可以衍变出潜能与现实、可能世界与现实世界等家族相似的概念组。

通过上述范畴的运用可以看到，将这些基本范畴运用到认识论、伦理学、政治哲学等不同的领域时，会产生一系列家族相似的概念组，它们是这些基本范畴在不同领域的投射。这些同样是二重性逻辑的机制在起作用。不同的领域就是不同的大前提，在这些大前提下，产生出了不同的结论，表现为不同的派别和主义。

三 概念裂变与衍变的意义

通过概念的裂变，可以认识到概念组之间在外延与内涵上的逻辑学关系；通过概念的衍变，可以认识到概念组之间在含义与内容上的意蕴关系。裂变是一个逻辑性较强的过程，裂变后的概念组与之前的概念或概念组之间有外延缩小而内涵加深的逻辑关系。而衍变关系所形成的概念组之间则没有这么强的逻辑联系，它们之间更多的是意义和内容上的联系，需要通过思辨的方式来完成。比如在"一与多"和"永恒与可朽"之间没有必然的逻辑关系，但是可以通过对古希腊哲学史的梳理来理解这两组概念之间的相似性，这就是哲学中经常使用的思辨方法。另外，通过对概念裂变的理解，寻找到概念之间外在的逻辑联系，有助于加深理解概念的含义；通过对概念衍变的理解，更能够在看似不太相近的概念组之间找到内在的意义联系，也可以加深对概念含义的理解。

可见，学会理解并运用二重性逻辑，对概念从"裂变"与"衍变"两个维度进行清晰的梳理，有助于哲学社会科学工作者理解概念是如何创造的，同时可以厘清何为真正有理论水平的论著。从某种严苛的意义上，我们甚至可以说，可以用在文中是否有对概念的辨别与分析来检验一篇论文或一本专著，是不是一篇哲学论文或一本哲学专著，是不是一篇不错的哲理文章或不错的哲学专著。以周国平的哲理散文为例，他在文中用新的视角区分辨别了孤独与寂寞，成功与优秀，诚与信，毫无疑问可以说是优秀的哲理文章。如果有通过二重性逻辑来创造新的概念，那便是真正的有创见的哲学论文或哲学专著。王海明在其著作《新伦理学》中，大量使用二重性逻辑，构建了许多全新的概念和原则，这毫无疑问是真正的哲学专著。长期以来我们有大量的哲学论文和专著，里面却少有概念的辨别与分析，更谈不上概念的裂变与创造，这些最多只能谈得上是对哲学的转述。其实我们所需要的不仅仅只是转述他人的思想，真正需要的是哲学家们创造思想的秘密武器，那就是二重性逻辑。所以，应当把我们的研究重点放到如何学习哲学家的概念思维方法上来，这才是哲学训练的真正要旨，也是展开各类社会科学研究的必要能力。

第二节　思想创新中的二重性逻辑

人文社会科学思想的创新方式与自然科学的创新方式，这或许是许多人没有思考过的问题。在人们心目中，人文社会科学的思想创新是比较随意的，而自然科学的创新过程则相对严谨。可能事实上恰好相反，自然科学的创新过程中充满了非理性因素，如顿悟、灵感、直觉与猜想等，但是人文社会科学领域的创新只能严格按逻辑来进行，是不允许任意创造的。尽管人文社会科学尤其是哲学领域中的问题都是开放性的、没有答案的，但是围绕这些问题展开讨论与提出学说的过程中，都必须遵循逻辑的规律。如前所述，与一重性逻辑所具有的知性的形而上学的思维相比，二重性逻辑则是一种理性的辩证的思维方式；一重性逻辑是数理的、线性的、机械的、一维的思维方式，二重性逻辑则是哲学的、非线性的、有机的、多维的思维方式，哲学的思维方式是一切领域创新的源泉，因而二重性逻辑是一切领域创新的最根本的逻辑。通过笔者对哲学史的解读，更确信"二重性逻辑"在思维创新中的重大作用。同时，由于二重性逻辑的整体性与规范性的双重特点，它在思想创新过程中更体现了灵活方便且导向精确的特点。

在研究思想创新的过程之前，首先研究"二重性逻辑"的应用模式。根据"二重性逻辑"在定性分析中的应用以及其分别表现出的功能、性质与特点，可以从逻辑上分成四种。冯友兰先生把学者的研究分为"照着讲"与"接着讲"，这是从知识拓展的方面来讲的，笔者再加一根纵轴，以知识创新与否为另一标准，从而得到四种情况。如图2-6所示。

	新视角	
变着讲 功能：解释 性质：分析的创新 特点：规范性		对着讲 功能：拓展 性质：本质的创新 特点：层次性
旧问题		新问题
照着讲 功能：描述 性质：形式的创新 特点：直观性		接着讲 功能：完善 性质：综合的创新 特点：全面性
	旧视角	

图2-6　二重性逻辑功能、性质与特点

如图2-6所示，四个象限都借用了冯友兰先生的说法加以概括。下面我们按照创新成分递增的次序来一一介绍。

一 "照着讲"：形式的创新

第三象限"照着讲"是用旧视角看旧问题，这是一种忠实的继承态度。"二重性逻辑"在"照着讲"的模式中表现为描述的功能，所谓描述的功能，就是对旧内容的忠实反映，不做内容上的创新。其缺陷在于没有新视角也不提出新问题，即使有创新，也至多只是形式的和表面的创新。当然形式的创新也是必要的，使用"二重性逻辑"来描述对象，可以使关于该对象研究的各种类别与层次都清晰地展示出来，是一种非常实用的教学与梳理方法。故而，"二重性逻辑"在"照着讲"的方式中发挥了形式创新的作用。对于许多需要"照着讲"的内容，如果引入"二重性逻辑"的形式，由于其兼有逻辑思维与形象思维，而且将标准清晰地标注出来，各个类别属于不同的象限或区域，所以与其他图片或者列表类形式相比，主要表现出直观性的特点。

例1：中国革命"农村包围城市"的新道路

为了坚持中国革命，在"大革命"失败、共产党力量极其微弱的条件下，必须进行武装斗争。但是，中国共产党领导的武装斗争的主攻方向究竟是应当指向城市，还是指向农村呢？这是一个必须回答的新问题。从国际共产主义的历史经验来看，无论中外，都找不到农村包围城市的经验。革命工作应当以城市为中心，这是一个时期内全党的共同认识。在毛泽东思想形成以前，中国的马克思主义者是单线思维方式，一味模仿苏联，丝毫不考虑中国的特殊实情，犯了教条主义的错误，对党组织几乎造成了灭顶之灾。在他们的思维里，从城市暴动就是合理的，从农村开始革命就是"山沟沟里的马克思主义"，是右倾机会主义的表现。但是，所有以占领中心城市为目标的起义很快就失败了。毛泽东在1928～1930年写的3篇重要文献《中国的红色政权为什么能够存在？》《井冈山的斗争》《星星之火，可以燎原》中，从理论上阐明了武装斗争的极端重要性和农村应当成为党的工作中心的思想。毛泽东思想是在"城市还是农村"这一单线思维之上另外加了一个"中国还是苏联"的新标准，在这个标准的指导下，找到了中国革命的新道路：农村包围城市，而不是城市暴动。我们以"城市与农村"和"中国与苏联"两个元来构建二元坐标系。

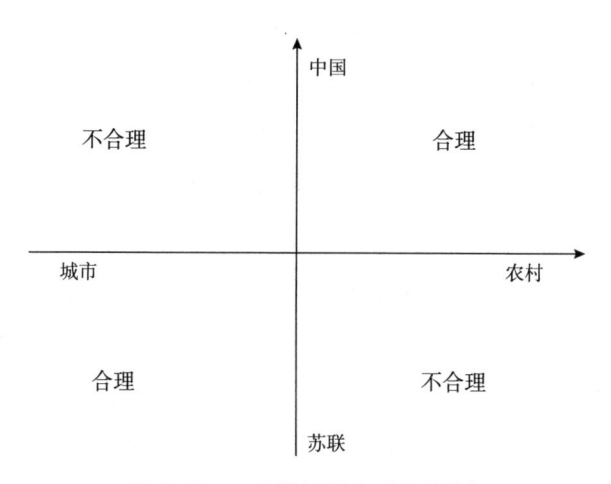

图 2-7 二重性逻辑之"照着讲"

图 2-7 突破了狭隘的教条主义思维，为我们打开了广阔的视野。是城市还是农村，这个结论还少了一个重要的前提：是在中国还是在苏联。用二重性逻辑思维有助于时刻提醒我们分析研究时要多考虑一重前提。城市还是农村，这是一个小前提，还要加上在中国这个大前提，才能找到中国革命的出路与答案。我们常说，具体问题具体分析是典型的矛盾特殊性思维方式，其实"二重性逻辑"以简化的方式表达了这一思想。

可见，所谓"照着讲"就是用旧视角来看待旧问题，准确无误地继承和传播过去的知识，这种忠实的传承工作是很重要的，但很难谈得上有创新。不过，虽然没有视角和问题上的创新，却可以有形式上的创新，科研工作者特别是教师在讲授知识的时候可以采用"二重性逻辑"，发挥能动性，使知识更加直观化，思维更加条理化，以利于学生的吸收，便于受众更直观的接受。

二 "变着讲"：分析的创新

第二象限"变着讲"是用新视角来看待旧问题，对其做出新的判断，形成颠覆性思维。"二重性逻辑"在"变着讲"的模式中表现为解释的功能，所谓解释功能，就是用新的标准对旧问题做出全新的解读。这个过程笔者称之为"分析的创新"，即以新的视角从旧的问题中发现新的本质要素和特征，对旧问题进行更深刻的分析与解剖。这是一个再创作的过程，解读出不一样的意味和内涵，能真正达到温故而知新的目的。在运用"二重性逻辑"解释"变着讲"的过程中，由于着重强调标准的准确性和深刻性，相比旧的研究模式，更加清晰和条理化，因而主要体现了"二重性逻辑"体系的规范性。本书其实就是用"变着讲"的方式，运用"二重性逻辑"这种新的视角来对哲学社会科学等各个领域的创新过程做一番回顾和解释，在"二重性逻辑"的解读方式下，过去熟知的概念和常识的建立过程竟然蕴含着重大的思想创新和范式转换，给人以耳目一新的感受和印象。

例2："同一、差异、对立、矛盾"的辨析

"同一""差异""对立""矛盾"是黑格尔逻辑学第二编"本质论"里的四个重要概念，随着思维的演进而依次过渡。长期以来，这四个概念之间的联系与区别纠缠不清，特别是关于"对立"与"矛盾"概念的解释众说纷纭。

辩证法是用事物发展的动态眼光来看待这四个概念的，"同一、差异、对立与矛盾"被视为是事物发展的四个阶段，其中"差异、对立与矛盾"都是矛盾，它们是矛盾的三个阶段。"同一"是事物相对静止的阶段；"差异"是事物从表面上开始与自身相矛盾的初级阶段，斗争性少，同一性多；随着"差异"在量上的扩张，事物的发展达到"对立"阶段，"对

立"是事物从本质上发展到与自身相矛盾的中级阶段,既有斗争性,又有同一性;"矛盾"是事物发展到只有斗争性而没有同一性的阶段,已经完全走到了自己的反题,达到新的短暂的平衡。

在使用"二重性逻辑"解释之前,为了帮助理解,首先我们使用形式逻辑中的韦恩图来对上述四个概念加以静态的解释。

"同一"比较容易理解,即自身与自身完全一致。有交集,并且并集为全集,即其自身。"差异"是事物开始出现变化的第一步,变化前的事物与变化后的事物自身有交集,且并集不为全集。如图 2-8 所示。

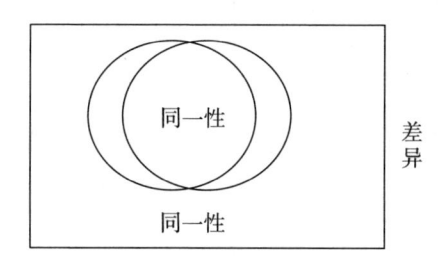

图 2-8　差异图

"对立"是"差异"的继续发展,变化前的事物与变化后的事物开始没有交集,且并集不为全集,如图 2-9 所示。

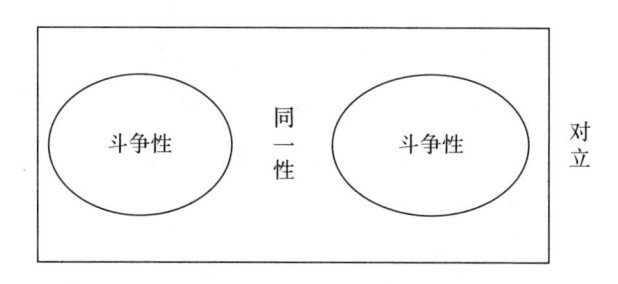

图 2-9　对立图

到了"矛盾"阶段达到变化的临界点,此时,变化前的事物与变化后的事物没有交集,没有了同一性,且并集为全集,如图 2-10 所示。

借用"二重性逻辑",本书尝试用独特的视角来解释这四个概念的联系与区别。如图 2-11 所示。

图 2-10　矛盾图

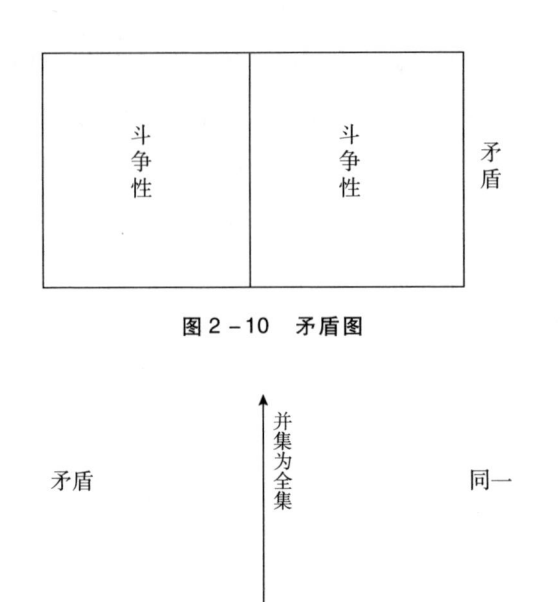

图 2-11　二重性逻辑之"变着讲"

根据上述形式逻辑的分析，笔者选择两个形式逻辑的标准作为元，即"有无交集"和"并集是否为全集"，需要说明的是，选择形式逻辑的标准只是一种帮助我们理解的方式，形式逻辑反映的是两个事物之间的外部关系，辩证逻辑体现的是事物内部的演化阶段。我们时刻需要注意的是，在辩证逻辑中，"同一"、"差异"、"对立"与"矛盾"这四个概念只是出现在一个事物之内的不同阶段的状态，而不是两个事物之间的外部关系。所以对于"有无交集"和"并集是否为全集"这两个标准，我们要按照事物与事物自身的关系去理解。

在此例中，"二重性逻辑"采用了两个新的标准，这两个标准的两两组合，非常清晰地区分了事物发展的四种状态，体现了"二重性逻辑"的规范性。

可见,"变着讲"就是用新视角来看待旧问题,即常说的"新瓶装旧酒",用自己的观点来解释旧理论,平常我们所做的学术创新工作大多数属于这一类。问题虽然是旧问题,但是"变着讲"能够让我们以新的视角来重新对旧的概念进行划分,从而形成新的更深刻的甚至是颠覆性的认识。这类创新的技巧在于分析出新的分类标准,所以称之为"分析的创新"。"变着讲"的过程中,将看似无关的旧问题以新的方式联系起来,从而产生强大的解释力与启发力。

三 "接着讲":综合的创新

第四象限"接着讲"就是在旧的分类体系下用旧的视角来寻找被遗漏的新问题,体现对传统体系的优化。"二重性逻辑"在"接着讲"的模式中表现为补充完善的功能。在旧的视角下,遗留有一些新的问题,通过"二重性逻辑"可以查漏补缺、填补空白。这个过程笔者称之为"综合的创新",是典型的组合式创新,即用旧的标准组合出新的问题,是对旧体系下的问题域的完美补充。"接着讲"的运用模式体现了"二重性逻辑"的全面性,可以帮助我们在旧体系中发现全新的领域,使人们认识事物更全面而深入。

例如,社会主义市场经济思想的创新就是典型的例证。

长期以来,不论是政治家还是学者,都把市场经济看成是资本特有的经济形式,强调市场经济只能与私有财产制度相联系,认为市场经济与社会主义是根本对立的,从而否定市场经济在社会主义制度下存在与发展的可能性。我们过去一直搞计划经济,多年的实践证明,在某种意义上说,只搞计划经济会束缚生产力的发展。但是多年来,我们国家一直把计划经济看作是社会主义的,把市场经济看作是资本主义的,为了坚持社会主义必须排斥市场经济。

早在1979年邓小平就指出:"说市场经济只存在于资本主义社会,只有资本主义的市场经济,这肯定是不正确的。社会主义为什么不可以搞市场经济？这个不能说是资本主义。我们是计划经济为主，也结合市场经济，但这是社会主义的市场经济。"① 1992年春，邓小平在南方谈话中进一步指出："计划多一点还是市场多一点，不是社会主义与资本主义的本质区别。计划经济不等于社会主义，资本主义也有计划；市场经济不等于资本主义，社会主义也有市场。"②

邓小平这些关于社会主义市场经济的思想，从根本上解除了把社会主义与市场经济对立起来的思想束缚，对中国经济改革产生了极大的推动作用，成为我们党制定改革方向和目标的基本理论依据。根据以上分析，我们分别选取社会制度和经济制度作为两个元，得到如下四个象限，见图2-12。

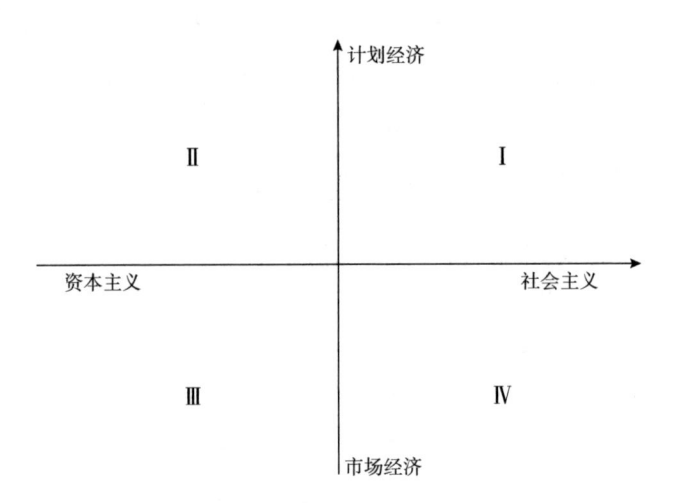

图2-12 二重性逻辑之"接着讲"

Ⅰ 社会主义计划经济：这是苏联及社会主义国家普遍采用的一种经济体制，严重束缚经济发展。

Ⅱ 资本主义计划经济：邓小平说，资本主义也有计划，指的就是美国自大萧条之后所采用的凯恩斯主义，现在我们称之为干预主义经济。

---

① 《邓小平文选》第2卷，人民出版社，1994，第236页。
② 《邓小平文选》第3卷，人民出版社，1993，第373页。

Ⅲ资本主义市场经济：这是我们熟知的一种经济体制，也称之为自由主义经济。

Ⅳ社会主义市场经济：这就体现了邓小平的组合式创新思维，抓住了我国经济发展的症结所在，大胆将曾经被对立起来的两个事物组合起来，产生了无与伦比的思想创造力。

由图2-12可以看到，"二重性逻辑"很好地展现了这种创新思维的过程，并能为以后的进一步创新提供方法论的指导。

可见，"接着讲"即用传统的分类标准发现被遗漏的新问题，体现了对传统体系的补充与优化。进入这个阶段，就开始有新事物的创新了。因为，虽然分类标准都是传统的，但是选择哪两个标准来进行组合则是传统所缺乏的方式，故可以由此发现许多新奇的组合方式，这就是一种组合式创新或者说综合的创新。哲学家们常常有许多这样"接着讲"的组合式创新，通过"二重性逻辑"可以更直观地体现其整体性的优点，四个象限无一遗漏，使我们的思维更有条理性与全面性。

四 "对着讲"：本质的创新

第一象限"对着讲"是用新视角寻找新问题，既拓展思维又提升思维，是最重要的创新方式，也是哲学家们最常用的思维创新。"二重性逻辑"在"对着讲"的模式中表现为拓展的功能，即从根本上抛弃过去的思维定式，开拓出一个新的领域。这个过程笔者称之为"本质的创新"，是从本质上而非形式上打破旧传统旧思维，提出一个真正颠覆式的创见。"二重性逻辑"通过在旧的标准的基础上增加一个新的标准，从而从根本上否定过去的思维误区和局限，跳出过去的思维窠臼，在一个新的更高的层次上发现问题，这就是"二重性逻辑"在"对着讲"的过程中主要体现出来的层次性特点，它体现的是人类思维层次的重大创新与提升。

例3：中国特色社会主义理论的形成

以毛泽东同志为主要代表的中国共产党人，团结带领各族人民推进并完成了新民主主义革命，创立了毛泽东思想；新中国成立和社会主义改造完成后，又提出探索中国自己的建设社会主义道路的任务，并取得了很大成果。这种探索，实际上是中国特色社会主义理论体系历史逻辑的先导和基础。

1982年邓小平在党的十二大开幕词中明确提出"走自己的道路，建设有中国特色的社会主义"[①]的历史性命题。1987年，党的十三大第一次提出"建设有中国特色的社会主义理论"的概念。1992年，邓小平发表南方讲话，全面阐述了中国特色社会主义理论的系统观点。党的十四大概括了建设中国特色社会主义理论的科学体系，确立了这一理论在全党的指导地位。可以说，改革开放的伟大实践，是中国特色社会主义理论体系形成的必然逻辑。党的十八大再次郑重宣告："既不走封闭僵化的老路，也不走改旗易帜的邪路。"[②] 实践证明，中国特色社会主义道路是一种巨大的思维创新，一切以促进生产力发展为标准，不僵化教条，也不随波逐流，时刻在各种思潮与模式之间采取辩证的立场。

为了准确表达这种创新思维过程，我们取"社会主义与资本主义"和"独立自主与依赖苏联"两个元，同时对上述"二重性逻辑"的建构方式稍加调整，不再分为四类，而是分为三类，这是一种简化的模式，更利于我们清楚地表现主题的思想。

如图2-13所示，无论是走苏联社会主义老路，还是走西方资本主义邪路，都是违背中国革命与建设实际的做法，只有中国特色社会主义道路符合中国实际，它是对以上两种错误思潮错误模式的根本否定，是一种本

---

① 《十三大以来重要文献选编》下，人民出版社，1993，第1485页。
② 《十八大以来重要文献选编》上，中央文献出版社，2014，第699页。

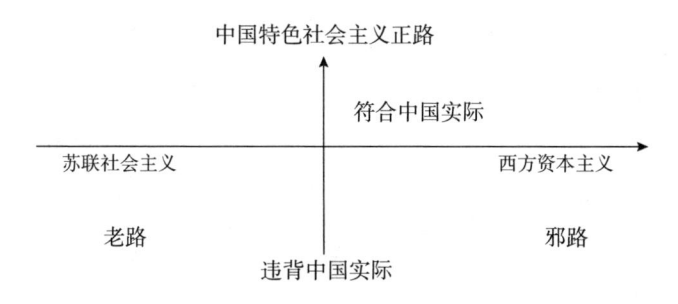

```
        中国特色社会主义正路
              ↑
           符合中国实际
   苏联社会主义  │        西方资本主义
  ←─────────────┼─────────────→
     老路       │           邪路
           违背中国实际
```

图 2-13 二重性逻辑之"对着讲"

质的创新,"二重性逻辑"以一种简化的方式体现了这一点。

可见,"对着讲"即用新的视角发现新的问题,这个新的视角站在一个更高的层次上否定过去,将过去的所有观点归为一类,其对立面就凸显出来,这个新出现的对立面就是本质的创新。在思想史上,这种创新非常多,常常伴随着重大的思想突破。将"二重性逻辑"运用于"对着讲"时,与之前三种情形有所不同,在此章,"二重性逻辑"的坐标系形态有所变化,依然还是两个元,但是只需要分成三个区域,所以采用半箭头的方式来呈现这一特点。"二重性逻辑"在"对着讲"中的应用与其他方法相比更具有层次性的特点,可以清晰地反映出是哪些旧问题被否定,以及被一个什么新标准所否定。

可以看到,"照着讲"与"变着讲"虽然没有新的问题发现,但是还是有创新意义的,"照着讲"的创新成分最少,具有优化知识结构的作用;"变着讲"的创新成分多一点,具有发现新特征的启发力;"接着讲"与"对着讲"可以算是真正意义上的创新,是科研工作者们日常使用而不知的创新模式,"接着讲"是在旧范式中进行扫荡战和歼灭战,清除问题死角,"对着讲"则是破旧立新,另辟新战场,开创新范式。

以二重性逻辑的四种应用模式为基础,我们接着研究思想创新的各个阶段所对应的模式。按照一般的观念,我们将思想创新过程分为思想的提出与思想的论证两个阶段,每一阶段对照上述四种模式中的一种或几种。

首先，在思想的提出阶段，对照的是上述第三、四两种模式。"接着讲"的模式是组合式创新，"对着讲"的模式是颠覆式创新。我们可以看到，绝大部分有影响力的思想创新都是这样来的，尤其在思想家面临众多前人的思想时。第一个人提出某思想叫创造，第二个人提出另外一套理论才叫创新。所以创新一定是在别人的基础上，对别人的思想进行再组合或者颠覆。

其次，在思想的论证阶段，对照的是上述第三、四两种模式。在西方哲学史上，哲学家论证时采用的方法都是归谬法或排除法。归谬法的结构与第四种模式相似，假设反面成立，然后分成两种情形，论证两种反面情形都导致自相矛盾，从而原命题成立。排除法更复杂一点，有时采用第三种模式，有时采用第四种模式，试分类的情形而定，先列出所有可能的情形，或者三种或者四种，将对立面逐个反驳，就得到了正确的结论。

此外对创新思想的解读可以作为补充，解读过程所使用的方法对照的是上述一、二两种模式。这两种模式或者用旧的标准，或者用创新的标准进行整理，可以以极其简明清楚的方式解读创新思想与前人思想的关系。如果说论证是证明创新理论的自洽性，那么解读则是为了证明创新思想与先前理论背景之间的外部一致性。通过设立一定的标准，将新旧理论放在一起对照比较，既能显示理论之间的延续性，又能体现理论的创新点。

本书的主要内容和目的就是对哲学社会科学中的概念创造与创新活动进行还原，用二重性逻辑展示思想创新的过程，并且解读诸多新旧理论之间的联系与区别。以下章节分别选取西方哲学史、马克思主义哲学与其他社会科学领域中的典型创新案例，尝试用二重性逻辑再现其概念创造、思想创新与论证的思维过程，并解读诸多理论之间的逻辑关系。

第三章

**用"二重性逻辑"解读
西方哲学史中的创新案例**

本章以西方哲学史的概念发展为脉络，用二重性逻辑来解读和展现哲学家的创造性思维过程。哲学家在概念创造和思想创新的过程中，无论是有意识有目的地进行概念裂变，还是看似随意的观念创新，其实都是符合二重性逻辑的思维方式的，下面我们来沿着西方哲学史的发展进程一探究竟。

第一节　古希腊罗马哲学史中的创新案例

例1：阿拉克西美尼的"气本原说"

米利都学派是古希腊哲学的第一个派别，是哲学史的开端。它第一次提出了万物本原的问题，第一次从自然界本身的物质形态说明世界的统一性和生成变化，这是人类认识史上的重要突破。泰勒斯是米利都学派第一位哲学家，他提出万物的本原是水，这种企图将万物的"多"归结为"一"的思维方式具有哲学思维的本质特征，因而泰勒斯通常被称为西方哲学史上第一位哲学家；他的学生阿拉克西曼德提出万物的本原是无定形，这是一个进步，因为他看到了水本原说的局限性，认为任何有规定性的物质都不能生成万物，因而将生成万物的本原称作"无定"，这是调和各种规定性的中性状态；但是，"无定形"终究只是一种消极的否定，并没有肯定一个万物的本原，因此他的学生，也就是第三位哲学家阿拉克西美尼在综合前面两人思想的基础上提出了"气本原说"。赵敦华在《西方哲学简史》里指出："气综合了水和'无定'的特征：它一方面保留了'无定'的不定形和无限的特征，另一方面，气和水一样具有特定的性质。"① 这就是说，气一方面与"无定形"一样具有不可见的性质，另一方面，又超越了"无定形"的否定消极的特性，再次以肯定的形式提出了万物的本原观。这是一种综合的创新，即综合了"不可见"与"肯定性"两种性质，从而对"水本原说"与"无定形说"进行了扬弃。据此，我们

---

① 赵敦华：《西方哲学简史》，北京大学出版社，2001，第12页。

```
                    肯
                    定
         水   |        气
             |
    ─────────┼─────────→
     可见    |    不可见
             |
             |   无定形
             |
                    否
                    定
```

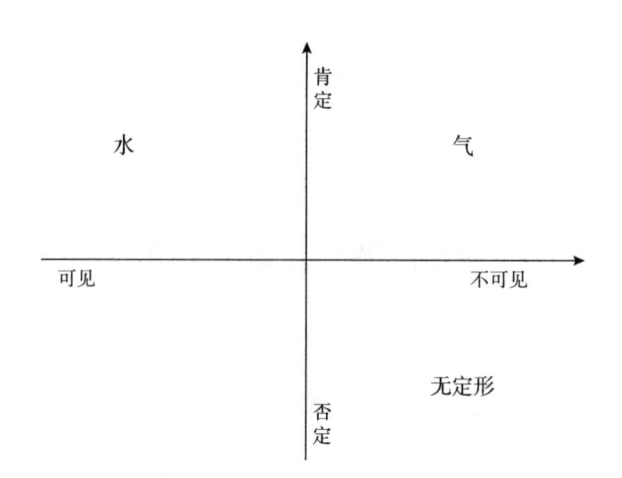

图 3-1　水、气与无定形关系

采用"二重性逻辑",构建坐标系如图 3-1 所示。

"二重性逻辑"在"接着讲"的过程中表现了它进行补充完善的功能,根据之前学说的两大重要特征综合出新的观点,体现了思维的全面性特点。从对"水"的概念与"无定形"的概念的特征分析,综合得出"气"的概念,这是西方哲学史上第一个伟大创新。虽然这些概念还带有浓郁的经验色彩,但是从中已经开始体现出西方哲学概念的二分性特征,"气"与"水"之间由"可见与不可见"的对立来划分,"气"与"无定形"之间由"肯定与否定"的对立来划分。正是概念的二分性特征,通过二重性逻辑的不断裂变,便开始了一个又一个的概念变迁。

例 2:毕达哥拉斯学派的思想创新

1. 数原主义

米利都学派分别提出了"水"、"无定形"与"气"的本原学说,在他们的思想中,本原分别只有一个,开创了从"多"中寻找"一"的本体论传统。同时,米利都学派还具有一个共同特征,即无论是阿拉克西曼德的"分离生成观",还是阿拉克西美尼的"转化生成观",他们都是通过生灭变化来解释世界的流变。而毕达哥拉斯学派在这两方面都恰好相反。毕达哥拉斯学派提出"数本原说",其中自然数的个数是众多的,但是没有生成转化,它们与现象世界之间是一种对应关系,数字之间的比例关系、对立关系决定了世界的状态,数字与现象界存在诸多类比关系,这种对应关系之间没有生成转化的运动过程。所以,如果说米利都学派的本原思想是"变化的一",那么毕达哥拉斯学派的本原规则是"不变的多"。毕达哥拉斯学派的创新思路可以用图3-2来描述。

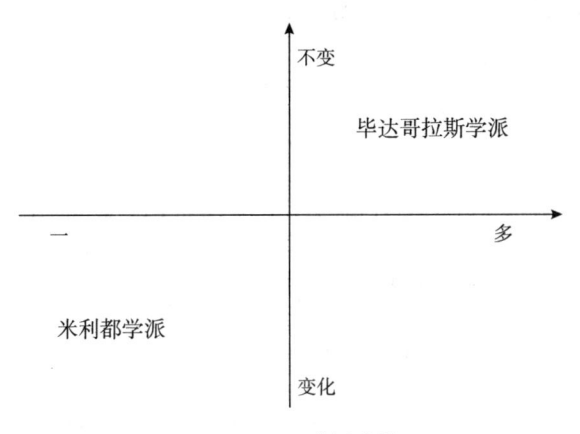

图3-2 两学派比较

毕达哥拉斯学派抓住了米利都学派的两大特点,并且从完全对立的角度综合提出了自己的主张,这是典型的综合式或组合式创新。

2. 理智对实在的超越

此外,米利都学派强调本原的物理形态,而毕达哥拉斯学派则强调本原的数学规定性。米利都学派是自发的朴素唯物主义,毕达哥拉斯学派认为数先于有形事物而存在,为唯心主义开辟了道路。毕达哥拉斯学派在哲学上的重大贡献是开创了由实在论哲学向理智哲学的转向,这与毕达哥拉斯作为奥尔弗斯教派的领袖有关。他通过灵魂观把宗教和哲学结合在一起。与前人的观点不同,毕达哥拉斯学派认为,灵魂是不朽的,虽然还不能完全脱离肉体而存在,却已经可以在肉体之间转移。这种观念与"数原主义"是有关的,"毕达哥拉斯派把哲学思辨作为净化灵魂的一种活动。

净化灵魂的手段是音乐和哲学，因为音乐是和谐的音调，哲学是对事物间和谐关系的思索。但不论是音乐的和谐，还是事物之间的和谐，都是一种数的规定性，因此，哲学首要的对象是'数'"①。"数"与之前有定形的"水、气"或者"无定形"等都不同，有定形或者无定形的事物都是实在的事物，而"数"则已经上升到精神的层面了。所以，毕达哥拉斯学派将哲学的思维水平提高到一个新的层次。以"有定形与无定形"和"理智与实在"为两个元，构建二元坐标系如图3-3所示。

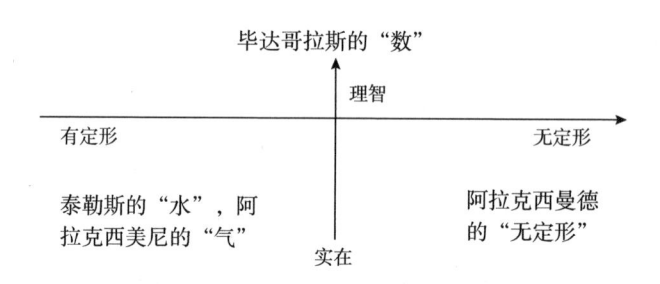

图3-3 毕达哥拉斯学派的创新思想

如图3-3所示，此例中，用"二重性逻辑"分成了三种情况，在此图中，没有了第一和第二象限，两者合成了一种情形，而且没有三、四象限的横轴限定，也就是说，在毕达哥拉斯的"数"那里，超越了"有定形与无定形"的限定，这个限定只对之前的"水、气"和"无定形"有作用，"理智"这个变元已经将其与其他两种情形完全分开了，从而开辟了一个新的视界。这个创新过程无疑与之前所有的创新活动是不一样的，这是从根本上抛弃旧的研究范式，超越旧的分类标准，跳出旧的思维模式，把过去的思想用一个"实在"的变元加以概括，在与之对立的更高层次上开疆拓土，展开研究。这是一种最高层次的创新。

3. 毕达哥拉斯在概念上的创新

毕达哥拉斯提出了十对对立的概念，其中部分是哲学的范畴。包括

---

① 赵敦华：《西方哲学简史》，北京大学出版社，2001，第16页。

"有限与无限""静与动""善与恶",但是,一方面毕达哥拉斯并没有揭示对立面的统一,另一方面这些零散的概念组之间没有必然的逻辑联系,只是他偶然遴选的结果,因此这些概念的创新意义并不大。不过毕达哥拉斯更重要的概念创新在于通过"数原主义"思想,蕴含了一系列概念组的衍变关系,从"现象与本质"出发,可以衍变出"质与量""具体与抽象""实在与理智"等一系列概念组,虽然毕达哥拉斯并没有提出和阐述这些概念,但是这些概念的生成很大程度上要归功于他。具体见图 3-4。

| 现象 | 质 | 具体 | 实在 |
| 本质 | 量 | 抽象 | 理智 |

图 3-4 概念衍变

如图 3-4 所示,毕达哥拉斯开始超越阿拉克西美尼,一方面将阿拉克西曼德的无规定性的"无定形"修改为有规定性的"数",另一方面,将仍停留在感性与实在层面的"气"提升为理智层面的"数"。其中蕴含着将质的差异归结于量的差异的重要思想,体现出抽象与具体的方法论原则,对后世影响极大,不仅是后世哲学的源流,至今仍是自然科学的重要思想基础。

例 3:色诺芬尼的思想创新

正如泰勒斯提出的"世界的本原是什么"这一问题首先突破了神话世界的窠臼,色诺芬尼对神人同形同性论的批判开始动摇神话的基础。色诺芬尼反对希腊的人形神和多神教传统,他认为只应该有一个神,没有人的形象,神是全视、全知和全闻的[1],而且,这个神是永恒的和静止的。色

---

[1] 赵敦华:《西方哲学简史》,北京大学出版社,2001,第 18 页。

诺芬尼所说的神是唯一的、不变的本原，是世界最高原则的代名词。除极少数例外，后来古希腊哲学家所说的神都是统摄万物的、非人格的原则、原因或实体，是人的理智所能认识的最高对象。这一肇始于色诺芬尼的传统被称为"理神论"，以与崇拜人格神的"有神论"相区别。我们取"一与多"和"有人形与无人形"两个元，来描述两者的区别。

如图3-5所示，色诺芬尼分析出了希腊多神教的两个根本要素，一是有人形，二是杂多。他从根本对立的角度进行批判，并且根据"单一"和"无人形"两大特征综合得出自己的"一神论"思想，这也是一种综合的创新。

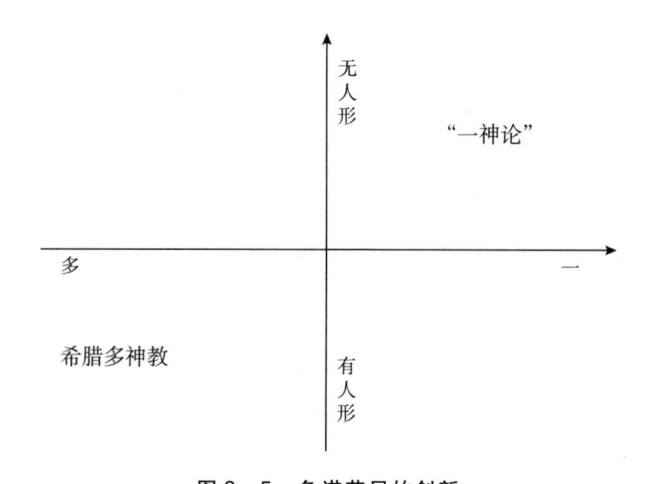

图3-5 色诺芬尼的创新

例4：赫拉克利特的"火"与"逻各斯"

赫拉克利特的创新之处在于，他的世界本原是两个事物："火"与"逻各斯"，其实是同一本原的现象与本质两个层面。为了表现世界的变动不居，赫拉克利特选择了"火"这种明亮而且剧烈的意象。他说"自然喜欢隐藏自己"，这里的"自然"其实是本性，即世界的本质，这个本质即火燃烧和熄灭的分寸。他称之为"逻各斯"，这是西方哲学史上第一次真正提出的形而上学的概念。赫拉克利特认为："外在的本原是火的形态，它是世界的开端和归宿；内在的本原是符合火的本性的原则，它决定着世界运动的方向……外在的本原可生可灭，变动不居；内在的本原是不变的同一原则，在各种形态（包括不是火的形态）的事物之中起作用。"① 内在的本原即"逻各斯"，就逻各斯是人所认识的道理而言，它可被理解为"理性""理由"等；就逻各斯是世界的本原而言，它又可被理解为"原则""规律""道"等。赫拉克利特继毕达哥拉斯之后进一步发展了理智哲学，提出了现象与本质的区分，变化的现象与不变的本质相互映照，从而将人类思维提升到了形而上学的水平。以"抽象的量与具体的质"和"现象与本质"为两个元，构建二重性逻辑见图 3-6。

```
                        逻各斯
                          │
                         本质
                          │
        抽象的量 ─────────┼───────── 具体的质
                          │
           数             │           火、气、水
                          │
                         现象
```

图 3-6　逻各斯思想创新

如图 3-6 所示，毕达哥拉斯的"数"尽管相比"火、气、水"更有理性的成分，但也只是在量的层次上对现象的抽象，毕达哥拉斯把一切事物的性质归结为数的规定性，并在数的变化与自然现象和社会现象之间做通俗的类比，相比"火、气、水"这些更具体的质的本原，"数"只是一个更抽象的量的基本单元。尽管在毕达哥拉斯那里，"数"已经开始有了类似于逻各斯的尺度的作用，但是，"数"还没有达到本质的层次，只是一个量的尺度，而逻各斯是质的尺度。因此，"逻各斯"的概念超越了"数、火、气、水"等这些现象层面的抽象的或具体的本原观，是一个本质的、不变的形而上学的本原，在"数原主义"的基础上，进一步开辟了

---

① 转引自赵敦华《西方哲学简史》，北京大学出版社，2001，第 13 页。

形而上学的思维方式,之后色诺芬尼的"一"、巴门立德的"存在"一直到柏拉图的"理念"皆是形而上学思维方式的结果。

例5:巴门立德的思想创新

1. 巴门立德用归谬法论证"存在"是不生不灭的

受色诺芬尼"一神论"的影响,巴门立德用归谬法分别论证"存在"是不生与不灭的,"二重性逻辑"可以很直观地体现这一论证的结构。先看如何论证"存在不生",选取"从存在中产生与从非存在中产生"和"有生成与无生成"两组变元,具体见图3-7。

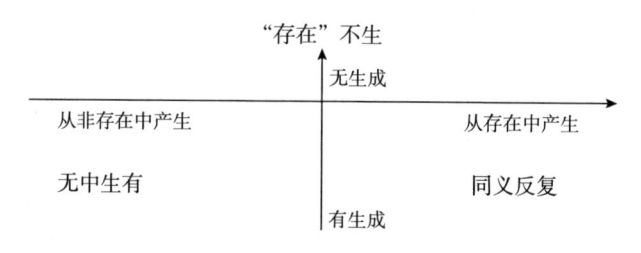

图3-7 归谬法论证逻辑

接着论证"存在不灭",选取"存在是过去与存在是将来"和"没有现在与始终是现在"两组变元,具体见图3-8。

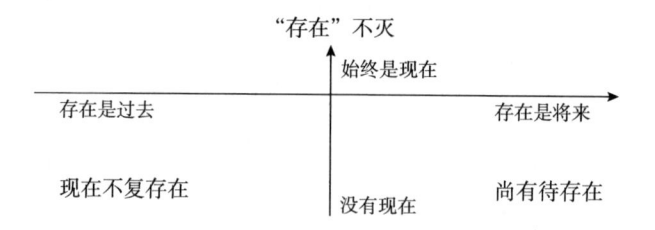

图3-8 归谬法论证逻辑

这个结构与"对着讲"的逻辑结构十分雷同,第一、二象限合成了一个区域,这是由归谬法的特殊性决定的。巴门立德为了论证"存在不生成",先论证反面情况不可能,即"有生成"是不可能的。从逻辑上将"有生成"分为两种对立的情形:或者"存在"从"存在"中产生,或者

"存在"从"非存在"中产生。巴门立德推理说，如果"存在"从"存在"中产生，那就是同义反复，等于没说；如果"存在"从"非存在"中产生，那就是无中生有，与常识矛盾。因为除了"存在"之外，没有别的本原。所以"存在"是无生成的。同理，巴门立德为了论证"存在不灭"，先论证反面情况不可能，即"存在没有现在"是不可能的。从逻辑上将"存在没有现在"分为两种对立的情形：或者"存在是过去"，或者"存在是将来"。巴门立德推理说，如果"存在是过去"，那么它现在不复存在；如果"存在是将来"，那么它尚有待存在，在这两种情况下，它都没有在现在存在。存在只能是存在，并且永远保持同样状态，过去曾有、将来也不会有与存在不同的状态，即非存在的状态，就是说，存在是不灭的。①

这种归谬法的论证方式通过爱利亚学派得到了极大的运用与推广，成为哲学思辨的常用方法。从归谬法的结构形态上我们可以看到，它与"对着讲"的创新模式是一样的。只不过二者在思维过程上恰好是互逆的，"对着讲"的创新模式是从第三、四象限两个旧的对立观点中归纳出相同点，然后从与此相同点的对立面进行创新；通过刚才的论述可以看到，归谬法的思路刚好相反。借用"对着讲"的图形结构可以使我们更好地理解归谬法的思维过程。

2. "存在"概念的创新

巴门立德所说的"存在"是表示世界本原的一个概念，但它不是抽象的原则，而是时间和空间中的实在，并且有固定的形体，是浑圆的球体，巴门立德和其他自然哲学家一样，认为世界的本原是处于时空之中的对象，既不是超时空的本质，也不是无形状的精神。区别只是在于，在他之前，哲学家所说的本原具有感性、直观、可把握的形体和性质，如可感的物理性质以及可用数字符号和图形象征的数学性质；而巴门立德则说明，

---

① 转引自赵敦华《西方哲学简史》，北京大学出版社，2001，第 20~21 页。

本原的意义和性质只能是理性思辨和逻辑论辩所把握的"存在"。用二重性逻辑表示见图 3-9。

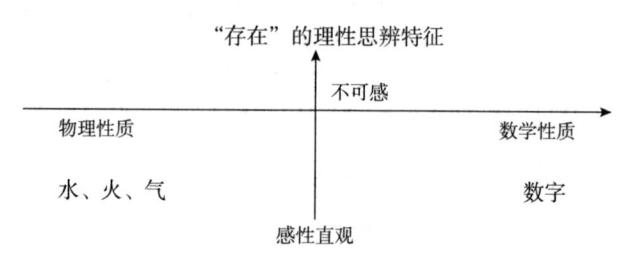

```
              "存在"的理性思辨特征
                      ↑
                    不可感
  物理性质                        数学性质
 ←─────────────────┼─────────────────→
   水、火、气                       数字
                    感性直观
```

图 3-9 "存在"的理性思辨特征

可以看出，虽然毕达哥拉斯的"数原主义"已经将本原理论从实在提升到了理智的水平，但其思辨程度还不够，逻辑论辩还很缺乏。而巴门立德提出"存在"作为本原，相比前人而言，是一种本质的创新，将本原从感性直观的层次提升到了非感性直观的层次。他的思辨和论辩达到了早期自然哲学的最高水平。"存在"这一概念后来超出自然哲学，成为形而上学的中心范畴。

3. 巴门立德的二元论思想："存在与非存在"

在色诺芬尼与赫拉克利特之后，巴门立德继续提升了形而上学的思维水平。受色诺芬尼的影响，巴门立德提出世界的本原是一个不生不灭、不可分割、静止不动的存在，是不可感知的，凡可以感知的皆是非存在。与这种本体论相对应的认识论的观点则是真理和意见的区分，借用中国哲学传统术语，这些思想可以叫作"倒名为实"，即本来是实在的事物却被视为虚无或不真实，真正的真实是永恒不变、静止不动、不生不灭的名称或者精神与思维，这对柏拉图的思想产生了重大影响。巴门立德对存在与非存在的区分标志着哲学史上二元论思想的开创，这是一个划时代的贡献，标志着当时古希腊自然哲学思辨的高峰。为了表达这一思想的创新之处，我们取"一元论与二元论"和"有转化原则与无转化原则"作为两个元来构建示意图，具体见图 3-10。

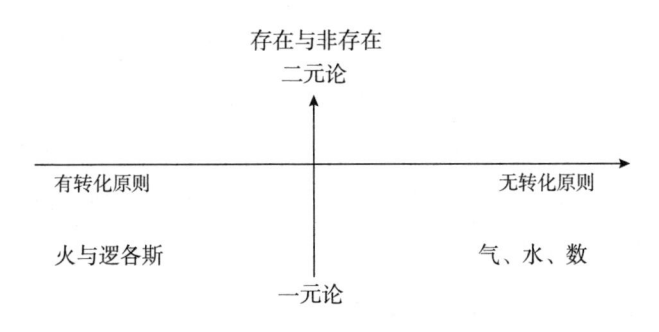

```
              存在与非存在
              二元论
                 ↑
                 │
                 │
  有转化原则       │        无转化原则
─────────────────┼─────────────────→
                 │
  火与逻各斯      │        气、水、数
                 │
                 │
                一元论
```

图 3-10　二元论思想创新

如图 3-10 所示,在赫拉克利特之前的一元论思想中,无论是水、气还是数,这些本原在转化为万物的时候,只是叙述了气的"凝聚与消散"的运动方式,或者数转化为万物的过程中的比例与类比关系,并没有一个明确的不变的转化原则;赫拉克利特从现象上升到本质,提出了一个内在的本原逻各斯,逻各斯是火转化为万物的原则与分寸,它支配着火与万物的相互转化,这个思想已经非常接近于巴门立德的存在观念了。但是两者的区别是明显的:一方面,逻各斯只是内在的本原,火同样也是本原,除了逻各斯与火所转化的万物之外,没有非存在;另一方面,火与万物的转化是不断进行的,因而赫拉克利特认为,万物既存在又不存在,这是巴门立德重点批评的观点。这两个区别的核心在于一个是一元论,另一个是二元论。赫拉克利特虽然提出了火背后还有一个本质的逻各斯,但是与"水、气、数"等思想一样,仍然属于一元论的范畴,因为本原与可感知的万物之间没有截然对立的界限。巴门立德则明确地指出,存在存在,非存在不存在。存在不生不灭静止不动,而非存在有生有灭不断运动;存在是完满的,非存在是不完满的。这种在二元之间尖锐对立的观点就是二元论的主要特征,巴门立德的这一思想深深影响了西方两千多年。

4. 与赫拉克利特的对立

巴门立德认为,意见之路依靠众人的习惯,依靠感觉,而真理之路则依靠理智进行辨析和思考;真理之路的思维方式是"存在者存在,它不可能不存在",而意见之路的思维方式是"存在者不存在,这个非存在必然存在",

巴门立德激烈地批判那种认为"存在和非存在既相同又不相同"和"一切都朝向自己的反面"的观点，在他看来，这无异于"不能分辨是非"和"两头彷徨"。不难看出，这些批判所针对的就是赫拉克利特。赫拉克利特和巴门立德对真理的不同表达是辩证思维与形而上学思维之争的最初形式。赫拉克利特认为，真理话语具有"既是……又不是……"的一般形式，而巴门立德则认为，"是就是，不是就不是"。二者的对立用图 3-11 来表达。

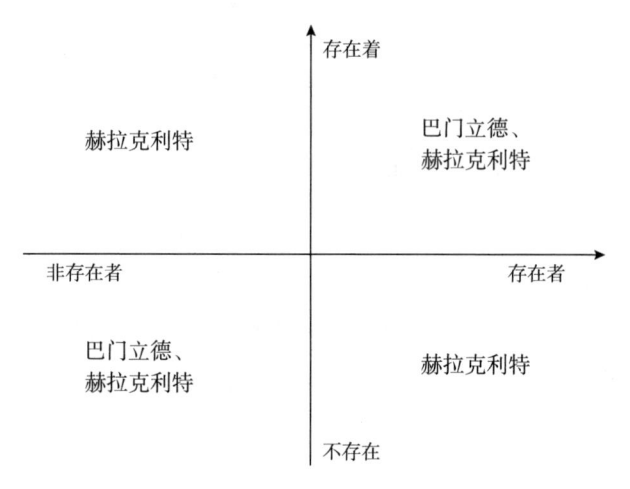

```
              存在着
               ↑
   赫拉克利特   │   巴门立德、
              │   赫拉克利特
              │
  非存在者 ────┼──── 存在者
              │
    巴门立德、 │   赫拉克利特
    赫拉克利特 │
               │
              不存在
```

图 3-11　存在诸歧义之区别

作者选取了两组变量：主词变量"存在者与非存在者"与谓词变量"存在着与不存在"。第一、三象限分别意指"存在者存在着，非存在者不存在"，这是巴门立德的观点。赫拉克利特不在主词的意义上区分"存在者与非存在者"，他认为一切事物都是"既存在又不存在"，所以四个象限都符合赫拉克利特的判断。"二重性逻辑"不仅清晰地展示了二者之间的区别，而且对于存在的主词与谓词用法做了严格的区分，以厘清许多模糊不清的认识。

5. 巴门立德的概念创新

巴门立德除了划分存在与非存在，还作出了真理与意见、同与异、动与静、一与多、完满与不完满等对立概念的区分，为古希腊哲学开辟了形而上学的发展方向。概念衍变见图 3-12。

第三章 用"二重性逻辑"解读西方哲学史中的创新案例

存在	一	同	静	完满	产生真理	永恒	真实	光明
非存在	多	异	动	不完满	产生意见	可朽	不真实	黑暗

图 3-12 概念衍变

可以看到，巴门立德通过划分存在与非存在，形成了一系列衍射效应，这种衍变的结果是在本体论、认识论与价值论领域创造了一组组相互对立的概念，这些概念彼此相似却又不同，从多个方面诠释着存在与非存在的对立。这些思想深深地烙在希腊人的观念中，对柏拉图乃至基督教影响深远。

例6：迈立梭的思想创新

1. 无限高于有限

迈立梭看到了巴门立德关于存在特点描述中的逻辑矛盾，如果存在在时间上不生不灭，那么在空间上必定不能是有限的球体，那样的话，要么意味着存在本身是可分的"二"，要么意味着在存在之外还有另外一个"一"，总之与"存在是一"的基本观点相矛盾。所以存在必定是无限的、处处充实的、不可分割的"一"。① 用二重性逻辑示意见图 3-13。

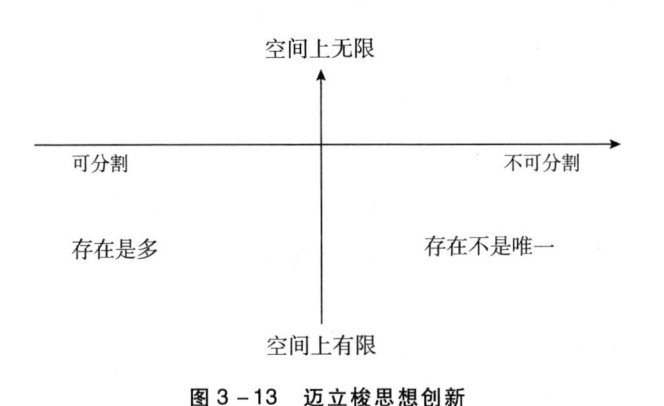

```
            空间上无限
               ↑
               |
可分割          |         不可分割
───────────────┼───────────────→
               |
               |
   存在是多     |      存在不是唯一
               |
               |
            空间上有限
```

图 3-13 迈立梭思想创新

---

① 《西方哲学史》编写组：《西方哲学史》，高等教育出版社，2011，第31页。

如图 3-13 所示，如果存在是一个球体，那么无论它是否可以分割，都会导致"存在不是一"的结论。所以迈立梭用无限来取代有限，防止了在存在之外还有另外一个存在的可能性。这样就使得巴门立德关于存在性质的学说在逻辑上更完整了。并且，这一思想的开创性贡献还在于，它终结了古希腊以来认为有限高于无限的思想（例如毕达哥拉斯），开创了无限高于有限的传统，这深深影响了后来哲学家的观念，比如普罗提诺提出的"太一"就是一个无限的本体。

2. 概念创新：充实与虚空

为了避免出现与巴门立德一样的逻辑矛盾，迈立梭用"充实"作为存在的基本特征，这样即使存在是无限的，由于它是充实的，所以也是不可分割的"一"。与之相对立的是"虚空"，也就是非存在。这与巴门立德的非存在是不一样的。巴门立德认为流变的现象世界是非存在，而迈立梭认为，现象世界既不是非存在，也不是存在，介于二者之间，这一思想后来被柏拉图所吸收。用二重性逻辑来展示这一组概念的衍变，具体见图 3-14。

迈立梭	充实	存在	不可分割	元素论者	四根、种子、原子
	虚空	非存在	可以分割		虚空（德谟克利特）

图 3-14　概念衍变

如图 3-14 所示，迈立梭用"充实与虚空"作为"存在与非存在"的划分标准，正是这一思想，启发了元素论者将巴门立德的"存在"砸碎，这些砸碎后的"存在"依然保留其基本特征，就是"充实"。他的"虚空"的概念，更是启发了德谟克利特将其用来解释事物的运动。

例 7：恩培多克勒的思想创新

1. 开创了"不变的多"

从认识发展史的观点看，早期古希腊哲学家对本原问题的思考有两条线索：一条是一和多，另一条是变和不变。这两组变量刚好构成四种组合，产生四种立场：伊奥尼亚派认为本原是"变化的一"（水、气、火），毕达哥拉斯派认为本原是"不变的多"（数），爱利亚派认为本原为存在，存在是"不变的一"，恩培多克勒开创了元素论，他认为本原是"变化的多"（四根、种子、原子）。我们以"一与多""变与不变"这两组变量构造二重性逻辑图，具体见图 3-15。

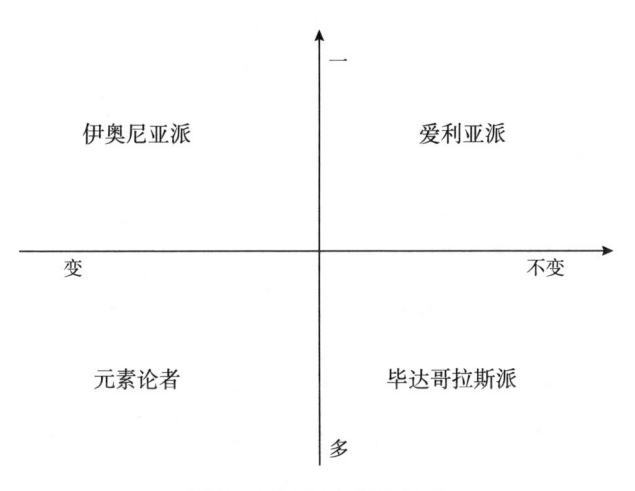

图 3-15 四大学派关系

在一与多、变与不变的思想框架中思考本原问题，四大学派的观点在逻辑上穷尽了一切可能性，这正体现了逻辑与历史的一致，凡在逻辑上可能的，在历史中都得以呈现。恩培多克勒的创新看似偶然，实则是完全合乎二重性逻辑的。

2. 四根说

恩培多克勒又重新回到了伊奥尼亚派的立场，他的"四根"同之前的物质性本原论的相似之处在于，它们都是用有限的本原来解释世界，区别在于"气、水、火"是一个本原，而恩培多克勒的"四根"是四个不同的本原。"四根"与巴门立德的"存在"截然对立，一方面，"四根"是多，而"存在"是一；另一方面，"四根"是物质，而"存在"是精神。由此可以看出恩培多克勒的创新过程，他首先分析出以往各派思想的主要特征，尤其是爱利亚派的观点。然后针锋相对地提出自己的学说。这是一种典型的分析式创新，用二重性逻辑示意，具体见图 3-16。

```
            多
            │
     数      │     四根
            │
 ───────────┼───────────→
   精神      │      物质
            │
    巴门立德  │
    的"存在"  │    水、火、气
            │
            一
```

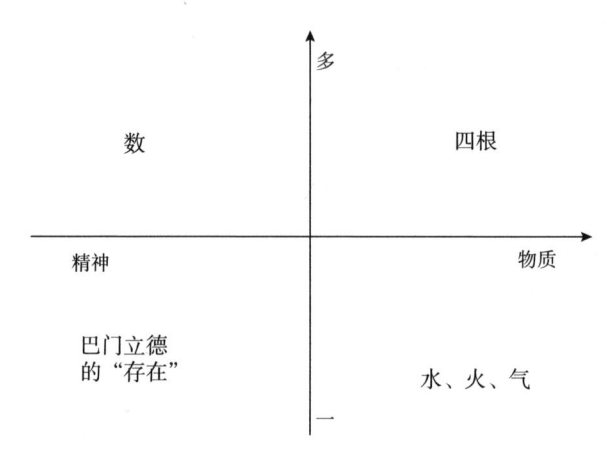

图 3-16　四根思想创新

图 3-16 可以概括多个概念，"水、火、气"是单一的物质，"四根"是杂多的物质，"存在"都是数目上单一的精神性本原，"数"是数目上杂多的精神性本原。

3. 爱与恨

从泰勒斯的"水"到阿拉克西美尼的"气"，这些本原在构成万物的运动变化过程中都离不开内在的灵魂的动力因作用，这是一种万物有灵论的观点。毕达哥拉斯的"数"既是本原又是形式因，赫拉克利特的"逻各斯"是"火"的形式因，形式因赋予"火"规范，使火在一定的分寸上燃烧，在一定的分寸上熄灭。这是第二个层次，虽然出现了形式因，但是使"数"与"火"生成万物的动力没有了。到了恩培多克勒，开始提出"爱与恨"这两种动力因，而且是超出"四根"本原之外的原因。笔者选取"内在与外在"和"形式因与动力因"两组变量。

如图 3-17 所示，"灵魂"是内在的动力因，"数"是内在的形式因，"逻各斯"是外在的形式因，那么还剩下第一象限，外在的动力因

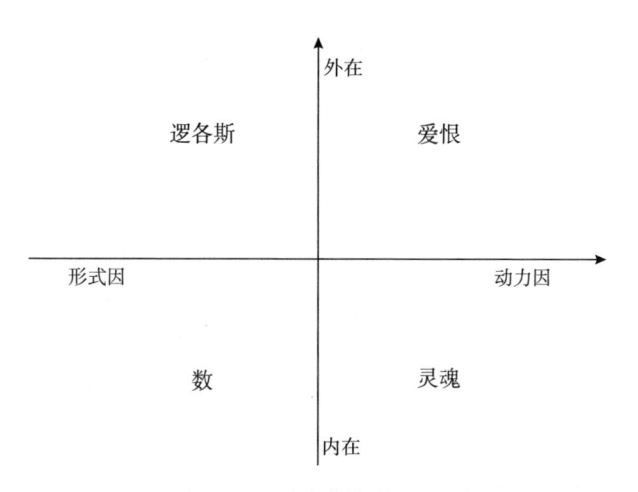

图 3-17 恩培多克勒的思想创新

就是"爱恨"。所以说,恩培多克勒提出"爱与恨"的概念属于一种综合的创新。

例 8:阿拉克萨哥拉的思想创新

1. 种子说

阿拉克萨哥拉的"种子说"受了恩培多克勒的"四根说"的启发,两者和原子论一样,都属于"元素派",即把世界本原归结为组成事物的不可分割的物理单元。阿拉克萨哥拉在恩培多克勒"四根说"的基础上,为了进一步用"多"解释"多",将本原的数量拓展到无限多,他认为构成万物的微粒是种子,"种子的性质与事物的可感性质相同,事物有多少种性质,构成它的种子就有多少类",① 因此种子在数量上无限多,在体积上非常微小,而且"有各种不同的形状、颜色和味道"。由此可见,种子是无限多而且异质的。阿拉克萨哥拉提出的"种子说"则突破了以往的思维局限,他认为种子的性质与事物的可感性质相同,事物有多少种性质,构成它的种子就有多少类,因而种子在数量上是无限的,从而将"一与多"

---

① 赵敦华:《西方哲学简史》,北京大学出版社,2001,第 25 页。

的区别拓展到了有限与无限的区别。选取"无限与有限"和"一与多"两个元,构建坐标系具体见图3-18。

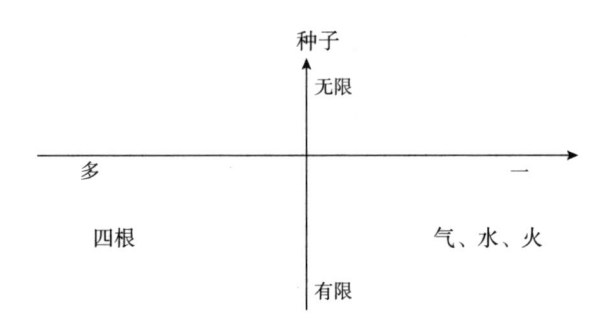

```
                  种子
                   ↑
                  无限
                   |
       多          |          一
    ←──────────────┼──────────────→
                   |
       四根        |        气、水、火
                   |
                  有限
```

图3-18　阿拉克萨哥拉的思想创新

如图3-18所示,"气、水、火"分别只是单一的本原,恩培多克勒的"四根"是多个本原,既然可以有多个本原,那就可能有无限个本原,因此,"种子说"突破了有限的限制而进入了无限的领域,大大拓展了"一与多"的辩证关系的内涵。

2. 努斯

阿拉克萨哥拉与恩培多克勒一样,在元素之外,又设定了能动性的本原,他称之为"努斯",即心灵。"这是第一个用来独立的、纯粹的精神的概念。"恩培多克勒的"爱恨"与以前自然哲学所谓的灵魂一样,都是万物有灵论的观点。努斯不同,"第一是它的外在独立性,第二是它的无形的精神特性"。也就是说,努斯是在事物之外的能动力量,而且不具有可感的性质。

比较一下努斯与灵魂、爱恨、逻各斯这几个概念的联系与区别。努斯与爱恨概念一样,是外在的动力因,只是爱恨与其余四根一样是物质性的动力因。努斯与逻各斯一样是外在的精神性因素,只不过逻各斯是形式因,而努斯是动力因。与灵魂相比,努斯有两方面的不同:一是灵魂在形体内部起作用,而努斯独立于形体,在有形事物之外起作用;二是灵魂有可感性质,而努斯是没有可感性质的精神,或弥漫于世界之中,或超越于世界之外。努斯或者说心灵与灵魂的区分,接近于近代哲学中精神与意识的区分。根据以上分析，我们找到两组分类的标准，取"内在与外在"和"物质与精神"两个元，构建二元坐标系如图 3–19 所示。

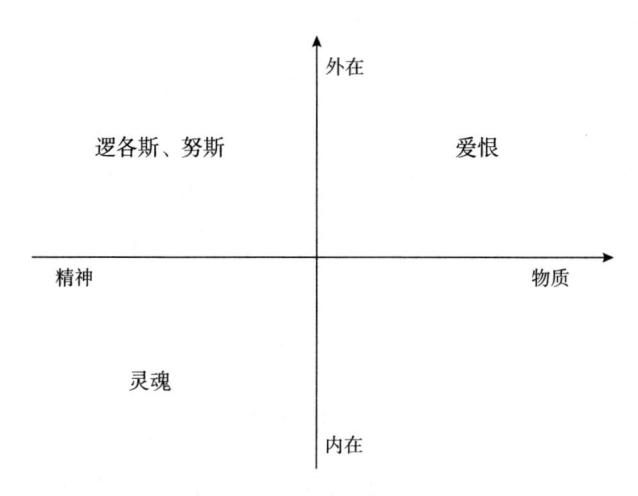

图 3–19　努斯思想创新

如图 3–19 所示，恩培多克勒的爱恨与之前从泰勒斯到毕达哥拉斯的灵魂观点一样，被当作一种事物内在的动力因，来解释由本原向万物的生成转化。只是灵魂是一种精神性的东西，而爱恨在恩培多克勒那里还是一种物质性的东西。逻各斯外在于事物，在"火"的背后起作用，是火转化为万物的规则与分寸，是形式因，具有规范和理性的功能。而努斯是外在于事物的动力因，是能动的精神性因素，具有超越性的功能。"二重性逻辑"揭示了这几个概念的内在本质特征。

例 9：德谟克利特的思想创新

1. 本原也可以是非存在

原子论者认为世界的本原是原子和虚空。"原子"的原意是不可分割，它被用来表示充实的最小微粒。"虚空"的意思与"充实"相反。如果说原子为存在的话，那么虚空就必须是非存在。原子论者于是面临着一个难题：要么承认本原只能是存在而放弃虚空，要么坚持虚空而承认本原也可以是非存在。① 自巴门立德提出存在与非存在的概念以来，一方面，没有两个本原的理论出现过，另一方面，人们习惯于认为本原必定是存在，非存在不可能作为本原。但是德谟克利特打破了这一传统，实现了思想创新。其思维过程用二重性逻辑示意见图 3 – 20。

```
                   原子与虚空都是本原
                        ↑
                   非存在也可以是本原
   ─────────────────────┼─────────────────────
   只有虚空是存在                  只有原子是存在

   无法解释实在      本原只能      无法解释运动
                    是存在
```

图 3 – 20　原子论本原观创新

德谟克利特提出原子与虚空都是本原，而且"双本原说"能够更好地解释运动，这不能不说是一种本质的创新。

2. 原子自动说

在德谟克利特之前，关于本原运动的原因，从精神方面来看，有早期万物有灵论思想下的"灵魂"与阿拉克萨哥拉的"努斯"，从物质方面来看，有恩培多克勒的"爱恨"，但是这些学说的前提都是物质与运动是分开的，物质充满惰性，不能自己运动，必须要有另外一个东西来推动它。但是德谟克利特否决了这样一个外在的原因，提出了"原子自动说"，将物质与运动合为一体，这是哲学史上又一个本质的创新。我们取"物质与精神"与"物质运动相分离与物质运动相结合"两个元，具体见图 3 – 21。

如图 3 – 21 所示，无论是物质性的"爱恨"还是精神性的"努斯和灵魂"，都可以归为"物质运动相分离"一类，德谟克利特独辟蹊径，提出物质可以自己运动，不需要一个另外的原因，这样就将唯物主义贯彻到底了。这个创新和前面的创新相比，它的层次更高、程度更深，是典型的本

---

① 赵敦华：《西方哲学简史》，北京大学出版社，2001，第 27 页。

```
                原子自动说
                物质运动相结合
                    │
                    │
    ────精神────────┼────────物质────→
                    │
      努斯和灵魂     │         爱恨
                    │
                物质运动相分离
```

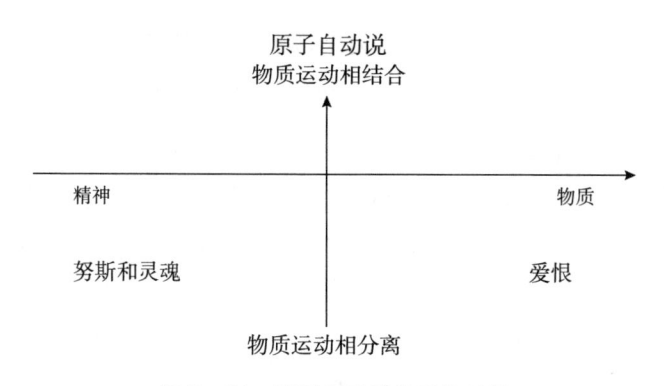

图 3-21　原子自动说的理论创新

质创新。哲学家在做出这种重大的创新之前，他往往面临诸多纷繁芜杂的理论，哲学家第一步工作是找到一组相互对立的变元，并对之前的诸多理论进行分类，第二步也是最重要的一步，便是找到第二组相互对立的变元，其中一个变元用来概括之前的所有理论的本质特点，这样，另一个变元便是自己的创新观点了。以此为例，第一步，德谟克利特面对之前的各种关于动力因的观点，他找到了一对相互对立的变元："精神与物质"，以此来区分"灵魂和努斯"与"爱恨"；第二步，也是最关键的一步，他找到了这两个相互对立观点的相同点：它们都认为物质运动相分离。那么与之相对立的观点便呼之欲出了：物质运动相结合，动力因内在于物质之中，物质是自动的。这个创新过程便最终完成了。在之后的例子中，我们可以看到哲学史上许多类似的本质创新。如果说，其他三类创新中有些或许是无意中完成的，但是本质的创新一定是有意识、有目的地进行的，这是一种最伟大的思想创新。笔者称之为"对着讲"，乃是因为这种创新敢于面对之前所有的理论，将它们全部置于自己的对立面。这种创新也是需要极大的勇气的，往往具有开创性的贡献。

例 10：古希腊自然哲学各派间的相互比较

1. 关于存在概念的比较

古希腊自然哲学从泰勒斯到德谟克利特，归根结底是关于存在是什么的问题，在赫拉克利特那里首次出现了"存在与不存在"，不过是作为谓词出现的，到巴门立德首次提出了作为主词的"存在与非存在"。为了对古希腊自然哲学诸多派别的本体论学说做一个完整的比较，我们采用上述两个元来进行分类，为了区分主词与谓词用法，将两种用法的"存在"分别标注为"存在者"（主词）与"存在着"（谓词），见图 3-22。

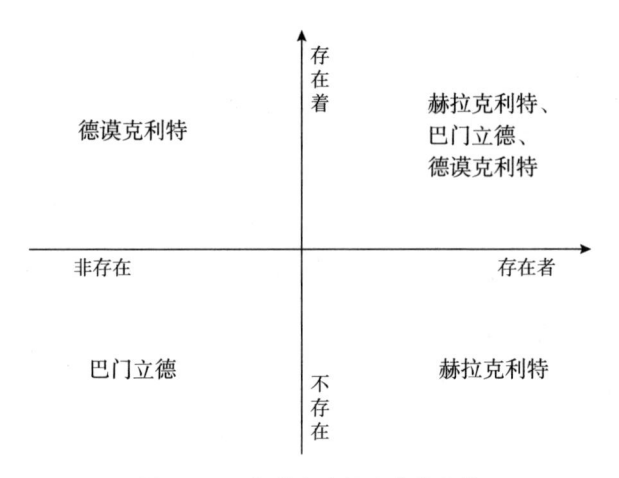

```
              存
              在
              着
德谟克利特         赫拉克利特、
                 巴门立德、
                 德谟克利特
─────────────────┼─────────────────→
非存在              存在者
                 
巴门立德            赫拉克利特
              不
              存
              在
```

图 3-22　各种存在概念分类比较

如图 3-22 所示，赫拉克利特说"万物既存在又不存在"，在他这里，万物与本原皆是存在者，没有"存在与非存在"的区分，所以按照他的观点，存在者既存在又不存在，因此分别归于第一和第四象限；巴门立德认为"存在者存在，非存在不存在"，所以分别归于第一和第三象限；根据巴门立德所做的"存在与非存在"的区分，原子是存在，虚空是非存在，德谟克利特提出著名的"存在存在，非存在也存在"，因而分别归于第一和第二象限。可见，通过二重性逻辑可以更清晰地展现诸多哲学家思想上的联系与区别。

2. 元素论各派之比较

恩培多克勒的"四根"跟之前的物质性本原论的相似之处在于，它们都是用有限的本原来解释世界，区别在于"气或水或火"是一个本原，因而是同质的，而恩培多克勒的"四根"是不同质的微粒。阿拉克萨哥拉提出的"种子"是无限而异质的，德谟克利特的"原子"是无限而同质的。选取"无限与有限"和"同质与异质"两个元，构建坐标系如图 3-23 所示。

```
              同质
               │
   水、火、气   │    原子
               │
  ─────────────┼─────────────
   有限        │        无限
               │
    四根       │    种子
               │
              异质
```

图 3-23 元素论各派之比较

如图 3-23 所示，根据"有限与无限"和"同质与异质"这两个本质特征，就可以逐步进行补充完善，从而分别得到"种子说"与"原子论"的思想。可以看出，这些哲学家可能不一定自觉地按照逻辑进行概念创造，但是二重性逻辑的研究表明，这些概念演化的历史都是严格符合逻辑的，否则，要么是自相矛盾，逻辑混乱而无法成立；要么没有创新性，与其他学派观点无法区分，不能自成一家。由此可见，二重性逻辑能够揭示偶然的创新现象背后那个必然的逻辑本质，深刻体现了逻辑与历史的一致性。

3. 诸本原概念间的区别与联系

古希腊自然哲学传统中产生了一系列的概念，这些概念之间的关系错综复杂。为了厘清这些关系，我们选取"运动与静止"和"精神与物质"两个元，来对这些概念进行分类。

图 3-24 深刻地反映了各个概念之间的相似与差异之处，色诺芬尼的

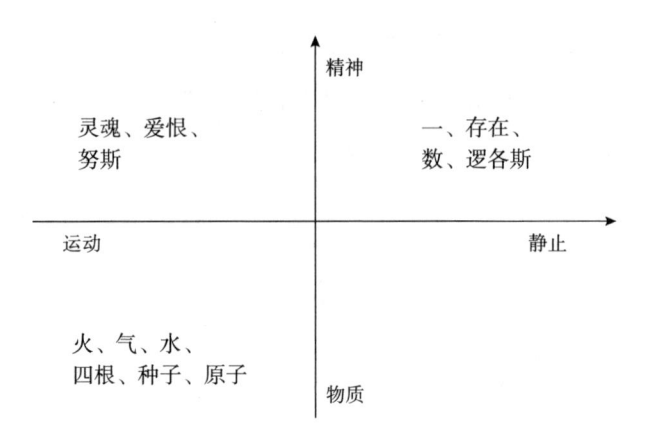

```
                    精神
                    ↑
    灵魂、爱恨、        │    一、存在、
    努斯              │    数、逻各斯
                    │
    运动 ────────────┼──────────── 静止
                    │
    火、气、水、        │
    四根、种子、原子    │
                    ↓
                    物质
```

图 3-24　各种本原学说分类比较

"一"、毕达哥拉斯的"数"、巴门立德的"存在"和赫拉克利特的"逻各斯"都是静止不动的精神性本原，灵魂、恩培多克勒的"爱恨"和阿拉克萨哥拉的"努斯"是运动着的精神性本原，"火、气、水、四根、种子、原子"等是运动变化着的物质性本原。除了德谟克利特，古希腊人都认为物质的本性是静止的，物质不能自动，所以必然在物质外部有一个精神性的推动力量，要么是灵魂，要么是"爱恨"，要么是努斯。从这个分类中，我们可以深刻理解诸多概念的更深刻的本质特点。

4. "一与多"的辩证关系

古希腊自然哲学的根本问题就是探讨"一与多"的关系问题，由最初的用"一"解释"多"，到用"多"解释"多"，再到"多中有一""一中有多"，从最初的单一的质和单一的量，到后来的杂多的质和杂多的量，再到杂多的量和单一的质，最终在德谟克利特这里达到了"一与多"的辩证统一。由此，我们选取"单一的质与杂多的质"和"单一的量与杂多的量"作为两个元，构建二元坐标系如图 3-25 所示。

如图 3-25 所示，"火、气、水"既在质上是单一的，又在量上是单一的；"种子、四根"既在量上是杂多的，又在质上是杂多的；"原子"虽然在量上是杂多的，但是在质上是单一的。到了德谟克利特的原子论，构成万物的质料原子在量上是无穷多的，但是在质上是同质的或者说是单一

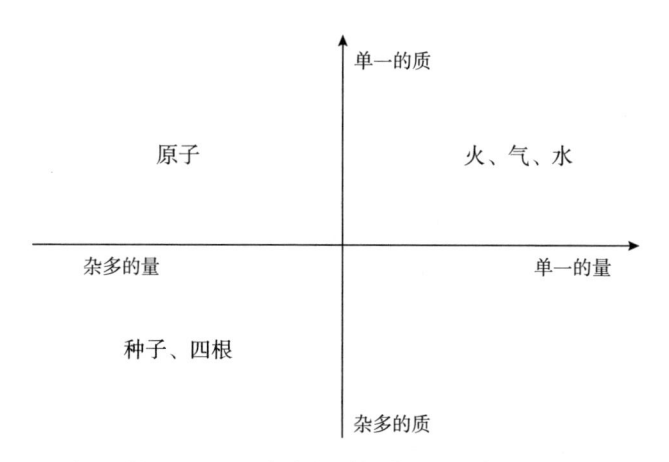

```
              单一的质
                ↑
                |
   原子         |      火、气、水
                |
                |
杂多的量 -------+-------→ 单一的量
                |
                |
   种子、四根   |
                |
                ↓
              杂多的质
```

图 3-25　一与多、质与量组合分类比较

的，既有"一"又有"多"，"多中有一"，"一中有多"，既重新回到了用"一"说明"多"的自然哲学的最初目的，又达到了"量变"引起"质变"的辩证认识，可以说达到了古希腊自然哲学的最高峰。

5. 质料与原因

在毕达哥拉斯以前，本原"水、气"自身具有转化为万物的动力因，到了"数原主义"，"数"既是万物的本原，而且已经具有了形式因的特点，赫拉克利特的"逻各斯"则是"火"背后的形式因，巴门立德的"存在"也是形式因，"数"是量的尺度，"逻各斯"则是质的尺度。恩培多克勒的"爱恨"是物质性的动力因，阿拉克萨哥拉的"努斯"则是独立于物质之外的动力因。至此，"质料"、"形式因"与"动力因"基本齐备，我们将"形式因"与"动力因"合称为原因，取"质料与原因"和"运动与静止"两个元，构建坐标系如图 3-26 所示。

"火、气、水、四根、种子、原子"都是运动变化着的质料，"数、存在、逻各斯"是质料生成演化的依据和规则，即形式因，"爱恨、努斯"则是在质料之外的动力因，是质料生成演化的动力，这样一步步将最开始包含在本原之内的形式因与动力因逐步独立了出来，体现了思维的逐步发展，到了苏格拉底提出目的因之后，自然哲学的四个因就完整了。

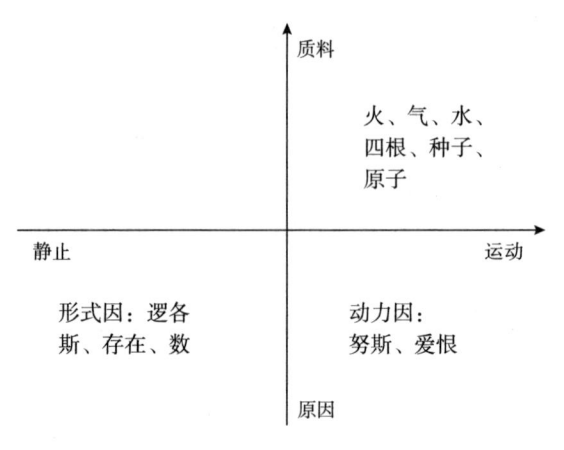

```
                    质料
                     ↑
                     |    火、气、水、
                     |    四根、种子、
                     |    原子
                     |
  静止 ─────────────┼───────────────→ 运动
                     |
         形式因：逻各  |   动力因：
         斯、存在、数  |   努斯、爱恨
                     |
                     ↓
                    原因
```

图 3-26　四因关系

例 11：苏格拉底的哲学创新

1. 哲学转向

苏格拉底一方面将古希腊哲学家研究自然哲学的传统转换到对人类社会的研究，另一方面，针对智者学派以及当时雅典盛行的浮夸的诡辩和相对主义的价值观，苏格拉底进行了批判，并用辩证法揭示了这些观点的虚伪性，教导青年们寻找关于各种人类价值的普遍定义。因此，苏格拉底一方面延续着自然哲学的传统，即要给世界寻找一个基础；另一方面同智者学派一样关注人类社会的价值。根据上述分析，我们选取"自然界与人类社会"和"基础主义与相对主义"两个元，构建坐标系如图 3-27 所示。

第一象限显示了苏格拉底思想的两大特征，既研究人类社会，又坚持基础主义。苏格拉底的哲学贡献来自他在前人的基础上进行综合的创新，这种创新的价值是巨大的，极大地完善了哲学的研究对象和领域，赋予了哲学更大的价值，并且开创了哲学研究的理性主义和基础主义的传统。从哲学史上看，有意识、有目的的创新活动是从苏格拉底开始的。具体到创新的过程，我们可以看到，面对自然哲学和智者学派的观点，苏格拉底首

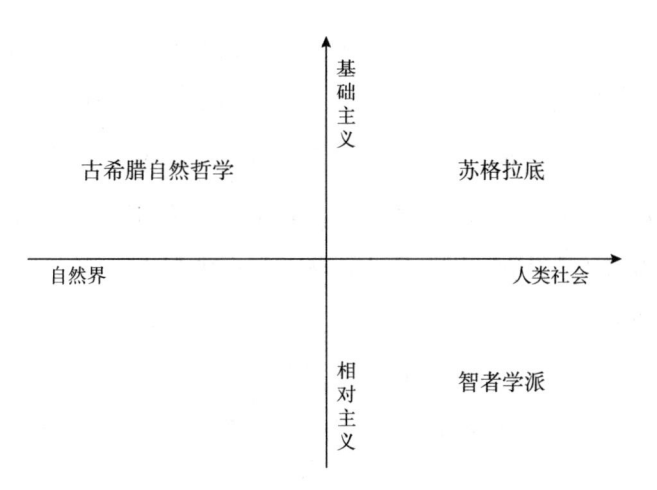

```
            基
            础
            主
            义
古希腊自然哲学          苏格拉底

自然界                  人类社会
            相
            对      智者学派
            主
            义
```

图 3-27 哲学转向创新

先找到这两大体系研究对象的不同，一个研究自然界，另一个研究人类社会；其次，他找到二者更深层次的对立，即基础主义与相对主义的对立；最后，在抓住这两个本质特征后，苏格拉底进行了组合式创新，各取这二者中的一个方面，组合成一个全新的观点，即研究人类社会活动中的理性基础。如果说本质创新是创新中最重要的形式，那么这种组合式综合创新是思想创新中最主要的形式。

2. 苏格拉底的目的论对机械论的超越

逻各斯在赫拉克利特那里，是一种自然的规律，是火燃烧和熄灭的分寸与尺度。在智者派那里，逻各斯被赋予了一种对万物的超越性，在高尔吉亚那里，要求超出一切，要获得它的自由。普罗泰哥拉则把逻各斯当成主体的一种能力，这个主体就是非物质的能动性，就是努斯。在阿拉克萨哥拉那里，努斯是推动万物运动的终极因，是第一推动力，在对具体事物的解释中，仍然是机械论的。到了苏格拉底这里，努斯变成了逻各斯的一种内在力量。苏格拉底从逻各斯入手，他不像阿拉克萨哥拉那样武断地设定一个外在的努斯来推动这个宇宙，而是就从逻各斯的普遍规定性后面寻找动因，这个动因就是努斯的能动作用。苏格拉底把立足点完全移到努斯身上，但是又是从逻各斯入手的，从万物的规律底下去发现它的动力源。① 进而，苏格拉底认为，既然努斯是安排这个世界的，安排得有秩序，那么这种安排就是有目的的，应该把目的性引进来。逻各斯可以解释个别事物的规律和必然性，但是无法解释整个宇宙的因果关系，个别事物是必然的，但是总体是偶然的，杂乱无章的。所以苏格拉底提出了一种作为逻各斯基础的努斯学说，从而把宇宙整体看作是一个合目的的系统，万物从低级到高级，井然有序，趋向一个最高的目的，所以我们说苏格拉底是西方历史上用目的论来解释万物的原因的开创者，是目的论思想的创立者。这对于早期自然哲学中的机械论思想来说是一种彻底的扭转。

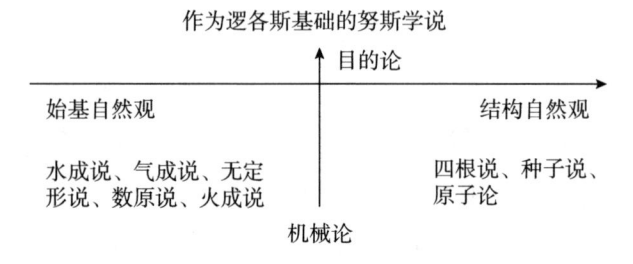

图 3-28　目的论对机械论的超越创新

如图 3-28 所示，这种创新是一种本质的创新，对之前的所有思想进行本质的颠覆。

3. 对逻各斯学说的人文主义的发展

逻各斯在赫拉克利特和巴门立德那里，只是自然界的规律；在高尔吉亚和普罗泰哥拉那里，进一步诠释了逻各斯所蕴含的人类语言的规律。但是逻各斯在他们眼中，都是属于真理范畴，不包含价值在内。当苏格拉底将努斯作为逻各斯的基础时，逻各斯的含义也发生了重大的变化。逻各斯不再只是一种自然规律，而且包含有价值，比如说善与美，变成了一个人本主义的尺度，成为人自身的尺度，它不再是一种外在于人的

---

① 邓晓芒：《古希腊罗马哲学讲演录》，世界图书出版公司，2007，第 72~76 页。

尺度。如果是外在于人的尺度，那么逻各斯就是人的命运，无法违抗。[①] 但是经由苏格拉底的改造，逻各斯更是人自身的尺度，从而成为后世人文主义的滥觞。所以苏格拉底的逻各斯学说是对前人思想的本质创新。如图 3-29 所示。

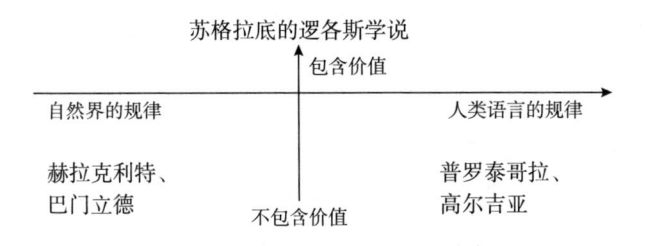

图 3-29 苏格拉底对逻各斯的创新

（纵轴：苏格拉底的逻各斯学说；上：包含价值；下：不包含价值；左：自然界的规律——赫拉克利特、巴门尼德；右：人类语言的规律——普罗泰哥拉、高尔吉亚）

4. 积极辩证法对消极辩证法的扬弃

苏格拉底的辩证法有两个主要的特点：一是在讨论与辨析中发现矛盾，揭露矛盾，使之尖锐化；二是通过对矛盾的揭露找出一致同意的论点，矛盾要达到统一，要找到对话双方一致同意的论点，并以此为基点提出原则性的问题，再去发现新的矛盾。这是一个追求的过程，一步一步地向前推进，最终达到普遍的概念定义和永恒的真理。由此可见，苏格拉底的辩证法引入了努斯的能动性和超越性，这就是他不同于智者学派那种消极的辩证法的地方。黑格尔把智者学派的辩证法称为"消极的辩证法"，就是因为他们陷入到了相对主义和怀疑主义，没有一个共同的价值标准。他们找出了矛盾，但不知道如何更进一步。普罗泰哥拉承认矛盾双方都是对的，陷入相对主义；高尔吉亚则说矛盾双方都是错的，陷入怀疑主义与虚无主义。苏格拉底由于引入了努斯精神的能动性，所以他的思想已经上升为"积极的辩证法"，[②] 他把逻各斯的这种矛盾纳入到努斯精神的寻求过程之中，发现矛盾并且解决矛盾，推进逻各斯本身，

[①] 邓晓芒：《古希腊罗马哲学讲演录》，世界图书出版公司，2007，第76~77页。
[②] 邓晓芒：《古希腊罗马哲学讲演录》，世界图书出版公司，2007，第79~82页。

变成了一个不断地从低层次向高层次上升的过程，这个过程的顶点就是最高的善，也就是神。这个创新的过程如图3-30所示。这也是一个本质创新的过程。

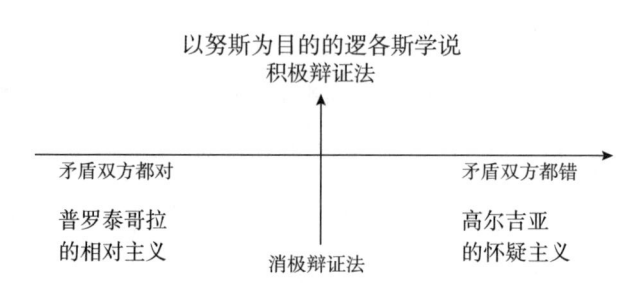

图3-30 积极辩证法创新

例12：柏拉图的哲学创新

1. 二元论

柏拉图的理念论的基础是二元世界的划分，这深受巴门立德的影响。赫拉克利特只看到万物皆流的现象界，巴门立德看到现象背后的本质世界，但是他对现象与本质的关系没有做深入的探讨，可以说，他的视野完全在静止的本质界。柏拉图的创新在于他不仅区分了现象界与本质界，而且从形而上学方面对二者的原本与摹本的关系做了明确的规定，从认识论上对二者的递进关系也进行了深入探讨。因而，巴门立德与赫拉克利特的世界只是单一世界，而柏拉图关注的是二元世界。发轫于毕达哥拉斯、起始于巴门立德的二元对立观与理智主义和本质主义，正是从柏拉图开始成为西方哲学乃至西方人文精神的最深层动力的。

如图3-31所示，柏拉图固然可能是由于要调和赫拉克利特与巴门立德的思想而不得以提出二元论，但是必须承认这是一种重大的哲学创新，它抛弃了早期古希腊学者固守的一元论思想，同时代的对手德谟克利特虽然提出原子与虚空两个本原，但是不能被称作是二元论，因为它们是同一层次的，而理念世界与现象世界的区分则是两个层次上的。柏拉图关于二元论的创新是一种本质的创新。这一创新对后来欧洲的思想影响深远,进一步强化了"本质与现象""感觉与理智"等诸多概念的二元对立,成为西方哲学最深层的思维习惯。

```
                    柏拉图的理念论
                         │
                      二元世界
                         │
    静止的本质界          │          运动的现象界
  ──────────────────────┼──────────────────────→
       巴门立德           │           赫拉克利特
                      单一世界
                         │
```

图 3-31　理念论创新

2. 理念论对"一与多"关系的创新

理念论是柏拉图的本体论的核心思想,也是他独创性的典型表现。苏格拉底提出在心灵中寻找规定外部世界的内在原则,但他并没有把这些原则外在化,也没有说这些原则对应于独立于心灵的外部存在。他只是把心灵的内在原则伦理化,致力于探讨德性的定义,普遍定义适用的对象显然不能与人的思想和行为相分离而单独存在。而正如马克思所评论的:"苏格拉底的实际活动在柏拉图那里也重新变为一般的和观念的活动,而智慧则扩展成为一个理想王国"[1],"理念的独立王国翱翔于现实之上(这个彼岸的领域是哲学家自己的主观性)并模糊地反映于现实中"[2]。柏拉图把苏格拉底寻找心灵内在原则外在化,使之成为独立于心灵的理念世界。我们可以看到,作为柏拉图唯心主义的思想来源,无论是巴门立德的存在论,还是苏格拉底的普遍定义观念,都体现为"一内在于多",更不用说其他唯物主义本原观的思想了。而柏拉图则提出"一外在于多",开了客观唯心主义的先河,他坚持认为,理念型相是独立于可感事物的存在,否则就不会有确定的知识。我们构建二重性逻辑图来描述这一创新过程,具体见图 3-32。

---

[1] 《马克思恩格斯全集》第 40 卷,人民出版社,1982,第 135 页。
[2] 《马克思恩格斯全集》第 40 卷,人民出版社,1982,第 69 页。

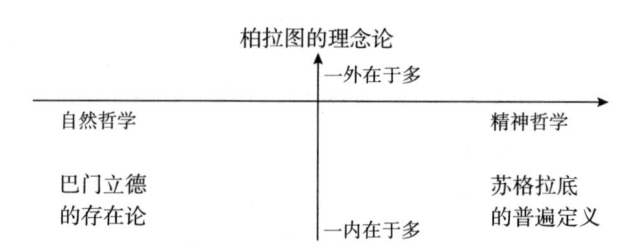

```
           柏拉图的理念论
              │
              ├─ 一外在于多
自然哲学      │              精神哲学
──────────────┼──────────────
巴门立德      │              苏格拉底
的存在论      ├─ 一内在于多   的普遍定义
```

图 3-32　理念论思想创新

可以看到，无论是自然哲学领域还是精神哲学领域，无论是柏拉图之前的诸多本原论思想，还是他同时代的原子论思想，都秉持着"一内在于多"的原则，而柏拉图则大胆突破了这一点。尽管他的"分有说"与"模仿说"有明显的缺陷，但是这毕竟是一种伟大的思想创新，而且为他提出认识论上的"回忆说"以及其他政治哲学思想都奠定了坚实的本体论基础。正是苏格拉底与柏拉图的努力，改变了古希腊人崇尚肉体享乐而缺乏灵魂生活的特点，对后世新柏拉图主义乃至基督教的形成与传播产生了重大的影响。

3. "回忆说"对普罗泰格拉相对主义论辩论的回应

在《菲多篇》中，智者为了否定知识的可能性，提出了这样一个悖论："一个人既不会寻求他所知道的东西，因为他既然已经知道它，就无须再探寻；他也不会寻求他不知道的东西，因为他甚至连他要寻找的东西是什么都不知道。"柏拉图提出"回忆说"旨在解决这个难题。如前所述，柏拉图认为，灵魂属于永恒的理念序列，因为它预先具有潜在的、有待揭示的知识。"回忆说"肯定一个人可以学习他所知道的东西，但对"知道"的意思进行了分析：知识包含于灵魂之中，已经是被知道的东西；被知道的东西不一定是被关注的东西，拥有知识的灵魂不一定知道它的拥有。"回忆"是灵魂对自身的关注，是对拥有知识的再认识。按照这样的分析，原初的知识是灵魂对理念的自我观照，知识的学习则是对原初知识的摹本，灵魂的模仿就是回忆。我们用二重性逻辑图来展示这个创新思维过程，具体见图 3-33。

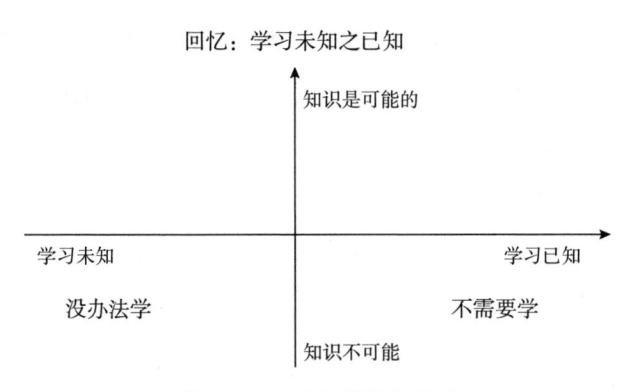

第三章 用"二重性逻辑"解读西方哲学史中的创新案例

```
                  回忆：学习未知之已知
                        ↑
                   知识是可能的

     学习未知                              学习已知
  ──────────────────────────┼──────────────────────────→
     没办法学                              不需要学

                   知识不可能
                        ↓
```

图 3-33 回忆说思想创新

可以看出柏拉图绝妙的创新之处，面对智者的相对主义论辩论，柏拉图敏锐地抓住了智者所说的知识"已知"与"未知"的特点，从而借助灵魂学说提出，对未知之已知的回忆就是知识的来源，彻底瓦解了智者学派怀疑知识可能性的企图，并且有力地支持了理念论，"回忆说"回答了生活在可感世界的人何以能够认识理念这一难题，回应了《巴门立德篇》中对理念论的最大诘难。

4. 柏拉图对概念的创新

（1）柏拉图在巴门立德对知识做"真理与意见"之区分的基础上，进一步对概念进行裂变，将意见划分为"幻想与信念"，知识划分为"数学知识与理性知识"。同时将"意见与知识"所对应的本体论领域划分为"可感领域与可知领域"，可感领域进一步划分为"影像与自然物"，可知领域划分为"数学型相与本原"。具体见图 3-34。

本体论	可 感 领 域		可 知 领 域	
	影像	自然物	数学型相	本原
	幻想	信念	数学知识	理性知识
认识论	意 见		知 识	

图 3-34 四线段

可以看到，除了概念的裂变之外，概念的衍变现象也是明显的，"意见与知识"的区分是在认识论的领域里作出的，柏拉图把由巴门立德所作出的区分延伸到本体论领域，划分出相应的一对概念："可感领域与可知领域"。这种现象在哲学史上是非常常见的。

（2）柏拉图对灵魂的三重区分也是以概念裂变的方式完成的。柏拉图认为，理性把人与动物区分开来，是人的灵魂的最高原则，它是不朽的。与之相对的是非理性，它是可朽的，非理性又可以分为激情和欲望，激情服从理性，而欲望不服从理性。如图 3-35 所示。

灵魂	理性		智慧	分别对应的三种美德
	非理性	服从理性	激情	勇敢
		背离理性	欲望	节制

图 3-35　概念裂变

对概念的自觉划分是从柏拉图开始的，他创造了两分法，通过对概念的不断划分来推动思维的逐步深入。这种方法的二重性逻辑特征是非常明显的，它根据新的标准不断地对原有的一个或一对概念进行划分，而每一次划分都是对旧思维藩篱的突破，从而促成认知方面的重大进步。

例 13：亚里士多德的哲学创新

1. 实体学说的创新

亚里士多德总结前人对存在的研究发现，要么人们研究存在的特征是什么，比如巴门立德；要么研究存在的表现有哪些，比如迈立梭、德谟克利特与柏拉图。这两种研究方式其实犯了一个共同的错误，他们都在研究"什么是存在"，但真正的问题却无人涉足，那就是"存在是什么"。二重性逻辑表达见图 3-36。

可以看到，亚里士多德利用他作为逻辑学家的特质，开辟了一条全新

```
                          亚里士多德的实体学说
                                ↑
                              存在是什么
     存在的表现          ←─────┼─────→      存在的特性
     迈立梭、德谟克                          巴门立德
     利特、柏拉图
                              什么是存在
```

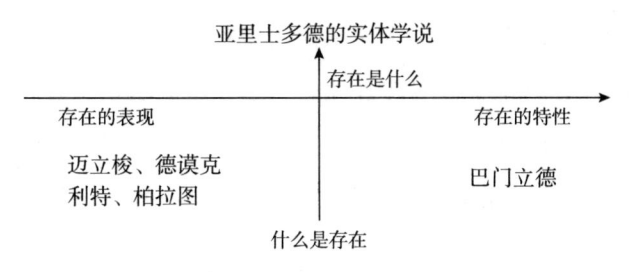

图 3-36 对存在的研究方法创新

的研究存在的道路，也厘清了过去对存在概念的混乱理解。沿着这个思路，亚里士多德研究了存在的分析性定义，存在可以分为偶然的性质和必然的本质，其中必然的本质又可分为实体与属性，从而实体学说便代替了存在的研究，成为最重要的研究对象。亚里士多德本体论的研究便主要集中于这三个问题：实体是什么；实体的原因是什么；实体是如何生成的。从而分别得到第一实体理论、第二实体理论、四因说、潜能与现实学说等一系列重要的思想成果。作为哲学史上最重要的两个"蓄水池"之一，亚里士多德以他无与伦比的综合能力与思辨能力，将存在是什么这个最艰深的哲学疑难问题一举化解，通过二重性逻辑分析可知，这是典型的本质创新。

2. 认识论上的创新

事实上，德谟克利特与柏拉图都反对普罗泰格拉的感觉主义思想与实证主义态度，普罗泰格拉否认存在，认为感觉的对象是唯一的现实，在它后面没有存在可以探寻。德谟克利特与柏拉图以同样的态度超越了普罗泰格拉，承认感觉的相对性，并且认为理性思维是关于存在的唯一正确的知识，在这个意义上，两个人都是不折不扣的理性主义者。[①] 但是由于德谟克利特用约定论来解释感觉的性质，与他的流射说产生了矛盾，他最终无法自圆其说，提出有说服力的解决方案；柏拉图则直接否定感觉经验的真理性，陷入极端的先验主义。毫无疑问，亚里士多德也继承了感觉与理智相对立这一思想。但是，亚里士多德的创新之处在于，他认识到，德谟克

---

① 转引自〔德〕文德尔班《哲学史教程》，罗达仁译，商务印书馆，1997，第 157～170 页。

利特与柏拉图共同的错误在于在认识活动中割裂了感觉与理智，而没有将它们结合起来，亚里士多德创造性地提出了自己的认识三阶段学说，这一学说将感性认识与理性认识并重，并且层层递进，达到了现代科学认识论的水平。这一创新过程用二重性逻辑展示见图 3-37。

```
         亚里士多德的认识三阶段学说
                 ↑
              感觉与理智并重
    经验主义           |            先验主义
  ——————————————————————————————————→
    德谟克利特         |            柏拉图
              感觉与理智对立
```

图 3-37　认识论的创新

亚里士多德关于认识三阶段学说的核心思想其实是感觉与理智并重，他实现了对前人认识论思想的全面综合，并且极大地提升了认识论的水平。这一思想的创新也是典型的本质创新。

3. 提出了"意志自由"的思想

关于邪恶的原因是什么，按照苏格拉底的说法，无人有意作恶，无知是恶的原因。亚里士多德不同意这种说法，他认为无知或者被迫的行为都是无意的行为，无意的行为没有道德属性。他说，只有有意的行为才值得赞扬或责备，对无意的行为只能表示遗憾和怜悯。针对苏格拉底把德性与知识相等同的原则，亚里士多德在这里提出了有意和无意的区分，这不是知识和无知这两种认识能力或状态的区分，而是表示意志的能力和状态的区分。有意行为是受意志支配的行为，无意行为不受意志支配。无意行为没有伦理价值，只有有意行为才有善恶之分。善良行为是理性的有节制的行为，邪恶行为则相反，是有意让非理性欲望驾驭理性的行为。[①] 亚里士多德还提出"实践智慧"与"理论智慧"的区分，一方面表达了一种理智主义的伦理观，另一方面包含了"意志自由"的萌芽。二重性逻辑构建见图 3-38。

---

① 赵敦华：《西方哲学简史》，北京大学出版社，2001，第 89~90 页。

```
        亚里士多德的"意志自由"萌芽
                │
                │ 善恶与知识无关
    ─────────────┼─────────────→
    无知         │         有知
    恶          │          善
                │ 善恶与知识有关
```

图 3-38　意志自由思想创新

根据苏格拉底的说法，无论行为是否有意，只要有知即为善，只要无知即为恶，很明显混淆了知识与意志、理论理性与实践理性。亚里士多德的创见在哲学史上产生了重要的影响，从奥古斯丁、莱布尼兹直到康德，无不深受其意志自由思想之启发。

4. 中道学说创新

亚里士多德把中道作为德性的标准。德性的对立面是两个极端：过分与不足，过分是主动的积极的恶，不足是被动的消极的恶。[①] 以情感为例，自信是骄傲与自卑的中道，义愤是易怒与麻木的中道。以行动为例，勇敢是鲁莽与怯懦的中道，大方是奢侈与吝啬的中道。用二重性逻辑展示见图 3-39。

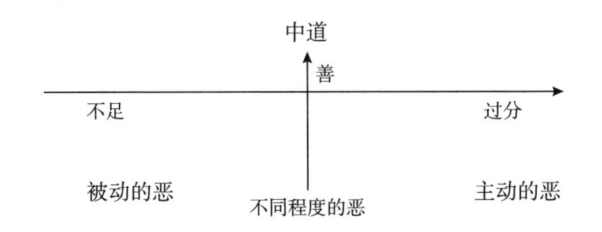

```
                中道
                ↑
                │善
    ─────────────┼─────────────→
    不足         │         过分
                │
    被动的恶   不同程度的恶   主动的恶
```

图 3-39　中道学说创新

亚里士多德继承了柏拉图的思想，批评毕达哥拉斯混淆了两种不同意义的适中："中值"与"中道"，对数学度量与道德评价做了区分。亚里士多德指出，中值由理论智慧所确定，而中道由实践智慧所确定。具体见图 3-40。

---

① 赵敦华：《西方哲学简史》，北京大学出版社，2001，第 91 页。

适	中值	毕达哥拉斯	理论智慧	折中主义	恶
中	中道	亚里士多德	实践智慧	中庸之道	善

图 3-40　概念衍变

毕达哥拉斯把数字的和谐与伦理的和谐简单地等同起来，在数字关系上，中值是和谐的，但这只是理论智慧的表现，如果运用在实践中，就犯了折中主义的错误，此行为与过分或不足一样是恶。中道绝不是 A+B/2，而是根据各种经验条件，执两用中，在实践中通权达变，灵活处理，使行为结果恰到好处，并且符合正义的标准，这才是中庸之道，才是善的行为。

5. 亚里士多德关于灵魂性质的创新

亚里士多德批评了前人关于灵魂的思想的两种错误倾向：第一种是倾向于把灵魂当作独立的运动实体的柏拉图观点；第二种是把灵魂和身体看成两个分离的实体的二元论观点。第一种倾向认为，灵魂必须有一个宿主，灵魂的活动是宿主的活动。第二种倾向认为，如果灵魂和身体是两个独立实体，那么很难解释两者在本性上的适合。灵魂与身体之间的内在、必然的联系不能被归结为实体之间的外在关系。[①] 由此，我们取"内在与外在"和"分离与联系"两组变元来进行二重性逻辑表达，具体见图 3-41。

图 3-41　亚里士多德灵魂观思想创新

---

① 赵敦华：《西方哲学简史》，北京大学出版社，2001，第 84 页。

柏拉图认为灵魂与身体分离且独立运动,与身体是外在的关系。毕达哥拉斯等人认为灵魂虽然与身体相互联系,但是彼此之间同样只是外在的联系。而亚里士多德认为灵魂在于身体之中且与身体彼此融合,不可分离,而且灵魂只存在于有生命的事物之中,灵魂是使身体的潜能转变为现实的生命活动,二者的关系类似于形式与质料的关系。

6. 亚里士多德的概念创新

(1) 对存在概念的划分。亚里士多德研究存在,从"存在是什么"开始,由于存在是最基础最普遍的范畴,故而不可能给出一个种加属差的定义,只能给出一个分析性的定义。亚里士多德将存在分为偶然的性质与必然的本质,将必然的本质再划分为实体与属性。这样最终将存在的问题转换成为实体的问题来研究。实体分为第一实体与第二实体,第一实体又有两种,分别是个别事物、本质与形式。具体见图3-42。

存在	偶然的性质			
	必然的本质	属性		
		实体	第一实体	个别事物
				形式与本质
			第二实体	种与属

图 3-42 概念裂变

(2) 形式与质料概念的衍变。亚里士多德考虑到经验世界的实体的现实意义,又将实体分为实体与具体实体。他说:"实体是内在的形式,形式和质料在一起是所谓具体实体的来源。"前者指完全逻辑意义上的实体,即定义所表达的形式;后者指现实意义上的实体,即经验世界运动着的事物。具体实体既然处于运动之中,它就要有现实性和潜在性,也就是说,是由质料和形式共同构成的。经验世界的一切具体实体都由形式和质料、实在与潜在两方面构成。这种观点后来被称作"质型论",具体见图3-43。

概念的衍变现象是明显的,形式与质料是实体学说的一对概念,属与

实体	逻辑	实体	形式		
	经验	具体	形式	种差	实在
		实体	质料	属	潜在

图 3-43　实体概念裂变与衍变

种差是逻辑学的概念，实在与潜在是运动学说的概念。但是这三组概念又有内在的对应关系。

例 14：伊壁鸠鲁的思想创新

1. 快乐是自然而必需的欲望的满足

按照感觉主义的准则，快乐的伦理价值是显而易见的真理。伊壁鸠鲁认为伦理是对感觉的自然描述。他区分了三种不同的欲望，然而只有一种欲望属于自然的感觉：第一种是自然的和必需的，如食欲和睡眠的满足，但是他补充说，渴了喝水仅限于止渴，饿了吃饭也仅限于不饿，不应暴饮暴食或过度吃喝，这有违自然。因此，自然而必需，或者说所谓的自然指的是仅限于基本的需要。第二类是自然的但不是必需的欲望，如性欲的满足。第三类是既不自然又不是必需的欲望，如虚荣心、权力欲的满足。很明显，这种分类是依据典型的二重性逻辑。根据以上分析，构建二重性表达见图 3-44。

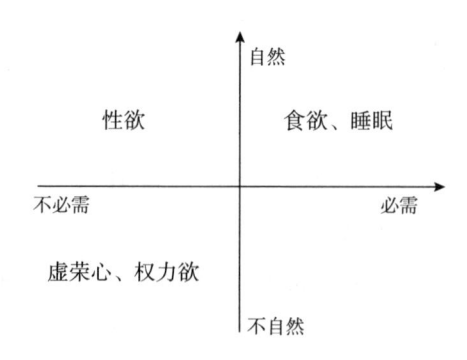

图 3-44　快乐的分类

他据此得出自己的结论，人们有必要满足自然而必需的欲望，节制自然而不必需的欲望，但不能够追逐不自然的欲望，当人们这样做时，他们是在满足自然的欲望，是快乐的。

2. 关于"原子有重量"的思想创新

希腊自然哲学在探讨万物始基的过程中，呈现为由"无质无量"到"有量无质"的进展，在伊奥尼亚派那里，始基是无质无量的，无论是无定形还是水、火、气等，都没有大小形状等量的规定，更没有质量或重量的规定，从这个意义上讲是无的。到了元素派，四根、种子和原子开始有了量的规定性，尤其是原子，有各种大小形状的区分，但是没有质量或重量的规定。伊壁鸠鲁首次提出原子有重量，这是始基学说的重大创新。具体见图3-45。

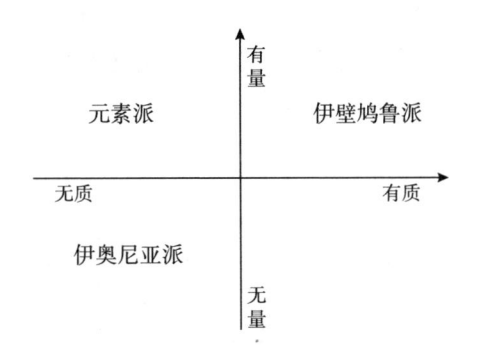

图3-45 原子质量创新示意

在伊壁鸠鲁之前，关于始基的学说只有"有量与无量"的区分，加入了"质"这一变量后，对始基的认识更深入了一层，对万物生成转化更加丰富。由于加入了重量的规定性，伊壁鸠鲁将原子运动分为三种：一是由于原子自身的重量产生的垂直运动；二是原子在下落运动时产生偏斜；三是由于原子偏斜造成的相互碰撞，碰撞中结成原子团，所有事物不过是大大小小的原子团。① 这一结论意义非凡，原子因重量产生的直线运动是必

---

① 〔古希腊〕伊壁鸠鲁、〔古罗马〕卢克莱修：《自然与快乐：伊壁鸠鲁的哲学》，包利民等译，中国社会科学出版社，2004，第6页。

然性,而原子偏斜及其造成的组合物内部的颤动是偶然性。德谟克利特只看到原子碰撞的必然性,而伊壁鸠鲁发现的原子偏斜说明了原子运动的偶然性。众所周知,马克思在其博士论文中对此做了极为深入的研究,并给予了高度评价,认为"原子偏离直线是最深刻的结论之一"①,因为它使自然哲学摆脱了目的论、宿命论和神意,原子的偏斜运动表明了自由是世界的根源之一。所以马克思高度评价这一哲学创新,认为伊壁鸠鲁的哲学要旨是"精神的自由和精神的独立"②,他是"古代真正激进的启蒙者"③。

3. 伊壁鸠鲁的概念创新

伊壁鸠鲁区分了强烈但不能持久的快乐与平静而长久的快乐,身体快乐与心灵快乐,还分区了动态快乐和静态快乐;前者是欲望的要求和满足,如娱乐和高兴,后者是痛苦的消除,如无饥无渴、无欲无求的轻松状态。他认为,静态快乐高于动态快乐。我们可以应用二重性逻辑来分析他对快乐概念的裂变与衍变。具体见图3–46。

快乐	强烈但不能持久的快乐	身体快乐	动态快乐
	平静而长久的快乐	心灵快乐	静态快乐

图3–46 概念裂变与衍变

根据快乐的动与静、身与心、长与短来对快乐进行了裂变,这几组概念之间同时又是衍变的关系,相似但不同,从不同的侧面共同深化对快乐的认识。从历史上看,把希腊哲学中流行的"不变高于变化"的观念应用于"快乐"概念,始于亚里士多德。人们在动态快乐中得到的享受或强或弱,只有在静态快乐中才能处于平稳不变的幸福状态。但动态快乐增加了

---

① 《马克思恩格斯全集》第40卷,人民出版社,1982,第119页。
② 《马克思恩格斯全集》第40卷,人民出版社,1982,第80页。
③ 《马克思恩格斯全集》第3卷,人民出版社,1960,第147页。

快乐的种类，丰富了快乐的体验。伊壁鸠鲁虽然把快乐与幸福相等同，但却坚决反对把快乐与享受相等同。无论从理论上还是实践上看，伊壁鸠鲁都没有提倡享乐主义或者纵欲主义。

例 15：斯多亚学派的思想创新

斯多亚学派的伦理观认为，人被命运所决定，但是，在被决定的情况下，人依然是自己在做决定并实施行为活动，在决定论的处境下，个体的人仍然需要为自己的行为负责。斯多亚学派认为自然是一条必然性支配的巨大链条，是一个决定论意义上的宇宙。它不像伊壁鸠鲁派那样在本体论论证上提供自由意志的空间。因为伊壁鸠鲁派认为原子因自由意志偏离了由于重量产生的必然性，它把意志赋予原子世界。斯多亚学派则没有论证宇宙大火的自由意志。宇宙大火经过一定阶段的燃烧净化之后，又会化生出另一个完全相同的宇宙，在这个完全相同的宇宙中，在前一个宇宙中出现的人和物将经历相同的命运。问题是，一个被决定的人如何可能承担伦理的责任呢？为解决这个难题，斯多亚学派必然要进行创新。他们认为，即使人处于绝对的被决定之中，仍然有选择的自由意志，因此选择的主体仍然是这个人本身。斯多亚学派把人与宇宙的关系比喻成一条狗与一只船的关系。① 这条狗被拴在这只船上，然而狗在岸边，船在顺流而下的水中。狗被拴在船上的被决定性就是狗的自然，然而，斯多亚学派认为，狗在被决定的情况下，仍然有选择的自由，它可以选择与水流相反的方向往上拖船，也可以顺着水流随着船往下跑。这样一来，斯多亚学派在唯意志主义与决定论之间保持了一定的张力，为自由意志留置了地盘。用二重性逻辑表达见图 3-47。

斯多亚学派在决定论与唯意志主义两极之间选择较为中庸的立场，这是典型的二重性思维，是一种组合式创新。

---

① 龚群主编《西方伦理思想史》，高等教育出版社，2019，第 60 页。

```
        ↑ 有意志
        |
唯意志主义 | 斯多亚学派
        | 的命运观
────────┼────────→
偶然性    | 决定论    必然性
        |
        ↓ 无意志
```

图 3-47　斯多亚学派思想创新

例 16：普罗提诺的概念创新

1. "太一" 概念的创新

从色诺芬尼提出 "一" 是唯一的、不变的本原开始，经巴门立德、柏拉图到普罗提诺，又重新回到了 "太一" 的概念，他赋予 "太一" 更多的特征，如只有否定性而无肯定性，一切能肯定的东西都有它的对立面，都是区分和分割的结果，只能归属于 "多"，而不是 "一"。这种思想后来逐步发展成为基督教的 "否定神学"。普罗提诺还赋予了 "太一" 非理性的特征，他认为太一也不是理智的对象，因为理智只能靠概念和范畴去把握对象，而一切概念和范畴都需要区分才能被定义，因此只适用于能被分割的东西，但不适用于不可分割的太一。总之太一是不可名状的，不可认识的。类似于老子的 "名可名，非常名" 的思想，且具有更多的非理性特征。如果说对 "太一" 有什么肯定性的方面的话，如普罗提诺所说，太一就是善本身，但这也等于什么都没肯定。总之，普罗提诺特别强调太一的否定特征，以此说明它是超越了 "存在"，太一不是一个东西，而是 "存在" 的前提和基础。所以在关于本原的特征上，普罗提诺的创新点在于他加入了 "否定性" 与 "非理性" 这两大特征。具体见图 3-48。

可以看到，"一与多" 这一对概念的衍变使得很多对本来看似无关的概念组相互关联在一起，从巴门立德到柏拉图再到普罗提诺，对 "一与多" 所赋予的特征越来越多，衍变所产生的概念越来越多，彼此的联

太一	一	不可知	否定性	不可分
其他事物	多	可知	肯定性	可分

图 3-48　概念衍变

系也越来越紧密。

2. 三本体一神论

"三本体说"有两个创新点，一个是思想的创新，一个是概念的创新。过去要么是一个本体，要么是多个本体，要么像色诺芬尼一样从宗教方面提出"一神论"，要么从自然哲学方面提出各种本体论，但普罗提诺提出三个本体是同一个神，将哲学与宗教混杂起来，直接引申出后来的"三位一体"思想，这是一种思想创新，见图 3-49。

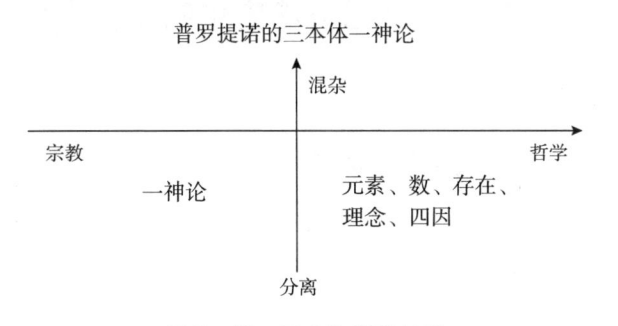

图 3-49　三本体学说创新

在概念上，普罗提诺将太一、理智与灵魂三者之间用"一与多"的关系来分类描述。理智是最先从太一中流溢出来的本体，被产生的本体不再保持原初的绝对统一性，它包含着一些原初的区分，因而具有肯定性质，可用最一般的范畴表示它。当然，理智仍然享受太一的统一性，因此，被区分出来的多样性仍然是统一的。如果说太一是绝对的一，那么理智则是一和多的统一。用柏拉图的话来说，就是理念型相的领域。通种只适用于第二本体"理智"，因为它们是区分的产物，不能适用于不能被区分的太一。灵魂又从理智中流溢出来，它是一种能动力量，它的能动性表现在变动不居，活跃于各个领域。灵魂既是一又是多，当它与理智和太一相通时，它复归于原初的统一，因而是一；当它被分割在个别事物之中时，作为推动事物变化的内部动力，它又是多。① 具体见图3-50。

一与多不分	一与多的统一	理　智	柏拉图的理念型相
一与多相分离	绝对的一	太　一	柏拉图的善
	既是一，又是多	灵　魂	柏拉图的世界灵魂
	绝对的多	个别事物	柏拉图的可感世界

图3-50　概念衍变

第二节　中世纪哲学史中的创新案例

例17：奥古斯丁的哲学创新

1. 对怀疑论者的批判

在《论自由意志》一书中，奥古斯丁针对"一切皆可怀疑"的皮浪主义，提出了一个有力的反驳："我问你：'你存在吗？'你是否害怕被这一问题所欺骗呢？但如果你不存在，你也就不可能被欺骗了。"这个质疑戳中了怀疑论者的软肋。怀疑是为了避免被欺骗，但只有相信自己存在的人才害怕被欺骗，才会进行怀疑，换言之，"我怀疑，故我存在"，这是怀疑论者不能怀疑的真理。奥古斯丁继续推论，我在怀疑这一事实证明了至少有三件事是我所确定不疑的，即我存在，我活着，我理解。② 怀疑论鼓吹的"一切皆可怀疑"的原则是与他们的怀疑相悖的。这个论证我们看起来

---

① 赵敦华：《西方哲学简史》，北京大学出版社，2001，第108~110页。
② 赵敦华：《西方哲学简史》，北京大学出版社，2001，第125~126页。

很熟悉，事实上，它就是笛卡儿论证"我思故我在"的先声。这是一个典型的归谬法论证，用二重性逻辑表示见图 3-51。

图 3-51　归谬法示意

如果承认一切皆可怀疑，那么面对"怀疑者是否存在"这个诘难，只有两种可能性，如果确信自己存在，那么与自己所倡导的"一切皆可怀疑"相悖。如果怀疑自己存在，那么既然没有了怀疑的主体，也就无所谓怀疑了。所以怀疑者必定存在。

2. 上帝存在的知识论证明

奥古斯丁为了从知识论方面论证上帝存在，他提问，人的理性所拥有的这些真理的来源是什么？只有三种可能的回答：来自理性之下、之中和之上。首先，真理不可能来自理性之下，即感觉所形成的知识。其次，真理也不可能来自理性之中，因为理性不可能于自身中产生规则，理性是心灵的能力和状态，处于流动变化之中，而真理却是不变的，不随理性的变动而变动。永恒不变的真理不可能等同于变动不居的理性。因此，真理只可能存在于理性之上，即上帝。构建二重性逻辑表达见图 3-52。

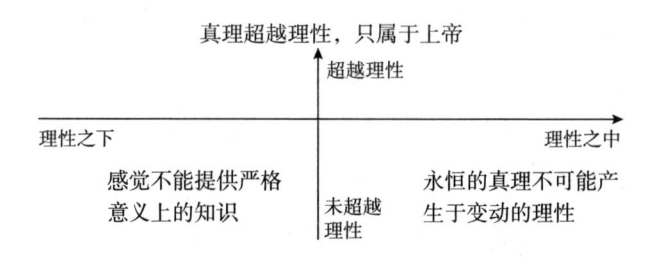

图 3-52　上帝存在的知识论证明

3. 神正论与意志自由说

基督教信仰全知全能全善的上帝，那么人们会问，既然上帝是全善的，为什么会创造恶？如果恶不是上帝的创造，那说明上帝不是全能的。如果上帝不知道恶的存在而没有去阻止它，那么上帝就不是全知的。面对这样的诘难，奥古斯丁从两方面入手，一方面，上帝的恩典主要表现为赏罚分明的公正性，而不在于帮助人择善弃恶；另一方面，罪恶来自上帝所赋予人的意志自由的必然性，如果没有意志自由，世界就无所谓善恶。构建二重性逻辑解释见图3-53。

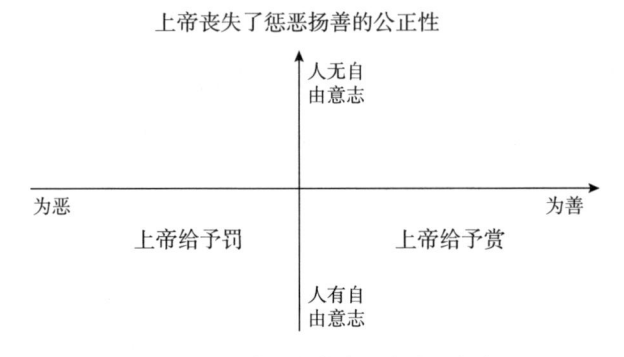

```
              上帝丧失了惩恶扬善的公正性
                        ↑
                      人无自
                      由意志
                        │
    为恶                │                为善
  ──────────────────────┼──────────────────────→
                        │
      上帝给予罚        │      上帝给予赏
                        │
                      人有自
                      由意志
```

图3-53　神正论与意志自由说创新

在人有自由意志的前提下，才有善恶之分，上帝自然会惩恶扬善，这体现了上帝的公正性。虽然人会因为有自由意志而为恶，但是这只是小恶，相比而言，如果人类没有自由意志，上帝丧失了惩恶扬善的公正性，这才是真正的大恶。如果人没有自由意志，则无所谓善恶，恶也不存在了，这只是小善，相比而言，如果人有自由意志，虽然为恶，但是体现了上帝惩恶扬善的公正性，这才是大善。因小恶而避免大恶，因大善而舍弃小善。面临恶的存在而显示出上帝的正义，这就是奥古斯丁神正论的创新思想。之后莱布尼兹的神正论也基本上采用了这个论证思路。只不过到了莱布尼兹的时代，对自由更为看重，他不是从惩恶扬善的公正性来颂扬上帝的，而是从上帝赋予人自由的角度来赞美上帝的。

4. 上帝预知说

如上所述，虽然肯定了人有自由意志，但是奥古斯丁还是无法回避一个根本性问题，即人的自由与上帝的必然决定的问题。如果是上帝预定了一切，那么世间的恶的存在说明了上帝不是全善的；如果上帝不能预定一切，恶是人们滥用自由意志的结果，那么说明上帝不是全能的。为了摆脱这一困境，奥古斯丁进行了创新，把当时流行的观念，即上帝对人的行为的预先决定，改变为上帝对人的行为的预先知道。预知与预定就大不相同了，预知只是事先知道事情会是如此，而且由于是上帝的预知所以事情也必然会如此，但是预知中并不包含决定和干预的成分，也就是说，上帝的预知并不取消人的意志的自由活动，人的行为仍然由人的自由意志所决定。奥古斯丁说，上帝预知到某人会犯罪，因而就此人一定会犯罪而言，它是必然的，但是具体到犯罪的行动本身，它不是由神来做出的，而是人误用其自由意志的结果。神虽然预知却对之不加干预。① 在此奥古斯丁虽然有偷换概念之嫌，但是总体上是一次重大的创新，为上帝的全善做了重要的辩护。用二重性逻辑表示见图 3-54。

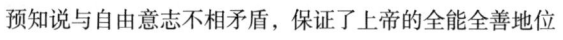

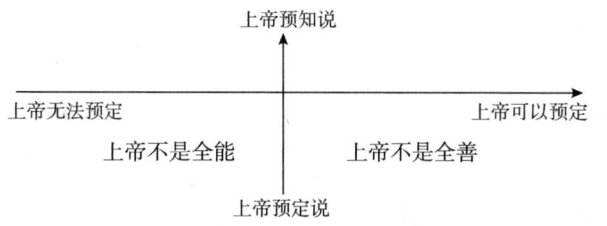

图 3-54 上帝预知说创新

奥古斯丁一方面要考虑到上帝的全能全善，另一方面要兼顾世间存在恶的事实，在这样一个二重性逻辑的指导下，他不得不将预定说改为

---

① 〔古罗马〕奥古斯丁：《独语录》，成官泯译，上海社会科学院出版社，1997，第 159~160 页。

预知说，预知说与自由意志学说能很好地兼容，而且能为上帝的全善全能做出辩护。这种走出前述学说两难困境的创新方式，也是一种本质的创新。

例18：安瑟伦"信仰寻求理性"的立场

安瑟伦声称："我信仰所坚持的与被必然理性所证明的是同等的。"他不赞同德尔图良等人反理性的立场，试图以逻辑所要求的简明性和必然性论证信仰的真理性。但是，他仍然维护信仰的优先性，提出了"信仰，然后理解"的口号。安瑟伦说："不把信仰放在第一位是傲慢，有了信仰之后不再诉诸理性是疏忽，两种错误都要加以避免。"① 如果说第一种错误是滥用理性的辩证法的错误，第二种错误是反辩证法的错误，那么他居理性辩护主义的中间立场。二重性逻辑表达见图3-55。

图3-55 安瑟伦的思想创新

如果倡导理性而信仰在后，则是傲慢；如果信仰在先但是反理性，则是疏忽。他用奥古斯丁"信仰寻求理解"的口号概括了信仰与理性的关系：信仰是理解的出发点，没有信仰就不会有理解。另外，有了信仰，不一定总会有理解，理解不会因信仰而自发产生，而是信仰积极寻求的产物。

---

① 转引自赵敦华《西方哲学简史》，北京大学出版社，2001，第139页。

例 19：阿伯拉尔的"概念论"创新

阿伯拉尔通过对实在论与极端唯名论的批判，提出了具有温和唯名论立场的概念论。他首先批判实在论，认为共相不能独立于事物之外而存在。共相表述的是众多事物共处的"状态"，状态是事物的存在状态，它不能与事物相分离而存在，因此，它不是实在论所主张的普遍实体。共相表述的事物共同状态在感性事物之中，但共相把握这一状态的方式却在理智之中，表现为心灵的一般印象，即使个别事物消失，印象仍然存在。所以，他认为共相是逻辑概念与心灵中的观念。[①] 与此同时，他也批判罗色林的极端唯名论观点。阿伯拉尔同意共相是名词，但不是罗色林所说的名词。罗色林指的是词的物质形态，即语音部分，而他所指的是词的意义，即词的逻辑部分。根据以上论述，构建二重性逻辑表达见图 3-56。

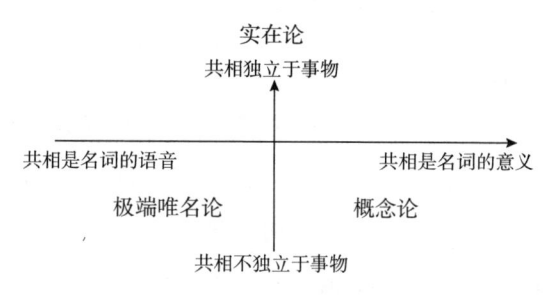

图 3-56 阿伯拉尔的思想创新

这个创新过程与本质的创新形式上相似，实质上是综合的创新，因为阿伯拉尔是在一个旧的视域内进行创新，首先用一组变元排除了实在论，然后在唯名论内部划分出一对新的变元："语音与意义"，以此与极端唯名论划清了界限。他综合了概念论两个重要的本质特征："共相不独立于事物"与"共相是名词的意义"。

[①] 转引自赵敦华《西方哲学简史》，北京大学出版社，2001，第 149 页。

例 20：托马斯的哲学创新

1. 哲学与神学的关系

理性与信仰的关系问题是中世纪哲学的一个基本问题，以奥古斯丁的观点为典型代表，正统的神学家把理性变成信仰的驯服工具，把哲学当作神学的附庸。托马斯与奥古斯丁一样，坚持神学高于哲学。但是，与奥古斯丁不同的是，他坚持哲学独立于神学，哲学不是神学的附庸，它们是两门不同的科学。具体见图 3-57。

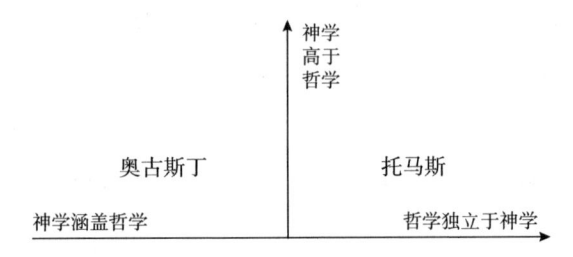

图 3-57　哲学与神学关系创新

托马斯的创新之处在于，将奥古斯丁那里神学与哲学的包含关系修改为相互独立的关系。他指出，神学与哲学有着共同对象，但哲学以理性认识它们，神学靠天启认识它们，两者因此是相互独立的。自然与恩典相辅相成的关系是人类同时需要哲学和神学的根本原因。托马斯是中世纪第一位肯定哲学独立于神学的人，为哲学的解放开辟了道路。

2. 存在与本质的区分

托马斯最重要的创新莫过于对"存在"含义的重新解释。他赋予"存在"以动词性的含义，这相比传统的名词性的含义来说是一个根本意义上的颠覆。他指出，存在自身不等于一个事物的存在，它既不是巴门立德与柏拉图意义上的世界本原与本质，也不是亚里士多德意义上的世界内在目的。这两种关于存在的观点都是将存在作为一个名词来解释，但是托马斯指出，存在的纯粹意义是"活动"，因而才表现出动词形态。它赋予一切事物现实性，并不指某一个或一类事物。① 如果说赫拉克利特的"存在"含义是"存在着"，巴门立德、柏拉图与亚里士多德的"存在"含义是"存在者"，那么托马斯的"存在"含义则是"在起来"，任何事物、形式或本质在未获得存在之前都只是一种潜在，一种可能性。存在的特征在于它的现实性，它是使潜在转变为现实的活动。根据以上分析，构建二重性逻辑表达见图3-58。

托马斯：存在先于本质
存在的动词性

存在是世界本原　　　　　　　　　　　存在是实体与属性

巴门立德、柏拉　　　　亚里士多德的目的
图：存在即本质　　　　论：本质先于存在

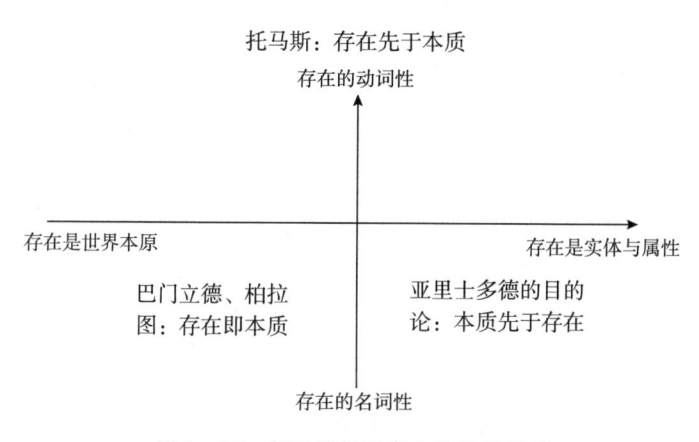

存在的名词性

图3-58　托马斯关于存在的思想创新

在巴门立德与柏拉图看来，存在即本质，或者是一个独立不动不生不灭的本质，或者是现象之外的理念世界。在亚里士多德看来，存在后于本质，是向着本质的内在目的而生成的实体和属性。托马斯第一次作出了存在与本质的区分，一方面他以一种存在论的实体学说代替柏拉图主义的本质论，另一方面他批判亚里士多德把存在当作实体属性的观点和本质先于存在的观点。在亚里士多德那里，存在如同原初质料一样是最不完善的，而托马斯把存在理解为最高的完善性，形式或本质只有依靠存在，才会成为现实性的东西。所以托马斯提出"存在先于本质"，在对存在的解释方面开创了一场形而上学领域的革命。

---

① 转引自赵敦华《西方哲学简史》，北京大学出版社，2001，第161~162页。

3. 温和实在论

关于共相理论，托马斯是温和的实在论者。托马斯认为，如果把理智活动的对象称作共相，那么既可以存在于有形事物之先，可以存在于有形事物之中，也可以存在于有形事物之后，但是它一定是存在物，且不能存在于有形事物之外。① 根据这一观点，一方面，他赞同唯名论者关于共相只是存在于人的思想之中的立场，同时反对共相非存在物的唯名论立场；另一方面，他坚持实在论的基本观点，但反对认为共相存在于个体之外的极端实在论观点。用二重性逻辑表达见图 3-59。

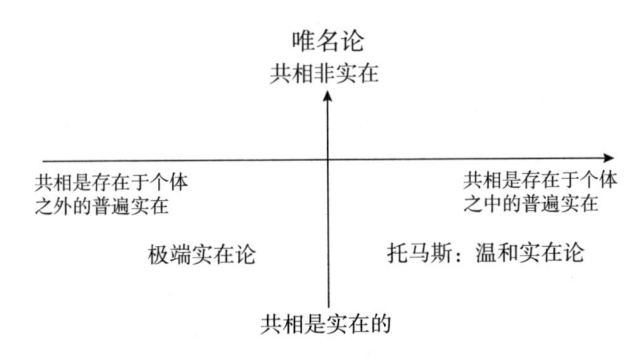

```
              唯名论
             共相非实在
                ↑
                │
共相是存在于个体     │     共相是存在于个体
之外的普遍实在      │     之中的普遍实在
────────────────┼────────────────→
                │
   极端实在论       │    托马斯：温和实在论
                │
                │
             共相是实在的
```

图 3-59　托马斯的温和实在论思想创新

托马斯虽然坚持共相是实在的，但是他认为这种实在性源于对可感个体的抽象，这一点又是与唯名论相近的。总之，托马斯试图调和实在论与唯名论各派之争，形成了一个温和包容的体系，这也是他的独创性的表现。

4. 托马斯的概念创新

托马斯通过对概念的裂变与衍变，创造了许多新的概念和概念组，深化了认识。具体见图 3-60。

（1）托马斯把神学分为自然神学与教理神学。自然神学以自然理性认识神学道理，教理神学只能依靠天启和权威来相信神学道理。托马斯认

---

① 转引自赵敦华《西方哲学简史》，北京大学出版社，2001，第 165~166 页。

自然神学	教理神学	理性意欲	感性意欲	人性行为	人的行为	存在与本质	形式与质料
神学		意欲		行为		现实与潜在	

图 3-60　概念裂变与衍变

为，以前神学家企图用理性来证明的"三位一体""肉身化""赎罪说"等信条，其实是理性所不能认识的，应归于教理神学。康德指出理性神学的谬误，划定理性认识方法的界限，保护上帝存在、灵魂不朽不受科学的质疑，可以理解为受到了托马斯的影响。

（2）托马斯认为，认知和意欲是人的两种不同的活动方式：认知是由外到内的活动，意欲却是由内而外的活动；认知是人的感官和灵魂的内部变化，意欲活动却是人的行为，包括感官和灵魂的内部变化以及身体的外部变化与移动。意欲可以分为感性与理性两种，感性意欲是动物意欲，理性意欲就是意志。意志与感性意欲的差别就如理智与感觉、人与动物的差别一样。托马斯还区分了"人性行为"和"人的行为"，前者是出自人所特有的属性，即理智与意志的行为，后者是出自人的本质，即理性动物的行动；前者是完全由理性意欲所支配的行为，后者是由理性意欲与动物意欲共同支配的行为。托马斯的意欲论主要是理性意欲论，他的行为理论主要是人性行为论。

（3）现实与潜在、形式与质料的区分是亚里士多德作出的，托马斯进一步区分了存在与本质，这三组概念形成了衍变的关系。托马斯把亚里士多德关于现实与潜在的关系运用于存在与本质的关系。他说，任何事物、形式或本质在没有获得存在之前都是一种潜在，一种可能性。存在的特征在于它的现实性，它是使潜在转变为现实的活动。本质依赖存在，没有存在，就没有实在的本质。这样，现实与潜在的关系就有两种：一种是存在与本质的关系，另一种是形式与质料的关系。它们分别适用于精神实体与物质实体，但都体现着现实与潜在的关系。

（4）如图 3-61 所示，在区分存在与本质的基础上，托马斯进一步把实体分为三类：上帝、精神实体与物质实体。在上帝那里，存在与本质没有区分，上帝是存在与本质的统一；在存在与本质开始区分的条件下，又分为两类：一类是精神实体，只有存在与本质的区分，而无形式与质料的区分；另一类是物质实体，既有存在与本质的区分，又有形式与质料的区分。区分越多，对现实性的限制越大，三者之间的关系是逐级而下的关系。物质实体按照潜在本质和潜在质料的双重限制接受存在活动，它们因而比精神实体享有更少的完善性。

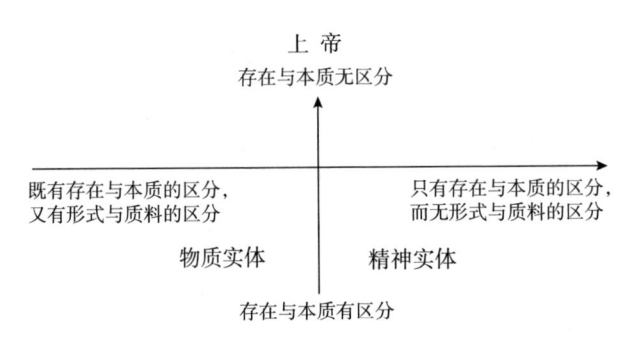

图 3-61 托马斯关于实体的分类

例 21：唯名论与实在论的四种立场的区分

在围绕共相问题展开的讨论中，形成了唯名论与实在论两大派别，每一派别又分为温和派与极端派。唯名论认为存在的事物都是个别的，心灵之外没有一般的对象，共相不具有独立实在性。极端的唯名论认为共相只是名词，如果说它们是实在的话，这种实在不过是"声音"而已。共相不具有客观性，是纯粹主观的；温和的唯名论认为共相是一般概念，概念只存在于心灵之中，是由心灵对个别事物的个别性质加以概括或抽象而得到的。实在论认为共相既是心灵中的一般概念，又是这些概念所对应的外部实在；极端实在论认为一般概念所对应的外部实在是与个别事物相分离的、更高级的实在，犹如柏拉图的理念；温和的实在论则认为，这种实在是存在于个别事物之中的一般本质,它具有客观性,但不与个别事物相分离。由此可以看出,极端唯名论与极端实在论都是从外在的角度看待共相,极端实在论认为共相是独立于个别事物的客观存在,是外在于个别事物的;极端唯名论认为共相是一群个别事物,外在于个别事物,这种实在性只不过是一种主观的声音而已。温和唯名论与温和实在论都是从内在的角度看待共相,温和唯名论认为共相是从个别事物中主观概括或抽象出来的一般本质,具有主观性。温和实在论认为共相是内在于个别事物中的一般本质,具有客观性,不是主观抽象的结果。由此,我们用两组变元来构建二重性逻辑,具体见图3-62。

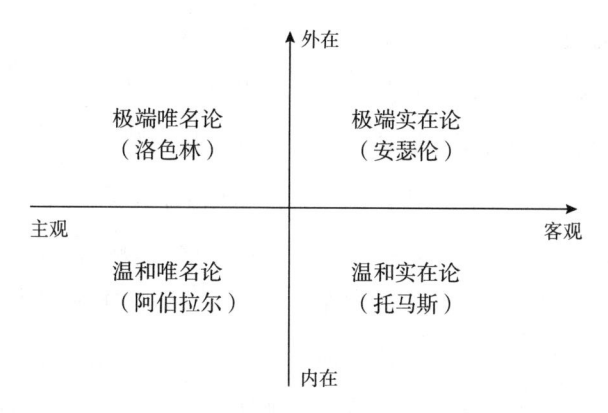

```
                    ↑外在
                    |
    极端唯名论       |    极端实在论
    (洛色林)        |    (安瑟伦)
                    |
主观 ───────────────┼─────────────── 客观
                    |
    温和唯名论       |    温和实在论
    (阿伯拉尔)      |    (托马斯)
                    |
                    ↓内在
```

图3-62 唯名论与实在论的四种立场分类

在哲学课程教学中,如果用这种方式加以划分,可以非常清晰地梳理中世纪哲学最令人困惑的疑难问题。

例22:罗吉尔·培根对"实验科学"与"证明科学"的划分

罗吉尔·培根是第一个使用"实验科学"概念的人,他划分了"实验科学"与"证明科学",从方法论上比较了推理与经验的利弊,着重强调了经验与实验科学的重要性与优越性。概念关系具体见图3-63。

罗吉尔·培根对实验科学的实证性、工具性和实用性的阐述与大力提倡远远超越了他所处的13世纪,与后来的弗朗西斯·培根有着极

科学	实验科学	经验	方法
	证明科学	推理	

图 3-63 概念衍变

其相似的观点。可以看到，在思想史上，概念的划分往往促进着思想的巨大创新。

例 23：邓·司各特的思想创新

1. 无限存在与有限存在

司各特的独创之处在于，他把对"是者"的意义区别为两种样式：无限存在和有限存在。无限存在是上帝，有限存在是被造物。有限与无限是非连续的，两者之间有不可逾越的鸿沟，不能从有限存在直接推导出无限存在。上帝不是形而上学的研究对象，它是神学的研究对象。形而上学研究有限存在，神学研究无限存在。形而上学与神学的区别实际上是理性与信仰的区别。人的理智属于有限存在的样式，上帝的理智属于无限存在的样式，两者有不同的属性，不能相通，不能用有限把握无限。人的理智达不到神学的高度。上帝的性质虽然不是理智的可知对象，却是信仰的可信对象，神学是信仰的学问。神学不是知识，而是一门实践的学问。概念衍变如图 3-64 所示。

形而上学	有限存在	人的理智	可知	知识学问
神学	无限存在	上帝的理智	可信仰	实践学问

图 3-64 概念衍变

可以看到，邓·司各特继托马斯之后，更进一步割裂了哲学与神学，本意是为了不让哲学思辨削弱神学信仰，但其结果是动摇了神学的知识论地位，淡化了神学对哲学的影响，开启了哲学非宗教化的进程。这一思想对康德影响更大，康德几乎全盘接受了司各特的这一思想，只是到康德的时代，情形恰好颠倒过来，为了维护信仰，不得不划分理论与实践，将其保护起来。康德通过对理性的谬误的分析，提出不能用理论理性去认识物自体的世界，上帝存在、灵魂不朽与自由意志属于实践理性的领域，从而为道德和信仰保留了地盘。

2. 意志主义

西方哲学的传统是理智主义，与这一传统相对立的意志主义是司各特的重大创新。司各特对意志概念的解释与当时的经院哲学家们完全不同。当时的经院哲学家普遍以理智主义的观点看待理智与意志的关系，他们认为意志活动有一个外在动力因，它就是理智对象。司各特提出两点反驳。第一，意志不受外部对象支配，对于外部对象，意志有愿意或不愿意接受它们的自主性。第二，意志没有动力因。不是理智支配意志，而是相反，只有当人们愿意知道某一对象时，他才会运用他的理智。① 用二重性逻辑示意见图 3-65。

图 3-65 司各特意志主义思想创新

可以看到，司各特与其他经院哲学家的思想是针锋相对的，彻底把对意志的错误观念扭转过来。这一思想深刻地把握了意志的根本特征，对后来的"自由意志"思想的形成具有重要的推动作用，也可以视为后世"意志主义"的滥觞。

---

① 赵敦华：《西方哲学简史》，北京大学出版社，2001，第 176 页。

例 24：奥卡姆的哲学创新

1. "指称"与"指代"的区分

13 世纪所发展起来的词项逻辑对词的意义做了"指称"与"指代"的区分，奥卡姆的创新在于将这一理论应用于克服旧唯名论的缺陷，发展出新的唯名论理论。"指称"是符号自身具有的代表功能，"指代"是符号在命题中才具有的代表功能。有指称功能的符号必有指代功能，但是有指代功能的符号不一定有指称功能。比如普遍概念都具有指代其他符号的功能，但没有指称众多个别事物的功能。殊相是专名，是对个别事物的指称或对其他专名的指代，共相是对关于众多个别事物的概念或思想的指代，但不能指称众多个别事物。① 用二重性逻辑示意见图 3-66。

```
                    ↑ 指称
                    |
          无        |    殊相
                    |
  ──────────────────┼──────────────→
  众多个别事物       |       个别事物
                    |
          共相      |    殊相
                    | 指代
```

图 3-66 指称与指代的区分思想

一、四象限为殊相，意思是殊相既能指称个别事物又能指代个别事物；共相仅存在于第三象限，意思是共相只能在命题中指代众多个别事物，而其自身却不能指称众多个别事物。奥卡姆通过将"指称"与"指代"的区分运用于解释殊相与共相，既遵循了唯名论一贯将殊相与共相看作词的不同逻辑功能的基本原则，又解决了唯名论由于无法对共相的有用性与实在性作出区分而被实在论攻击的窘境。

---

① 赵敦华：《西方哲学简史》，北京大学出版社，2001，第 178 页。

2. 对普遍性的唯名论解释

在区分指称与指代、共相与殊相的基础上，奥卡姆进一步解释科学对象的普遍性，这是唯名论者所要面临的首要问题。一切科学的对象都是普遍的，没有关于个别事物的科学，实在论据此反驳说，如果共相也表示个别事物，那么科学便不能通过概念把握普遍对象，科学将不可能存在。奥卡姆认为无论是旧唯名论者还是实在论者，都犯了一个共同的错误，即混淆了单词本身的指称功能与词项在命题中的指代功能。他认为，"实际存在的只是个别事物"这个唯名论的基本命题与"科学的研究对象都是普遍的"这个公认的道理并不矛盾，通过区分指称与指代，两者是相容的。一方面，共相有指代殊相的逻辑功能，共相通过指代殊相而表示个别事物的实在。另一方面，由于殊相被共相所指代，科学便通过普遍概念和一般判断来把握个别事物，其研究对象是共相及其组成的普遍命题，而不是个别事物。① 用二重性逻辑示意见图 3-67。

```
                实在论与旧唯名论的共同错误
                         ↑
              混淆单词本身的指称功能与词项
                在命题中的指代功能
    ←————————————————————┼————————————————————→
   共相通过指代殊相而表示              殊相直接指称个别事物
   个别事实的实在                     区分指称与指代
           科学对象是普遍的           实际存在的只是
                                    个别事物
                         ↓
              用唯名论解释科学对象的普遍性
```

图 3-67 对普遍性的唯名论创新解释

奥卡姆利用词项逻辑的指代理论，区分了殊相指称个别事物的功能和共相指代众多个别事物的功能，这样既坚持了语言的实在对象只能是个别事物的唯名论立场，又解释了实在论所能解释的语言普遍性，从而把唯名

---

① 赵敦华：《西方哲学简史》，北京大学出版社，2001，第 178~179 页。

论推向了新的理论高度。

3. 自明知识与证据知识的区分

奥卡姆的一大贡献是作出了后来休谟称之为"分析判断与综合判断"的区分。奥卡姆把对词项之间的意义联系的认识叫作抽象认识,把对词项与事物之间有无联系的认识叫作直观认识。抽象认识靠逻辑推理来判断真假,直观认识靠经验证据来判断真假。抽象认识和直观认识都是简单的,由它们组成的复合知识有两种:直观认识组成证据知识,抽象认识组成自明知识。以抽象认识的必然命题为基础的自明知识是必然知识,以直观认识的偶然命题为基础的证据知识是偶然知识。用二重性逻辑示意见图3-68。

简单知识	判断真假的方法	复合知识	知识的性质	判断的性质（休谟）
抽象认识	逻辑推理	自明知识	必然知识	分析判断
直观认识	经验证据	证据知识	偶然知识	综合判断

图3-68 概念衍变

奥卡姆关于经验证据与逻辑推理、简单知识与复合知识、偶然知识与必然知识的区分,是近代英国经验论的重要来源,尤其对休谟区分分析判断与综合判断和对知识的划分产生了直接影响。

4. 意志自由论的萌芽

柏拉图认为灵魂有三种能力:理智、激情与欲望。亚里士多德提出善恶与理智无关,而与意志有关。到中世纪,人们普遍认为人的灵魂有三种活动:理智活动、意志活动与欲望活动。多数经院哲学家认为意志受理智支配,邓·司各特提出意志独立的观点,打破了长期以来的理智主义传统。奥卡姆进一步提出,意志既不服从理智的判断,也不受欲望的支配,意志是完全自由的。[①] 我们可用二重性逻辑图来表述他这一思想的创新过程。

---

① 赵敦华:《西方哲学简史》,北京大学出版社,2001,第182页。

```
          意志自由论的萌芽
              意志自由
               ↑
               |
   服从欲望支配  |  服从理智判断
   ─────────────┼─────────────→
       不自律   |   不自主
               |
             意志不自由
```

图 3-69　奥卡姆意志自由论思想创新

如图 3-69 所示，意志不自由的表现有两种，要么服从理智判断，这导致意志不自主；要么服从欲望支配，这导致意志不自律。两者都是意志不自由的表现。即使上帝可以最终地满足人的意志，个人也不必然地朝向上帝。因为人的意志可以自由选择目标。奥卡姆关于意志自由的观点对后世意志自由论的形成产生了重要影响。

第三节　近代哲学史中的创新案例

例 25：加尔文的思想创新

1. 预定论

加尔文赞成路德的主张，他极力反对人能够通过事功而得救的说法，也主张人的得救要通过信仰。同时，加尔文看到了路德的"因信称义"学说的缺陷，特别是这一学说存在被曲解的可能。因为有人就认为，我之所以能够称义，是因为我信了的原因，结果还是因为我的活动而使自己称义，这在人靠自己称义和靠上帝的恩典称义的争论中实际上还是站在了前者那边。加尔文意识到了这两种观点的共同问题，因而进行了创新，他在主张因信称义的同时提出了他自己独具特色的预定论的救赎理论。所谓预定论的救赎理论，认为"人在被上帝创造"的那一刻就已经被上帝预定了他今后是否能够得救。加尔文的这种预定论完全肯定了神的恩典，否认了人自身在救赎问题上的作用，这是他抬高神贬低人的神学思想的体现。无论如何，这一创新有效地弥补了路德学说的漏洞，为神学立场作了有力的辩护。① 用二重性逻辑示意见图 3-70。

```
               加尔文的预定论
              通过上帝恩典得救
                    ↑
                    |
    因人个事功称义   |   因个人信仰称义
    传统天主教       |   马丁·路德
  ←─────────────────┼─────────────────→
                    |
              不通过上帝恩典得救
```

图 3-70　预定论思想创新

加尔文认识到无论是传统天主教还是路德，都有一个共同的缺陷，那就是不通过上帝恩典得救，因而他用预定论的创新很好地解决了这一问题，这是一种本质的创新。

2. 天职观与禁欲主义的结合

加尔文的预定论虽然有效地维护了神学的立场，但随即带来了一个问题。这种救赎理论强调了个人是否得救的不可知性，因而对于每一个信徒来说，不知道自己是选民还是弃民，这种不确定性会引起信徒的焦虑。为了解决这一问题，加尔文提出了"天职观"的工作伦理。加尔文虽然否定了人的事功在得救问题上的作用，但他并不完全否认人在现实生活中的活动，他认为人在现实生活中的活动是属灵的活动的一种表现形式。无论你从事什么工作或劳动，都是上帝呼召的结果，因而加尔文把它称为"天职"。加尔文十分肯定工作的意义，因为人人在上帝面前都是平等的，所以人的各种工作也是平等的。一个人通过努力工作所取得的成就可以看作是上帝对这个人的眷顾，看作是上帝预定他为选民的证明。加尔文的天职观和工作伦理是一种结果论的伦理思想，是后来功

---

① 龚群主编《西方伦理思想史》，高等教育出版社，2019，第 128 页。

利主义思想的萌芽,它的正面作用在于提高人们的工作积极性,从而推进社会经济的发展。但是它的负面作用也显而易见,那些富裕起来的人会产生骄傲的情绪,并且物欲膨胀,这是加尔文所不愿意看到的。因此,他运用二重性思维,借用神学传统中的另一个因素,这就是禁欲主义。他倡导人们要有基督的品格,如"克己""背负十字架""默念来生"。这样一来,一方面通过工作伦理改变了传统天主教那种无所作为的苦行主义,另一方面通过禁欲主义抑制了狂妄骄傲的享乐主义。① 用二重性逻辑示意见图 3-71。

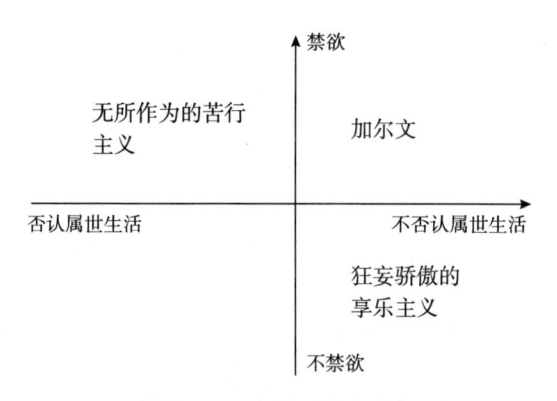

```
                    ↑ 禁欲
    无所作为的苦行
      主义              加尔文

  ──────────────────┼──────────────────→
  否认属世生活              不否认属世生活
                        狂妄骄傲的
                          享乐主义

                      不禁欲
```

图 3-71 天职观思想创新

这是一种典型的组合式创新。韦伯在加尔文这种新教伦理中挖掘出资本主义精神,它大大地促进了资本主义的发展。加尔文的新教伦理思想是把由预定论和工作伦理所表现出来的结果论,和由禁欲主义所表现出来的原则论或动机论结合在一起的典范。

例 26:霍布斯的思想创新

1. 机械论

霍布斯深受那个时代数学与物理学发展的影响,以及培根批判亚里

---

① 龚群主编《西方伦理思想史》,高等教育出版社,2019,第 129~130 页。

士多德物理学的影响。受伽利略区分第一性与第二性的质的启发，他以苛刻的标准区分了广延与可感性质，广延是物体的实在性质，属于事物的量的范畴，是科学研究的对象；可感性质只是物体的偶性，属于事物的质的范畴，不是科学的研究对象。而传统的亚里士多德的目的论在物理学上的研究都是量质不分的。另外，世界是机器，只不过有自然物体和人工物体之分，人是自然物体，国家是人工物体。它们在世界中的存在方式与机器没有什么不同，所遵循的都是自然法则，可以用加减的方法加以研究，不受任何内在的目的所指引。① 用二重性逻辑来展示这种对立如图3-72所示。

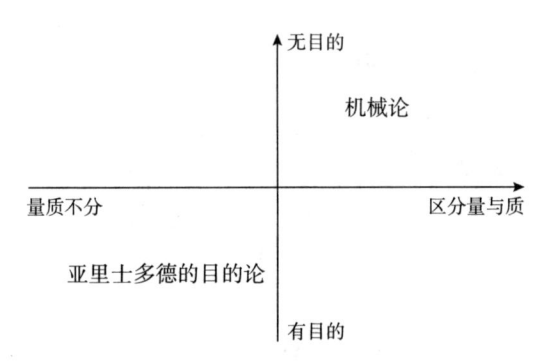

图 3-72 机械论思想示意

可以看到，霍布斯对亚里士多德目的论思想的批判比培根更为深刻，因为他不仅有所"破"，还有所"立"，他所提出的机械论思想对近代哲学意义深远。

2. 社会契约论

霍布斯与格劳秀斯同是对西方政治学说和实践具有划时代意义的社会契约论的创始人。由于人是自然物体，所以完全服从两条自然律：一是利用一切手段保存自己；二是为了最大限度地维护自己的利益，在必要时放弃别人也同意放弃的权利。这些被放弃的权利给一个人或一群人，由他或

---

① 赵敦华：《西方哲学简史》，北京大学出版社，2001，第207页。

他们代理行使权利，以保护契约者的生命。国家就是这一契约的产物，同意转让权利的契约者是被统治者，接受契约的代理权利者是统治者。在国家元首不能保护契约人生命的情况下，可以替换他。用二重性逻辑来展示其思想创新，如图 3-73 所示。

```
              ↑ 契约形成国家
                社会契约论

  ←──────────────┼──────────────→
  君权神授                    君权民授
  传统君权神授观念
                ↓ 上帝创造国家
```

图 3-73　社会契约论思想创新

社会契约论遵循机械论的基本思想，将人视为自然物体，服从自然规律，通过由因到果的加法组合，从而形成国家这一人工物体。契约精神本质上也是一种等价交换，符合机械论关于自然法则的思想。社会契约论第一次用人的自然属性和自然理性说明国家的起源和本质，它取代了中世纪流行的"君权神授"的信仰。这一思想成为后世民主国家的理论来源。

例 27：笛卡儿的哲学创新

1. 我思故我在

笛卡儿论证"我思故我在"的过程深受奥古斯丁批判怀疑论者的论证过程的影响，具有类似的论证结构，这里就不再赘述了。笛卡儿的创新之处在于，他在论证"我思故我在"之前，首先用排除法排除了其他几种可怀疑的对象。其排除过程如图 3-74 所示。

可以看到，笛卡儿是严格按二重性逻辑来划分其怀疑对象的。首先，怀疑对象分为两大类：他物与自身。其次，将"他物"细分为感觉对象

怀疑对象	他物	感觉对象（外部世界）	感觉不可靠	排除
		思想对象（数学观念）	数学基础尚不可靠	排除
	自身	自己的身体活动	无法区分梦幻与现实	排除
		自己的思维活动	不可怀疑，我思故我在	可靠

图 3-74　概念裂变与衍变

与思想对象，将"自身"细分为自己的身体活动与自己的思维活动。对这四类怀疑对象进行——排除，最后发现，只有我自己的思维活动是无可置疑的，接下来在论证"我思故我在"的时候就可以采用奥古斯丁的归谬法了。

2. 天赋观念论

笛卡儿同样用排除法论证了天赋观念论。笛卡儿把所有的观念分为三类：天赋的、外来的和虚构的。这是按照观念的不同来源而做出的区分。虚构的观念是思想自己制造出来的，天赋的和外来的观念都是由思想以外的原因造成的。笛卡儿首先排除内部来源的可靠性，想象自己制造出来的观念是不真实的，因为，按照笛卡儿的形而上学的解释，人的心灵是介于上帝和虚无之间的存在，心灵分辨真假的能力不是无限的，它是介于无限的能力和无限的缺陷之间有限的认识能力。这意味着，心灵有时会犯错误，这是不可避免的。另外按照心理学的解释，笛卡儿认为，心灵的活动"我思"不是纯粹的理智活动，它同时包含有自由意志，意志不但有不受限制的自由，而且它还能限制判断，判断是意志在肯定和否定之间的选择，当意志不顾理智提出的清楚明白的观念而做出判断，或者对不清楚明白的对象匆忙做出判断时，便产生了错误。错误来自非理性的意志，是由心灵自身的缺陷所造成的。这样就将真理的内部来源排除了。笛卡儿接着证明，外部原因所造成的观念中，可感事物造成的观念是不真实的，因为感觉是不可靠的。笛卡儿用蜡块的例子说明，一切外物的本质不是它们的可感性质，而是与我们的天赋观念相符合的广延。这样外部事物所造成的观念也是不可靠的。因此只有上帝造成的观念是可能真实的,笛卡儿改造了安瑟伦的关于上帝存在的本体论证明,用"绝对完满性"与"客观存在"之间的因果必然性证明上帝存在,这样就论证了真理的来源是天赋观念,它同样也是真理的标准。①用二重性逻辑示意见图 3-75。

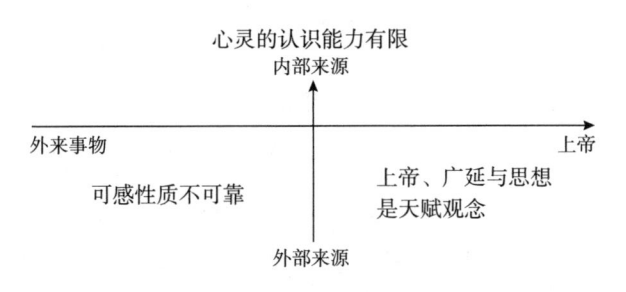

```
              心灵的认识能力有限
                  内部来源
                    │
                    │
 ───────────────────┼───────────────────
 外来事物            │              上帝
                    │
     可感性质不可靠  │   上帝、广延与思想
                    │   是天赋观念
                    │
                  外部来源
```

图 3-75　排除法论证天赋观念论

这种采用排除法的论证方式古已有之,我们在柏拉图等哲学家那里也见到过这种论证。这种论证结构与归谬法的结构类似,也与本质创新的结构一致,是一种典型的二重性逻辑思维模式。

3. 心物二元论

笛卡儿对实体的定义是:"一个不依赖于其他任何东西而自身存在的东西。"根据此定义,上帝、心灵与物质都是实体,思想与广延分别是心灵与物质的属性,二者之间没有相互作用。笛卡儿的"心物二元论"虽然承认上帝是最高实体,但是上帝的位置只是"虚位",笛卡儿的创新在于打破了过去从"多"中寻找"一"的本体论传统,既非单独的物质也非单独的心灵,而是两个本原实体的并列。用二重性逻辑示意见图 3-76。

笛卡儿彻底颠覆了古希腊以来的单一本原的传统,将物质与心灵作为并列的本原,这是哲学史上的一大创举。这两个实体彼此独立,界限分

---

① 赵敦华:《西方哲学简史》,北京大学出版社,2001,第 216 页。

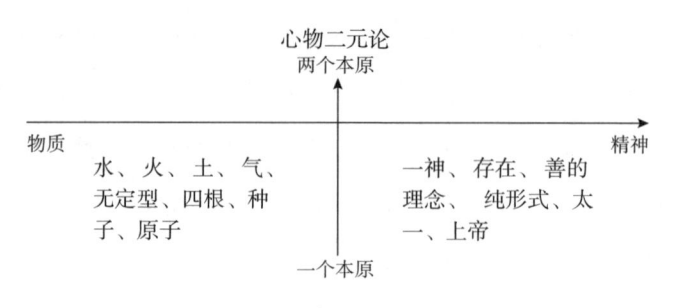

```
              心物二元论
              两个本原
                 ↑
    物质         │         精神
  ──────────────┼──────────────→
    水、火、土、气、│  一神、存在、善的
    无定型、四根、种│  理念、纯形式、太
    子、原子     │  一、上帝
                 │
              一个本原
```

图 3-76　心物二元论思想创新

明，物质没有思想，心灵没有广延；思想归心灵，广延归物质。这样就把"灵魂""心灵""上帝的意志"等前科学的假设从自然物中驱逐出去，有利于自然科学的发展。不过这个理论最终留有很大的破绽，那就是心物如何协调一致的问题。心物二元论用在人身上，人就是两个实体的组合：身体是物质，自我意识是心灵，为了解释人的心理与生理协调一致的事实，笛卡儿用松果腺加以解释。但是松果腺的概念给予心灵广延，违背了心灵没有广延的二元论原则，走向了自相矛盾的境地。

例 28：斯宾诺莎的思想创新

1. 身心平行论

如前所述，笛卡儿的"身心二元论"有一个无法自圆其说的矛盾，松果腺的假设违背了心灵不能有广延的二元论原则。其后的马勒伯朗士尝试用"偶因论"来解决这个疑难。他把上帝作为哲学的第一原则，以此来解决身心关系问题。他说身心的协调是一种机缘，这种同步的机缘对于人的理智而言是偶因，但偶因不是无缘无故的，它包含在上帝的心灵之中。斯宾诺莎在自然神论的基础上，提出了身心平行论，较为合理地解决了这一问题。斯宾诺莎的实体学说是在总结巴门立德、迈立梭、亚里士多德、普罗提诺以及笛卡儿等前人思想的基础上提出来的，实体也叫作神或自然。没有心灵和物质两个实体，而是只有神或自然这一个实体。斯宾诺莎用一元论代替了笛卡儿的二元论。广延和思想不是分别属于两个实体的两种属性，而是属于自然或神这同一个实体的两种属性。两者各有各的样式：有形事物是广延属性的样式，观念是思想属性的样式。虽然事物和观念不能相互作用，但是，广延和思想既然属于同一实体，两者必然有对应关系，观念的次序和联系与事物的次序和联系是相同的。人的身体属于广延属性，观念属于思想属性。斯宾诺莎根据身心对应的原理，得出了这样的结论：发生于身体内的东西无一不被心灵所知觉。这样，斯宾诺莎既坚持了笛卡儿心物二元对立的基本立场，又克服了身心交感的矛盾；既肯定了马勒伯朗士身心无交感的观点，又纠正了"偶因论"的错误结论。① 用二重性逻辑示意见图3-77。

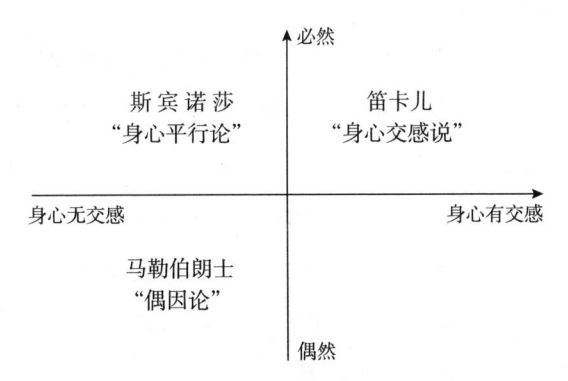

图3-77 身心平行论的思想创新

一方面斯宾诺莎与马勒伯朗士一样，都认为身心无交感，另一方面，他与笛卡儿同样认为身心同步协调是必然的，而不可能是偶然的。所以斯宾诺莎的创新是一种组合式创新，他分别看到了笛卡儿与马勒伯朗士的优缺点，然后综合两人的优点，形成自己的哲学创见。

另外，斯宾诺莎的创见还在于，他把身心一致归因于先天的一致而不是后天的一致。无论是笛卡儿的身心交感说还是马勒伯朗士的偶因论，身心的一致都是由于内部因素（人体的松果腺）或外部因素（上帝）后天干预的结果。用二重性逻辑示意见图3-78。

---

① 赵敦华：《西方哲学简史》，北京大学出版社，2001，第229页。

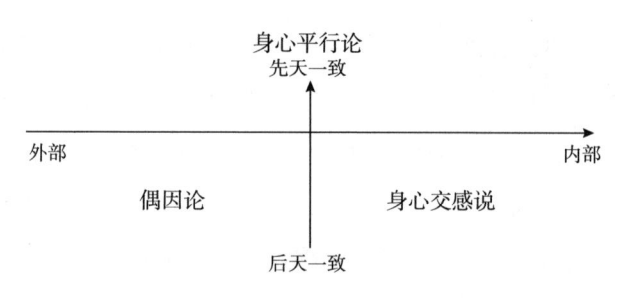

```
              身心平行论
              先天一致
                 ↑
                 │
 外部 ────────────┼──────────→ 内部
                 │
    偶因论       │    身心交感说
                 │
                 │
              后天一致
```

图 3-78　身心平行论的思想创新

很显然,先天一致的必然性与后天一致的偶然性相比,具有更强的解释力。

2. 自由是对必然的认识和顺应

自由与必然本来属于不同的范畴,自由是伦理价值范畴,而必然是逻辑范畴,与自由相对立的是奴役,与必然相对立的是偶然,斯宾诺莎把这两个不同范畴的概念联系在一起,无疑是一大创见。早在苏格拉底已经有将伦理学建立在认识论基础之上的传统,斯宾诺莎的这一命题无疑深受理智主义伦理观的影响。但是斯宾诺莎顺应了自然科学发展的时代要求,虽然他的自由主要是指对人的自然本性的认识,但是也包含对自然界规律的认识。这一点超越了苏格拉底的局限。具体见图 3-79。

自 由	对自然界规律的认识	认识的自由		
	对人的自然本性的认识	苏格拉底的"关于心灵原则的知识"	德性	实践的自由

图 3-79　概念裂变与衍变

可以看到,斯宾诺莎所说的"对人的自然本性的认识"与苏格拉底的"关于心灵原则的知识"是一致的,德性就是实践的自由。

例 29：莱布尼兹的思想创新

1. 单子

单子既不是物理的点，又不是数学的点，而是形而上学的。单子既是不可分的，又是无广延的；既是实在的，又是形而上学的。莱布尼兹的重要创新在于，他根据"不可分"与"有广延"之间的内在矛盾，认为"物质的原子"是自相矛盾的说法，因为只要是有广延的事物，一定是无限可分的。"原子"只能在精神中去寻找，这个"精神的原子"就是单子。单子虽然是精神性的，但是具有实在性，它不能以自然的方式产生和消灭，每一个单子都具有质的规定性。根据以上特点，用二重性逻辑示意见图 3-80。

图 3-80 单子与原子及数学的点的分类比较示意

单子既不像原子那样有广延，又不像数学的点那样没有实在性。单子兼具无广延与实在性两大特点，这是典型的组合式创新。

单子与古代原子论者的原子的区别还不止于此，两者在数量上都是无限的，但是原子之间没有质的差异，只有大小形状的不同；而单子之间没有量的差异，只有质的差异。用二重性逻辑示意见图 3-81。

单子与原子之间有着针锋相对的对立关系，事实上单子论就是针对当时流行的各种复兴古代原子论的思潮而提出的。

2. 诸多实体论之间的关系

培根与霍布斯所说的实体是亚里士多德的第一实体，即具体个别的

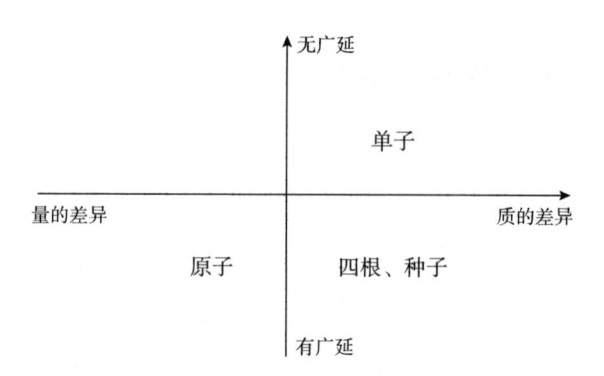

```
         ↑ 无广延
         │
         │    单子
─────────┼─────────→
量的差异  │    质的差异
     原子│ 四根、种子
         │
         ↓ 有广延
```

图 3-81　单子与元素论者思想的分类比较示意

物，因而只有物质实体这一类，但是实体个数是无限多的。贝克莱、培根和霍布斯相反，只承认精神实体，但是精神实体分为有限的精神实体与无限的精神实体，有限的精神实体是无数个个别的心灵，无限的精神实体只有一个，即上帝。斯宾诺莎的实体只有一类，也只有一个，就是神，也叫自然。笛卡儿与洛克都认为实体有三个：上帝、精神与物质。莱布尼兹的实体是单子，有无限多类，也有无限多个。为区分上述实体观点，笔者选择两组变元："单类与多类"与"有限个与无限个"来划分，见图 3-82。

```
              ↑ 单类
培根、霍布    │
斯、贝克莱    │ 斯宾诺莎
              │
──无限个──────┼──────有限个──→
              │
     莱布尼兹 │ 洛克、笛
              │ 卡儿
              ↓ 多类
```

图 3-82　近代诸多实体论之间的关系示意

用二重性逻辑图能清晰而简洁地展示这些哲学家思想的联系与区别。

3. 单子论

莱布尼兹的实体观既不是笛卡儿那样的二元论，也不是斯宾诺莎那样的一元论，而是多元论，他提出的单子论里面的单子在数量上是无限的。一方面，如果按照笛卡儿的二元论，只有人的意识才能作为心灵实体，人的心灵以外的东西都归于非精神的物质实体，这是错误的。莱布尼兹认为，不同的事物都有程度不等的意识，精神实体是多种多样的，从无意识的能动力量到动物的感觉，到人的意识、幻觉，都有精神实体的作用。笛卡儿所说的反思性的"我思"是最高的，但不是唯一的精神实体。另一方面，莱布尼兹认为，个别事物的差异是质的差异，而不是量的差异，自然界没有两个东西完全一样。仅仅依靠广延，不足以区别事物的状态。假如只有一个实体，所有的个别事物都只是这个实体的样式，那么就不能辨认出质的差别了。据此看来，只要有限实体的理论，必定或者无法解释人的心灵以外的意识活动，或者无法解释个别事物在质上的差异，因此，实体必定是无限的，而且是有质的差异的。① 构建二重性逻辑示意见图3-83。

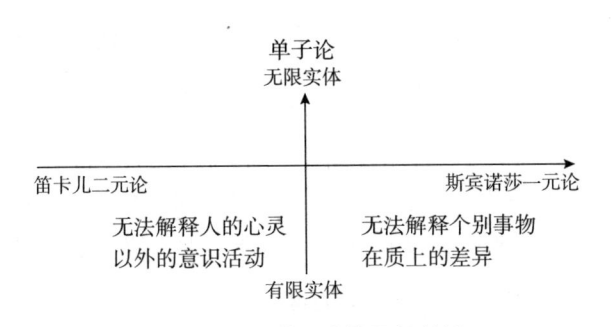

图3-83 单子论的思想创新

这既是一个本质创新的过程，也是一个归谬法论证的过程。

4. 充足理由律

莱布尼兹围绕充足理由律创造了一系列概念，它们之间有着衍变的关系。莱布尼兹遵循唯理论的基本立场，他认为，逻辑规律是世界的根本规律，关于事实的因果关系和逻辑推理关系是一致的，逻辑上的理由同时也是事实上的原因。基于此，他把所有的原因分为两种：必然理由和偶然理由。必然理由服从矛盾律；偶然理由服从充足理由律。矛盾律是关

---

① 赵敦华：《西方哲学简史》，北京大学出版社，2001，第234页。

于推理的规则，它规定的是推理的真理，是必然真理；充足理由律是关于事实的规则，它规定的是事实的真理，是充足真理；矛盾律与充足理由律的区分是逻辑范畴与事实范畴的区分，也是方法论与认识论的区分。因为方法论与事实无涉，而认识论需要结合事实。用二重性逻辑示意见图3-84。

逻辑	矛盾律	必然理由	推理的规则	推理的真理	必然真理	方法论
事实	充足理由律	偶然理由	事实的规则	事实的真理	充足真理	认识论

图3-84 概念衍变

可以看到，这几对概念分别从属于方法论与认识论领域，它们是矛盾律与充足理由律在各个领域的投射，共同完善与充实着"充足理由律"这一概念的内涵。

5. 世界的连续性

莱布尼兹的"二迷宫"之一是不可分的点与连续性的问题。笛卡儿的充实空间保证了连续性，却没有不可分的点；古代原子论虽然有不可分的点，却无法保证连续性。只有单子能够保证不可分的点与连续性的统一。用二重性逻辑示意见图3-85。

图3-85 单子论的综合创新示意

由此，莱布尼兹提出他自己的时空观：时间和空间既不像牛顿所说的那样，是心灵以外的绝对的、客观的时空，因为时空是单子对于世界整体的表象;但是,时空也不因此而像经验主义所说的那样,是主观感觉的产物,因为表象时空的单子存在于物理事物之中,不依赖于人的意识。根据三者的立场,构建二重性逻辑示意见图 3-86。

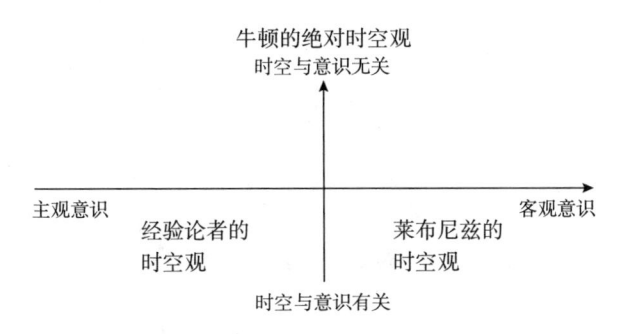

```
                    牛顿的绝对时空观
                    时空与意识无关
                         │
                         │
  主观意识  ───────────────┼─────────────── 客观意识
              经验论者的    │   莱布尼兹的
              时空观       │   时空观
                         │
                    时空与意识有关
```

图 3-86 莱布尼兹时空观的思想创新

可以看到,莱布尼兹与经验论的时空观相同的是,都认为时空是不独立于意识之外的,二者的区别在于,经验论者认为时空由主观的经验和意识构成,而莱布尼兹认为,时空由单子这个客观的意识构成,不依赖于人的意识而存在。

6. 预定和谐

在关于身心关系的问题上,莱布尼兹提出了与之前三位哲学家不同的观点。笛卡儿试图用松果腺来说明身心交感,虽然没有神干预,但是需要松果腺时刻调节。马勒伯朗士的偶因论的创新在于将松果腺换成了上帝,但是需要辛苦上帝时刻忙碌不停地调节身心。斯宾诺莎的身心平行论的创新在于将这两种非一次性调节的理论改造为一次性调节完成,因为身心同为一个实体的属性,所以彼此具有先天的协调性。莱布尼兹的预定和谐论的创新在于,它将斯宾诺莎的无神论又改造成了人们乐于接受的有神论,这种一次性的调节是由上帝来完成的,因而是一种先验的协调。用二重性逻辑示意见图 3-87。

取"有神干预与无神干预"和"一次性与非一次性"两组变量,可以将上述四种理论分别分配至四个象限,非常直观地解释了相关思想的

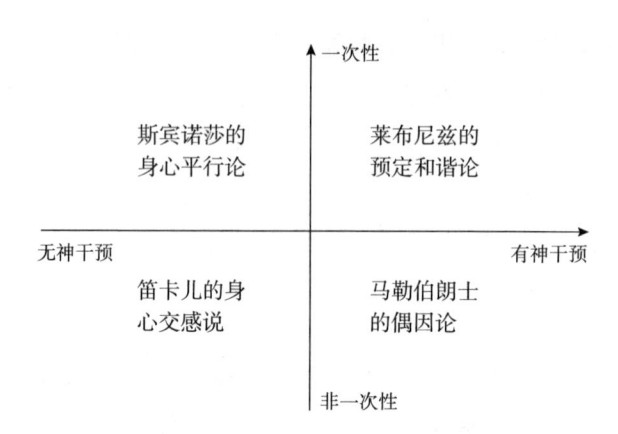

```
         ↑ 一次性
  斯宾诺莎的    │    莱布尼兹的
  身心平行论    │    预定和谐论
                │
  无神干预      │         有神干预
  ─────────────┼─────────────→
                │
  笛卡儿的身    │    马勒伯朗士
  心交感说      │    的偶因论
                │
              非一次性
```

图 3-87　唯理论各派关于身心关系的观点比较示意

创新过程。莱布尼兹的创新是一种典型的组合式创新。

7. 有纹路的大理石

莱布尼兹在与洛克关于天赋观念的论辩中，一方面承认经验的机缘作用，另一方面将笛卡儿与斯宾诺莎"天赋观念"的概念由知识和观念修改为倾向、习性和能力，这为以后康德的先验形式埋下了伏笔。为了反驳洛克的心灵白板说，他提出了一个极其形象的比喻：有纹路的大理石。莱布尼兹使用这个著名的比喻，说明知识的来源既有天赋的习性和能力，又离不开后天的经验。这其实跟洛克的双重经验论非常接近了。这个立场既跟除洛克以外的经验论者对立，又跟笛卡儿与斯宾诺莎的立场不同。图 3-88 非常简洁而清晰地展示了莱布尼兹的思想创新，这是一种典型的综合创新。

例 30：洛克的思想创新

1. 双重经验论

如上所述，洛克虽然是经验论，但是他立场温和，承认知识有两个来源：一个是感觉，另一个是反省。感觉消极接受外物刺激，心灵积极对感觉进行反省。它们不是相互独立的活动，可以共同起作用。[①] 这样就为心

---

① 赵敦华：《西方哲学简史》，北京大学出版社，2001，第 243 页。

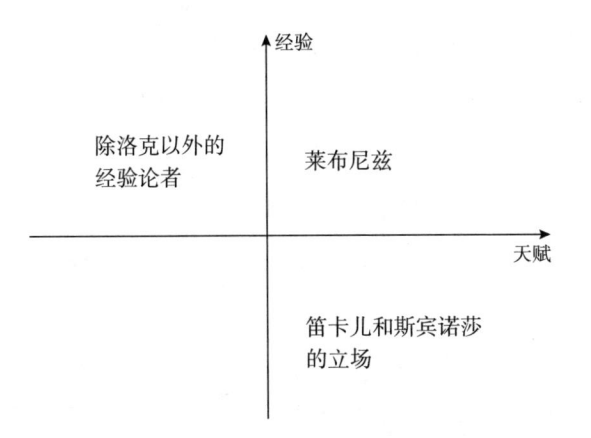

图 3-88　莱布尼兹认识论思想创新

灵的活动留下了余地，从而被莱布尼兹抓住了把柄。但不管怎么说，洛克的思想是具有原创性的，也正是他的双重经验论，促使莱布尼兹也进行了思想创新。用二重性逻辑示意见图 3-89。

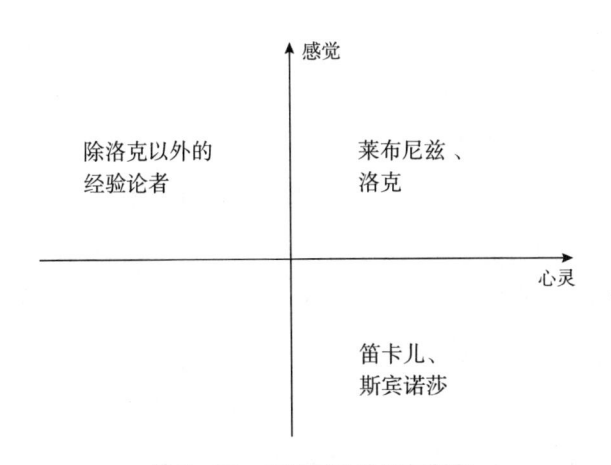

图 3-89　双重经验论思想创新

2. 知识的分类

洛克基于双重经验论的立场，在感觉与反省的对立之间创造了诸多概念组，丰富了认识论的概念。在洛克对知识的分类过程中，也创造了大量的概念。他将知识分为三类，前两类是直觉与证明的知识，第三类是感觉知识。直觉与证明的知识是观念之间的比较，是关于词语的知识，在这种情形下，真理是观念与原型相符合，这类知识的研究过程是一个分析的过程，使用的是演绎推理；感觉知识是观念与外物的比较，是关于实在的知识，这种情形下，真理是观念与外物相符合，这类知识的研究过程是一个综合的过程，使用的是经验归纳。归根结底，直觉与证明的知识源于反省，感觉知识源于感觉，它们都是人的经验的结果，这就是双重经验论。具体见图3-90。

知识	直觉与证明的知识	观念之间的比较	词语的知识	真理是观念与原型相符合	分析的过程	演绎推理	反省	双重经验
	感觉知识	观念与外物的比较	实在的知识	真理是观念与外物相符合	综合的过程	经验归纳	感觉	

图3-90 概念裂变与衍变

可以看到，围绕反省与感觉这两个对立的经验，形成了两组概念，它们之间是衍变的关系。洛克关于知识的分类的创新思想以及由此产生的怀疑论的倾向后来启发了休谟的进一步研究。

3. 社会契约论的创新

洛克从两大方面针锋相对地反对霍布斯的社会契约论，一方面，洛克认为自然状态是和平状态，而不是战争状态。国家是为解决人们的财产权纷争而建立的。对除了财产权的判决权和执行权之外的一切权利都不可转让。另一方面，洛克认为，统治者不能独立于契约之外，相反，统治者应该在契约之内，是订立契约的一方，他受契约的限制，如果不履行契约，人民有权反抗和推翻他。用二重性逻辑示意见图3-91。

洛克从两大方面与霍布斯对立，形成了自己的创新思想，这也是一种综合的创新。

例31：贝克莱的思想创新

1. "存在就是被感知"

贝克莱的思想创新其实来自对洛克思想的极端化理解。洛克提出了

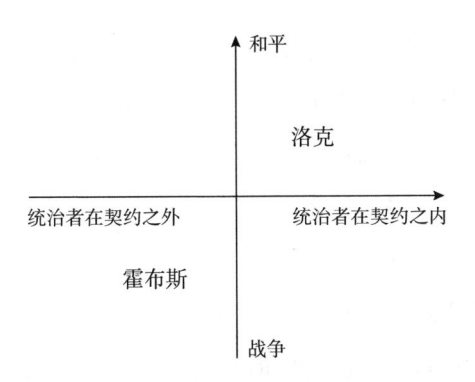

第三章 用"二重性逻辑"解读西方哲学史中的创新案例

图 3-91 洛克社会契约论的创新示意

经验论的基本命题：知识的对象是观念。这里面就埋下了唯心论的种子。贝克莱进一步发挥说："在任何一个考察过人类知识对象的人看来，这些对象或者是实实在在由感官印入人的观念，或者是由于人心的各种情感作用而感知的观念，或者是借助记忆和想象而形成的观念。"① 从这一前提推出的结论应该是：我们所能知道的只是观念，而不是观念之外的事物。这是经验论者的共识。但是，贝克莱进一步引申，我们不能直接感知到外物，感知的对象只是关于外物的观念，外物是否存在，要通过是否印入人的观念来判断，在观念中的存在才是存在。当我们尽力设想外物存在时，我们仍然只不过是在设想我们的观念而已。这就是"存在就是被感知"的唯心主义结论。这与苏格兰常识学派形成了尖锐对立。

图 3-92 贝克莱思想创新

---

① 参见赵敦华《西方哲学简史》，北京大学出版社，2001，第 254~255 页。

从图 3-92 可以看到，贝克莱的创新在于将经验论者"知识的对象是观念"这个本来就片面的立场极端化为"感知的对象是观念"，而观念只能与观念相沟通，与外物无法沟通，从而切断了观念与外物的联系，也隔绝了直接感知到外物的可能，走到了怀疑主义和主观唯心主义的立场。

2. 对物质实体的批判

洛克承认物质实体的存在，但他承认这一概念是不确定的，有假设的因素。贝克莱利用他这一不确定性的因素，夸大了洛克怀疑实体确实存在的理由，否定了洛克设定"实体"概念的理由，得出了"物质是虚无"的结论。贝克莱论证物质实体不存在的关键步骤在于论证第一性的质的主观性。按照以往的传统观念，第二性的质是主观的，但第一性的质是客观的。贝克莱论证，我们关于第一性的质的观念同样不反映外物的性质，而只存在于心灵之中。首先，事物的性质是不可分割的，第一性的质和第二性的质是同时被感知的对象，如果其中一个在心灵中，那么另一个也在心灵中。其次，不但第二性的质是相对的，第一性的质也是相对的，事物的广延、大小、运动、数目和冷暖、软硬、明暗一样依感知者的状态而变化。由此，第一性的质与第二性的质一样是主观的，只能存在于我们的心灵之中。总之，物质实体既没有自身存在的理由，也没有成为观念原因的理由，心灵自身通过反省就可以获得观念，不需要假设一个外在的原因，既无必要，又无用处。如果外物存在，由于观念与外物隔绝，则我们不可能知道；如果外物不存在，也不妨碍我们相信现在所有的观念。这样就彻底否定了物质实体存在的必要性。

从图 3-93 可以看到，在论证过程中关键的创新在于论证第一性的质也是主观的。这对于传统观念而言是一个本质的创新。

例 32：休谟的思想创新

1. 关于知识分类的概念创造

继洛克之后，休谟进一步对知识进行划分，受洛克思想的影响，他也

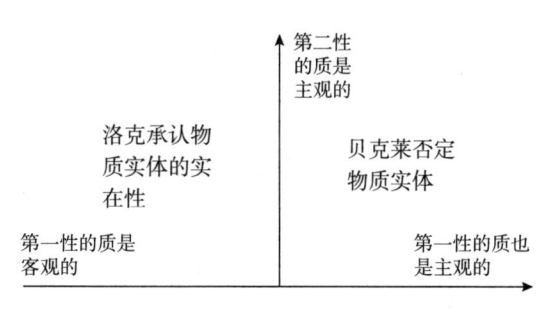

```
                    ↑ 第二性
                      的质是
                      主观的
    洛克承认物            贝克莱否定
    质实体的实            物质实体
    在性
    第一性的质是          第一性的质也
    客观的                是主观的
                                        →
```

图 3-93　贝克莱关于实体思想的创新

认为知识的性质取决于观念之间的关系。只不过休谟的"观念"与洛克的"观念"有所不同，休谟的"观念"是最高层次的知觉，是洛克的"反省的观念"中层次最高的一部分。休谟跟洛克一样将关系分为两类：一类完全取决于观念自身；另一类关系则不经过观念而变化。第一类关系包括相同性质的不同程度之间的相似、数量关系和相反关系，是必然的关系，第二类关系包括多样性的同一、时空连贯以及因果关系，是或然的关系。相应地，知识分为两类：关于观念关系的知识和关于事实的知识。前者是证明知识，采用的命题形式是分析命题，具有必然性，是必然真理；后者是经验知识，采用的命题形式是综合命题，具有或然性，是偶然真理。

知识	必然的关系	关于观念关系的知识	证明知识	分析命题	先天命题	必然真理
	或然的关系	关于事实的知识	经验知识	综合命题	后天命题	偶然真理

图 3-94　概念衍变

从图 3-94 可以看到，休谟对知识的分类基本上坚持了洛克的立场，只是对概念的认识更深刻，表述更精练，区分更明确。休谟没有把道德哲学列为分析命题的范围，对知识与伪知识的区分更严格，以此形成了拒斥形而上学的思潮。

2. 对实体的彻底批判

休谟在贝克莱的基础上，进一步激烈地批判形而上学领域的"实体"

概念，他不仅否定"物质实体"的概念，还进一步彻底地否定了"精神实体"与上帝的存在。

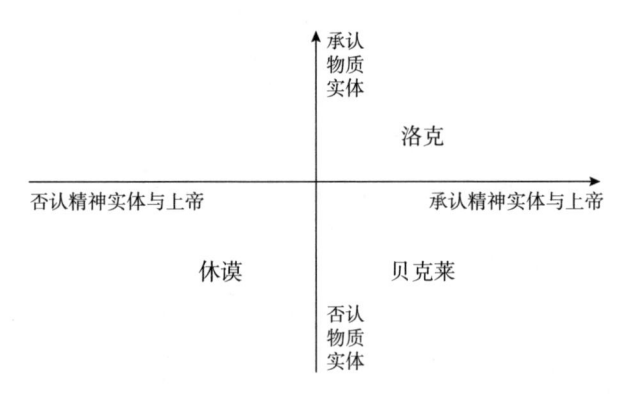

图 3-95　休谟关于实体思想的观点创新

如图 3-95 所示，休谟将否定实体的做法推到了极致，彻底动摇了传统知识的基础。

3. 对因果关系的怀疑

莱布尼兹在与洛克的论战中就已经提出了对经验论者使用归纳法的疑问，他指出，对个别事物的归纳不足以证明一般命题真理的普遍性与必然性，从过去发生的事件不能推导出将来也必然会发生同样的事件。休谟事实上也是基于这个思路来展开他的论证的。归纳法是建立在因果关系之上的，只要否定了因果关系，归纳法也不攻自破。不仅如此，多样性同一与时空连贯的关系都归结于因果关系，这样经验知识便都依赖于因果关系而存在。只要否定了因果关系，经验知识的根基便动摇了。休谟的论证方法是排除法，排除掉所有的可能性，就证明了因果关系不可靠。休谟要证明的是，证明知识和经验知识都不是解释因果关系的理由。首先，证明知识不可能。证明知识只能解释不包含矛盾的观念之间的关系，不可能解释包含对立和相反的可能性的因果关系。其次，经验知识不可靠。人们利用经验知识论证因果关系的时候，常犯两个隐秘的错误：一个是超越经验，另一个是循环论证。前者是莱布尼兹就已经提到过的，无论是时间上还是空间上,都犯了超越经验的错误。后者是休谟的创见,他敏锐地发现了人们思维中最隐秘的错误:人们经常使用利用因果关系建立起来的经验知识来证明因果关系的前提,犯了循环论证的错误。①

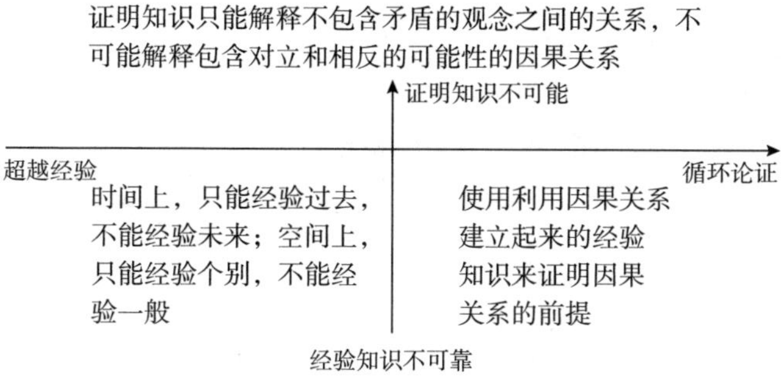

```
        证明知识只能解释不包含矛盾的观念之间的关系,不
        可能解释包含对立和相反的可能性的因果关系
                        ↑ 证明知识不可能
超越经验                 │                        循环论证
────────────────────────┼────────────────────────→
        时间上,只能经验过去, │ 使用利用因果关系
        不能经验未来;空间上, │ 建立起来的经验
        只能经验个别,不能经   │ 知识来证明因果
        验一般                │ 关系的前提
                        ↓ 经验知识不可靠
```

图 3-96　休谟用归谬法论证对因果关系的怀疑示意

用图 3-96 来解释这种二重性逻辑论证是非常简洁明了的。本质上,哲学家论证中常使用的归谬法与排除法都是二重性逻辑论证方法。

例 33:卢梭的社会契约论思想创新

霍布斯认为,要成立国家,就需要处于自然状态的人走到一起来订立契约,契约的双方应该把所有的权利都让渡出来,交给一个不参与订约的第三方来拥有,这个第三方或者是一个议会,或者是一个君主,他(们)就是至高的主权者。洛克一方面认为,除了对财产权的判决权和执行权外,其他一切皆不能让渡,另一方面认为,权利不能让渡给第三方,而是把统治者作为订立契约的一方,他们是从订约人中间推选出来的。统治者受契约的限制,如果他不履行契约,人民有权反抗,推翻其统治。但是这里面有一个关键的困难,那就是谁是判断者的问题,否则无法认定这些权利是否得到了合乎正义的使用。虽然人民有权利推翻统治者,但是这会导致国家政权的不稳定。卢梭则认为,契约是订约人把所有的权利全部转让

---

① 赵敦华:《西方哲学简史》,北京大学出版社,2001,第 265~266 页。

给整个集体,而不是转让给任何一方或第三方。让渡所有权利之后,订约人必须在新成立的结合体中能够行使这种权利,并且必须能够将权利完全收回。这种订约行为没有产生另外的主权者,只有这些人的结合体才是主权者,并且每个人在其中的权利是相同的。① 用二重性逻辑示意见图3-97。

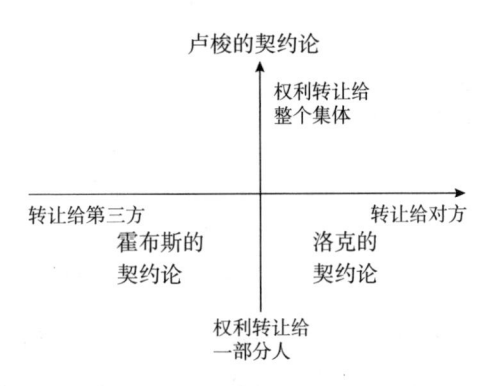

图 3-97　卢梭契约论思想创新

卢梭提倡订约人让渡权利给整个集体,事实上能够全部收回,相比霍布斯与洛克而言,这是一种本质的创新。不过客观地讲,这是一种比较理想化的状态,从现实来看,洛克的有限政府观念更易于得到实施。

例34:康德的哲学创新

1. 哥白尼式的革命

康德注意到,数学和物理学领域的革命的共同点是这样一个变化,即把从客观到主观的思想路线转变为从主观到客观的。客观即科学研究的对象,主观即科学研究的原则和概念。过去根深蒂固的观念是:科学的性质是由它所研究的对象决定的,科学的原则、概念的普遍性和必然性是对象固有的客观性。这就是"知识依照对象"的传统。现在康德要反其道而行

---

① 龚群主编《西方伦理思想史》,高等教育出版社,2019,第159~160页。

之，他认为"对象依照知识"，人的直观能力先于直观对象，并且决定了他所能够直观到的内容；不仅如此，人的概念对直观内容做出进一步的判断，形成经验知识。人的这种直观和概念，那是先于、独立于外在对象的。康德形容这种转变是认识论领域内的一场"哥白尼式的革命"，就像从"地心说"向"日心说"的转变一样。[①] 这种对象与知识的认识论地位的颠倒，本质上是因果关系的颠倒，根本上颠覆了经验论与唯理论的认识论基础。经验论与唯理论虽然针锋相对，但是二者内在有一个共同的基础，即知识依照对象，对于经验论者如休谟来说，这个对象是感觉印象，对于唯理论者如笛卡儿来说，这个对象是天赋观念。但是他们都认为知识依照对象，对于人的先验的主观直观形式与先验范畴重视不够或者直接无视。感觉印象只是经验知识的质料，但是缺乏形式；天赋观念是知识的前提而不是知识的形式，而且更缺乏质料。莱布尼兹的"有纹路的大理石"的概念中已经有了将天赋观念理解为天赋能力的意图，并且有了质料与形式兼备的思想，但是仍然没有将知识理解为是在人的先验直观形式与知性范畴上建立的，没有真正阐发出人的能动性与主体性。康德通过对这一根本基础的颠倒，实现了认识论上的革命。他的创新思路见图3-98。

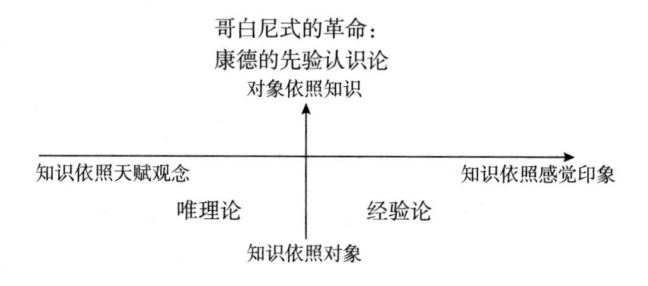

图3-98 "哥白尼式的革命"思想创新

康德这一创新是本质的创新，他抓住前人思想共同的缺陷来加以改造，实现了颠覆性的创新。如果说过去是"人从自然中发现法"，那么康

---

① 赵敦华：《西方哲学简史》，北京大学出版社，2001，第301页。

德则是"人为自然立法",自然界的规律与法则离不开人的先验形式的参与。

2. 康德的先天综合判断

"先天综合判断"这个概念的创造来自休谟关于综合命题与分析命题的区分。休谟认为,分析命题是必然命题,因此也是先天命题;综合命题是偶然命题,因此也是后天命题。休谟这样严格区分的目的是把传统形而上学从人类知识领域排除出去。但是康德的目的不是要彻底排除形而上学,而是要建立新的形而上学,它的命题与传统形而上学一样,是必然的、先天的,同时又是对经验世界做出的判断。由此,他在休谟的基础上增加了一类更重要的命题,即先天综合判断。康德指出,分析命题与综合命题的区分只是逻辑形式的区分,但先天命题与后天命题的区分是涉及命题内容的区分,必然命题与偶然命题的区分是涉及命题性质的区分。综合命题在形式上固然其主词与谓词没有逻辑上的蕴含关系,但是有一些综合命题在内容上也可以是先天的,在性质上也可以是必然真理。事实上,康德相当于用"先天和后天"这一对范畴去划分"分析命题与综合命题",从而得到四种情形,而不是休谟所说的两种,其中"后天分析判断"被康德认为不合理,因而只有三种,尤其是先天综合判断,既保证了知识的必然性,又保证了知识的经验地位,它们是知识的真正可靠的来源。这样一方面驳斥了经验论对知识的怀疑论,另一方面纠正了唯理论对天赋观念的独断论。二重性逻辑示意见图 3-99。

康德关于"先天综合判断"的创新,首先是基于对形式与内容的区分,接着将综合命题的内容拓展为先天与后天两个方面,最后组合为四种可能,从而得到先天综合判断。从创新的过程来看,时刻在进行着概念的二重划分,最后通过组合式创新得到了先天综合判断这个概念。

3. 康德对唯理论与经验论的批判

康德的认识论是"先验唯心论"与"经验实在论"的综合。这一思想的由来是一个典型的组合式创新的过程。康德首先在先验直观形式上批判

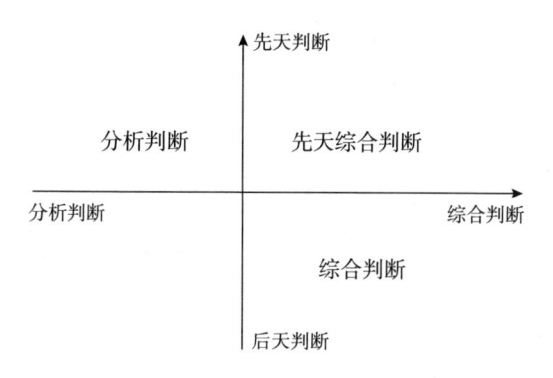

第三章 用"二重性逻辑"解读西方哲学史中的创新案例

```
              ↑ 先天判断
              │
   分析判断    │    先天综合判断
              │
──────────────┼──────────────→
   分析判断    │    综合判断     综合判断
              │
              │    综合判断
              │
              │ 后天判断
```

图 3-99 先天综合判断思想创新

唯理论者与经验论者,当时有两种针锋相对的时空观:一是贝克莱的唯心论的看法,认为时空是人的感觉经验,没有实在性,可以称之为"经验唯心论";二是莱布尼兹的实在论的观点,认为时空是单子的客观性质。莱布尼兹与牛顿都认为时空是客观的,他们的时空观可以概括为"先验实在论"。康德说,他的时空观是先验实在论与经验唯心论的综合,时空既具有先验观念性,又有经验实在性。先验实在论者把时空作为不依赖于人的主观认识的客观存在或物自体的存在形式,这是一种"幻相",因为他们把人类所特有的主观性混淆为事物固有的客观性。经验唯心论的错误在于把先验的主观性当作经验的主观性,否认时空同时也是经验对象或现象的客观特征,这是一种"梦想",因为他们混淆了先验与经验,把经验之外的观念性当作现实。就人类而言,时空是主观的;就现象而言,时空是实在的。二者并无矛盾,因为,人类认识的主观条件同时也是在人类的经验中显现出来的对象(即现象)的客观形式,或者说,是对象得以向人类显现的客观条件。同样,康德在先验知性论中的观点也是先验唯心论与经验实在论的综合。① 这是康德哲学的基本立场。用"先验与经验"这一对范畴去划分"唯心论与实在论"得到四种组合。

如图 3-100 所示,康德是有意识有目的地进行思想的创新,这种创新

---

① 赵敦华:《西方哲学简史》,北京大学出版社,2001,第 309~310 页。

活动是典型的综合创新,即抓住前人理论的两对本质要素,然后进行组合式创新。

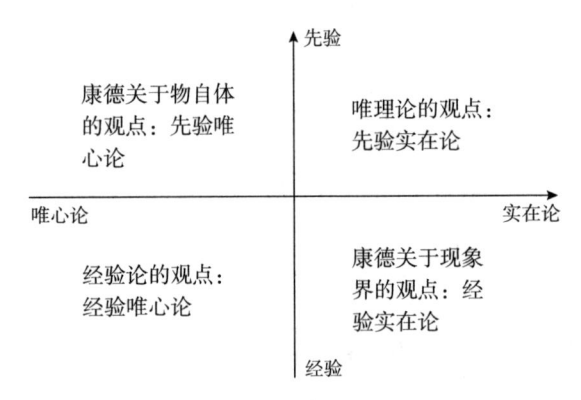

```
            先验
             │
康德关于物自体    │  唯理论的观点:
的观点:先验唯    │  先验实在论
心论           │
─────────────┼─────────────
唯心论         │         实在论
             │
经验论的观点:    │  康德关于现象
经验唯心论      │  界的观点:经
             │  验实在论
             │
            经验
```

图 3-100　对经验论与唯理论的综合创新示意

休谟认为,经验论的结果是,知识有经验内容,但是具有或然性;唯理论的结果是,知识具有必然性,但是没有经验内容,只是空知识。休谟的结论是怀疑论的,是悲观主义的,但是康德的创新恰好从这里展开。他所追求的目标正是休谟所认为不可能的一种知识,既具有必然性,又有经验内容的知识,这就是先天综合判断。

如图 3-101 所示,这种创新是一种综合的创新,对前人的优点各做取舍,然后进行优化组合,从而实现重大理论创新。

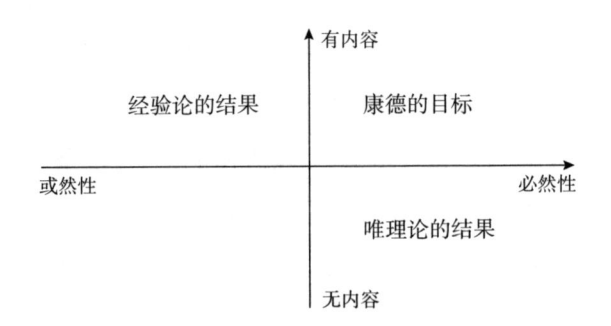

```
            有内容
             │
经验论的结果    │  康德的目标
             │
─────────────┼─────────────
或然性         │         必然性
             │
             │  唯理论的结果
             │
            无内容
```

图 3-101　对经验论与唯理论的综合创新示意

4. 康德对理论理性与实践理性的看法

康德的批判哲学的前两部分别是《纯粹理性批判》与《实践理性批

判》，分别批判认识论与伦理学中的错误观点。在唯理论者看来，理论理性来自天赋观念，与经验无关，因而叫作"纯粹理论理性"，这是一种先验实在论的错误观点，康德说休谟"将他从独断论的美梦中打醒"，他的第一批判主要就是要批判和反省这种观点。在经验论者的功利主义伦理学与情感主义伦理学看来，道德的产生是社会存在与发展的需要，是人类情感的需要。康德的第二批判就是要批判这种观点。他认为，无论是功利的考虑，还是情感的需要，本质上都将道德与经验联系在一起，用经验中的效果作为衡量道德的标准，这是一种结果论的伦理学，是不纯粹的实践理性，真正的纯粹实践理性是不应该考虑经验的结果的，它只与行为的动机有关，因而康德的伦理学是典型的义务论伦理学。康德认为道德是具有自由意志的人的义务，不应该考虑任何的经验效果。总之，关于理论理性有两种立场，一种认为与经验无关，这是唯理论的观点，另一种认为与经验有关，这是康德的立场；关于实践理性有两种立场，一种认为与经验有关，这是经验论者的立场，另一种认为与经验无关，这是康德的立场。

如图 3-102 所示，这也是典型的综合创新，抓住两种错误观点的本质要素，进行重新组合，从而找到创新点。

图 3-102　康德综合创新示意

5. 将知识与道德分开

苏格拉底"知识就是德性"的观点开了唯智主义伦理学的先河，这一思想影响到启蒙运动的学者，他们重视教育与环境的作用，认为知识可以促进人类道德的进步。与之相反的是基督教的反智主义观点，认为亚当夏娃吃了智慧果才导致了堕落，这一思想一直延续到卢梭，他认为科学与艺术是人类不平等的起源，导致了私有制的出现与人类的沉沦。康德既没有这么悲观也不如此乐观，而是冷静地将知识与道德划界，二者分属于理论理性与实践理性，二者之间有不可逾越的鸿沟。在康德的那个时代，科学日渐昌盛，弥漫着一种机械论的世界观，甚至产生了一种科学理性的狂妄，对自然界和人自身都失去了敬意，康德正是在这个背景下为道德与信仰留下地盘，防止了科学理性的任意僭越。

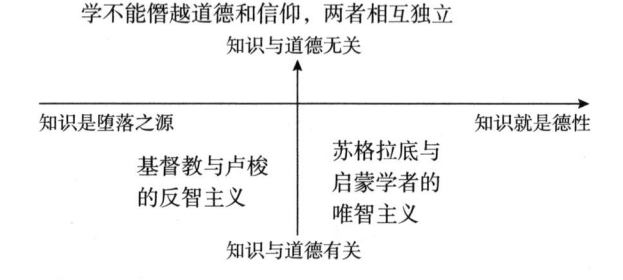

图 3 – 103　知识与道德相分离的思想创新

如图 3 – 103 所示，康德抓住这两种对立观点的共同弱点，然后反其道而行之，实现了思想的创新，这是典型的本质创新，也叫颠覆式创新。

6. 人为自己立法

康德认为道德实践的基础是纯粹理性，纯粹理性不受任何外在因素制约，因而是自由的。自由是道德活动的先决条件，唯有自由的意志，才能自觉自主地行善，才有道德价值，被迫的和为外在目的而为的并不能算作行善。自由自觉的纯粹理性以自身为目的，这样的纯粹理性只能是善良意志。善良意志是对自由意志的深化，自由意志是以善良意志为目的的，否则，即使它做了趋善避恶的选择，也不是自由的选择，因而只有以善为目的，才能达到真正的自由。善良意志以自身为目的，自己立法自己守法，这就是道德自律。这就是康德的"人为自己立法"的观点，被称为义务论的伦理学。传统观念认为，道德法则必依赖于外物而形成。或者根据自然主义的观点，道德是对自然规律的认识与顺应；或者根据功利主义与情感主义的观点，道德是社会存在发展的需要，是情感的需要。而康德则从人的尊严出发，从自律而非他律出发，以善良意志即良心为根据，认为只有根植于自己为自己立定的法则，道德才能一以贯之，只有不受经验和外物的干扰，道德才是纯粹的实践活动。①

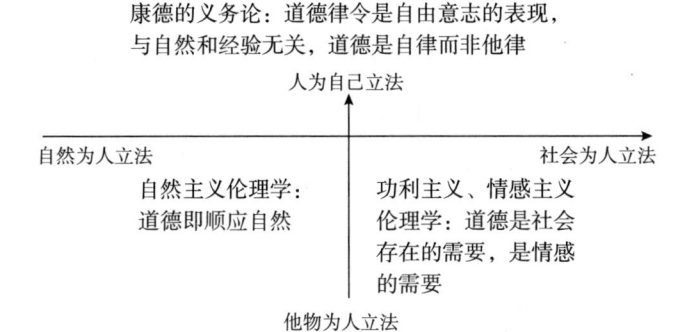

```
                    康德的义务论：道德律令是自由意志的表现，
                    与自然和经验无关，道德是自律而非他律
                                    ↑ 人为自己立法
                                    │
     自然为人立法                    │                   社会为人立法
  ────────────────────────────────┼────────────────────────────────→
     自然主义伦理学：               │   功利主义、情感主义
     道德即顺应自然                 │   伦理学：道德是社会
                                    │   存在的需要，是情感
                                    │   的需要
                                    │
                                    ↓ 他物为人立法
```

图 3 - 104　人为自己立法思想创新

如图 3 - 104 所示，康德是对当时流行各派观点进行一个总的批判，抓住其共同的错误在于，将道德的起源与目的归结为外物的影响。康德从卢梭的良心观点出发，以众人皆有的良心为道德的根基，而良心是真正自由的意志，是不受外物影响的。可以说，康德的道德学说以理性自律为基础，体现了启蒙以来的时代精神，凸显了主体的能动意识，这是完全不同于其他伦理学理论的显著方面，是一个本质的创新。

7. 宗教以道德为基础

康德之前一千多年的基督教伦理学传统都是将道德置于宗教之下，道德以宗教为基础。康德则又实现了一个哥白尼式的颠倒，他将道德作为基督教的基础，道德立足于人的自由意志，道德比宗教更基础，基督教成了一种道德宗教。康德在纯粹实践理性的辩证论里提出了"德福一致"这个

---

① 〔美〕梯利：《西方哲学史》，葛力译，商务印书馆，2003，第 463~466 页。

先天综合判断何以成立的条件，即三大悬设：自由意志、灵魂不朽与上帝存在。因为有自由意志，所以人必须要有德，要有德又必须追求一种完满的善，即不仅仅是道德高尚，还要有与之相配的幸福，即"德福一致"。而要有这样完满的善又必须设定灵魂不朽与上帝存在。因而有了自由意志的人就会有信仰，所以康德认为宗教是从道德里面推出来的，有了道德就一定会有宗教。但道德比宗教更根本，道德立足于人的自由意志，道德是宗教的基础。道德本身可以没有宗教，它可以独立，但宗教不能没有道德。而道德一旦确立，它必然会推出宗教。道德本身是自足的，一个有道德的人，他会逐渐走向上帝，走向宗教。① 这一观点根本上颠覆了基督教一千多年来的传统观念，二者宗教观之比较如图 3 - 105 所示。

图 3 - 105　康德宗教思想创新

8. 逻辑与认识论的统一

康德批评传统关于逻辑的观点，传统认为，逻辑只关注形式而与内容无关，只关注推理过程的正确性而不关注推理内容的真理性。如此一来，逻辑学与认识论无涉，而只是属于方法论的领域。康德认为，除了传统形式逻辑之外，还应该有与内容相联系的逻辑，康德提出的先验逻辑就是如此。逻辑是先天的，但是逻辑不一定是先验的。形式逻辑就不是先验的，只是先天的。形式逻辑只管正确性，而不管真理性，也就是不管它的观念是否与对象相符合。形式逻辑是一套技术，只要能够自圆其说，能够自洽，不自相矛盾就行了。这个命题是否为真理它不管，那是认识论来管

---

① 邓晓芒：《康德哲学讲演录》，广西师范大学出版社，2006，第 89～92 页。

的，用康德的说法就是由先验逻辑来管。先验逻辑要管对象知识是如何可能，要管对象和观念是否相符合的问题。其实，先验逻辑就是认识论。这样一来，康德将逻辑学与认识论联系在一起，不是所有的逻辑都只关注形式，先验逻辑既注重形式又注重内容。① 构建二重性逻辑示意见图 3-106。

```
                     ▲ 有形式
    传统关于逻辑的      │    康德将逻辑学与
    看法：逻辑只关      │    认识论联系起来：
    注形式，与内容      │    逻辑既注重形式
        无关           │    又注重内容
                      │
    与内容无关          │         与内容有关
  ──────────────────┼──────────────────▶
```

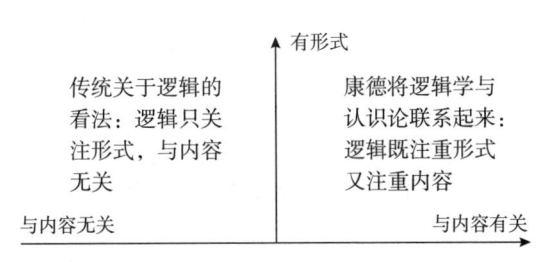

图 3-106　逻辑与认识论的统一思想创新

由此以来，黑格尔在康德的基础之上进一步将逻辑学的外延扩展，辩证逻辑是对形式逻辑的扩充与发展，它应该既包含形式又包含内容。到了黑格尔那里，辩证逻辑成了逻辑学、认识论与本体论的三统一。

例 35：费希特的创新

在康德那里，矛盾是理性要运用于知识论而产生的谬误。比如四个二律背反，这被康德称为"辩证的谬误"，突出了辩证法中的矛盾与冲突的一面，应该说，康德已经走得比之前的哲学家更远，他通过对前人思想冲突的总结，触摸到了辩证法的边缘。在他知性范畴表和自由的范畴表里，已经呈现出"正反合"三段式的特点，合题是对正题与反题的辩证统一。但是，康德不承认主观辩证法可以运用于认识论，他严格地划分了认识与实践的领域，费希特将自我意识与自由意志合而为一，将现象与物自体的鸿沟抹平，第一次把辩证法表达为"正反合"的形式，矛盾在合题中达到统一，自我是辩证运动的主体。康德指出了理性的二律背反，但他是在否定意义上阐述正题与反题的对立的。费希特则把自我和非我的对立与统一

---

① 邓晓芒：《康德哲学讲演录》，广西师范大学出版社，2006，第 24~25 页。

提高到第一原则的高度,这不仅是唯心论的发展,而且也是辩证法思想的重大突破。①

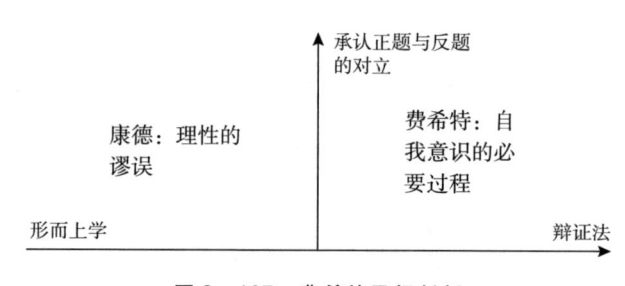

图 3 – 107　费希特思想创新

如图 3 – 107 所示,康德是站在形而上学的立场,将正题与反题的对立视为辩证的谬误,而费希特则认为这恰好是自我意识的必要过程。这是本质的创新。

例 36：谢林的创新

谢林最重要的创新便是将费希特的主观唯心主义改造为客观唯心主义,黑格尔评价谢林看到真实的东西或真理是主体与客体、思维与存在的同一,认为这是哲学思维唯一正确的出发点。谢林认为,费希特不承认经验知识的客观内容违背了人类知识的本性。知识的对象是客观的,不依赖于主观而存在;而知识的主体是自我的理智,表象是主体的活动和产物;只有主观表象和客观对象的绝对一致,知识才有"理论确定性",而费希特把客观世界说成是自我意识的积极建构,这违背了朴素的常识,完全脱离了科学知识的前提和根据。谢林从理论与实践两个层面提出了哲学的两个任务,分别是:"解释表象何以能绝对地同完全独立于它们而存在的对象一致"②,"解释某一客观的东西如何会因为一种单纯思想的东西而改变,

---

① 赵敦华:《西方哲学简史》,北京大学出版社,2001,第 329～330 页。
② 〔德〕谢林:《先验唯心论体系》,梁志学、石泉译,商务印书馆,1976,第 13 页。

以至于与之完全一致起来"①。在构建哲学体系的方法上，如果说费希特类似于笛卡儿的方式，从自我意识上升到绝对自我，然后到有条件的自我与有条件的非我对立，那么谢林则类似于斯宾诺莎的方式，他认为，哲学的最高原则既不是自我，也不是非我，既不是主体也不是客体，而是超越于自我与非我、主体与客体之上的"绝对"。"绝对"不依赖人的主观表象和客观对象而存在，而是超越并决定两者的"绝对理性"。这样他就用客观唯心主义取代了费希特的主观唯心主义，从而初步完成了哲学的两个任务。

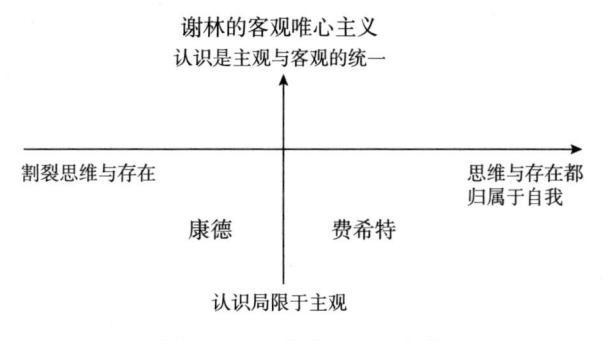

图 3 – 108　谢林的思想创新

如图 3 – 108 所示，谢林的创新可以说是本质的创新，他正确地看到，无论是康德还是费希特，都无法解决思维与存在的同一性问题。在康德这里，由于物自体与现象的二元划分，物自体不可知，现象是由先天直观形式确立的，失去了客观性，不仅不可能达到主观与客观的统一，甚至连客观性本身都已经主观化了。费希特虽然取消了物自体与现象的划分，但是他仍然是从主观的方面建构作为认识对象的非我，其结果与康德一样，无法解决思维与存在的关系问题，甚至取消了这个问题本身。在康德与费希特这里，认识不再是主观与客观的统一，而是主观对主观、自我对自我的认识。这显然违背了人们的常识，因而谢林的创新就是将以上二人的共同问题揭示并加以解决，解决的方法就是重新回到斯宾诺莎的客观唯心主义

---

① 〔德〕谢林：《先验唯心论体系》，梁志学、石泉译，商务印书馆，1976，第 13 页。

一元论，从而初步解决这个问题。

例 37：黑格尔的哲学创新

1. 矛盾双方辩证统一

黑格尔与费希特一样，都认为辩证法不是康德所说的理性的谬误，而是一种能动性，并且通过"正反合"的方式成为一种有规范的能动性，黑格尔在逻辑学里给出了更加规范的辩证法的范畴与形式。这是二者的共同点。但是，费希特不承认客观辩证法的本体论地位，也不可能承认矛盾是事物运动发展的起点与动力。黑格尔批评费希特，辩证法不只是自我意识的活动，它更重要的是事物本身的客观运动，主观辩证法是客观辩证法的反映而已，客观辩证法具有本体论的地位。

如图 3-109 所示，费希特只是承认了辩证法的认识论地位，而黑格尔则根本上奠定了辩证法的本体论地位。

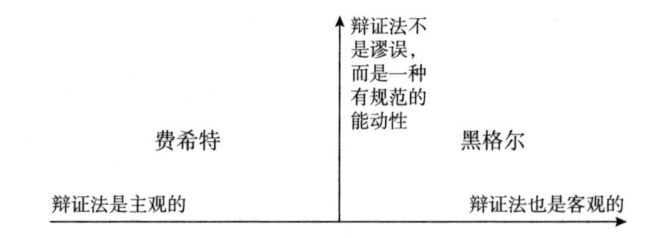

图 3-109 黑格尔与费希特思想的比较示意

2. 实体即主体

自亚里士多德以来，除了斯宾诺莎建立起实体一元论以外，其他的哲学家都将实体理解为属性所依附之所，除上帝之外，物质实体是广延等属性所依附之所，精神实体是思维等属性所依附之所。实体只有实在性，没有能动性。自康德提出了主体性哲学，用自我意识建立起主体，用主体为自己立法，为自然立法，其实主体就是自我意识的活动，是自我意识的能动性，但是康德否认主体是实体。以自我意识为基础的自由意志是物自体存在的悬设之一，但不是物自体本身。黑格尔明确地肯定了主体与实体的同一，其意义是主观与客观的统一。一方面，黑格尔受斯宾诺莎哲学的影响，认为实体不是在人的意识之外，相反，人的意识在实体之中，他用绝对唯心论改造了斯宾诺莎的实体观，得出了精神实体是唯一实体的结论。黑格尔说，理性是宇宙实体。宇宙实体即绝对精神。实体的精神性使之成为主体，主体的客观性使之成为客体。另一方面，受费希特的影响，针对传统的僵硬的实体观，黑格尔明确地肯定实体是运动变化的主体。他从费希特关于自我的学说得到启发，认为实体不是现成的、被给予的存在，也不是永恒不变的本质。实体是辩证运动的主体，他的特征在于能动性：它自己设定自身，并在克服矛盾对立面的辩证发展过程中，把所有的环节都包含于自身，从而完善自身。所以马克思说，绝对精神是斯宾诺莎所说的实体与费希特所说的自我意识的统一。① 传统观念中，长期将实体与主体分离，实体是不生不灭、不变不动的，没有能动性，后来形成的主体观念只是人的自我意识，只是一个心理学的概念，没有上升到形而上学的本体论的层次。黑格尔哲学最大的创新可以说就是将实体与主体统一起来。

如图 3-110 所示，这种创新是向前人所有错误的共同点开刀，找到创新点，这是本质的创新。

图 3-110　实体即主体的思想创新

---

① 转引自赵敦华《西方哲学简史》，北京大学出版社，2001，第 342~343 页。

3. 历史与逻辑的一致

德国哲学所特有的历史感从莱布尼兹的哲学开始便已经有所显现。康德用目的论的眼光回顾自然与人类社会的历史，自然界是一个有机的整体，人的道德成为自然发展的目的，这使得冰冷的自然界开始有了意义，自然界的每一步发展都纳入这个目的论的体系，成为其中必不可少的环节。但是总体来说，他们的历史感是初步的猜想，历史中没有逻辑线索。在费希特那里，范畴的体系不再是静止的，而是从自我与非我的辩证运动中不断显现出来的，并进一步通过正反合的运动方式加以完善和发展，但是没有意识到这是一种高于形式逻辑的新逻辑。谢林作了重大的突破，继承了康德的目的论观点，在自然哲学中将自然界描绘成一个在对立统一中有机联系着的整体，用普遍联系和矛盾对立的观点来看待自然界的辩证发展，在先验哲学中，描述了自我意识的历史，形成理论活动、实践活动和艺术活动三个阶段，试图对应于人类社会发展的历史，但是他描述历史的方式是非逻辑的，依靠知性直观来体悟不可描述的绝对同一，最终走向了启示神学，因此谢林的辩证法走向了非理性非逻辑。因此，在黑格尔以前，或者没有涉及对自然界与人类社会历史的自觉考察，或者只是从天意、神意、英雄史观等非逻辑非理性的方面去考察。他们或者认为历史中无逻辑，或者使用的逻辑是形而上学的，是非历史的。而黑格尔以扬弃的方式对待前人的思想成果，用辩证逻辑的方法论考察历史，同时用历史的方法论推演逻辑范畴，真正实现了逻辑与历史的一致。

如图 3-111 所示，逻辑中有无历史这一标准，将黑格尔同其他哲学家的逻辑划清了界限，其他哲学家要么使用非理性非逻辑的天意或神意的方式来看待历史，认为历史中无逻辑；要么使用形式逻辑的方式来看待历史，认为逻辑是纯形式的，与内容无关，与历史无关。而事实表明，形式逻辑是无法与历史结合的，真正能够结合历史的只能是包含历史的逻辑，即辩证逻辑。黑格尔之前的哲学家，无论是否承认历史中有逻辑，都有一个共同的问题，他们认为逻辑中无历史，费希特虽然已经创立了正反合的逻辑形式，但是他没有将之作为一种高于形式逻辑的逻辑学来对待，谢林则将辩证逻辑非理性的方面放大，走向了非逻辑的方向。因此，此创新可以说是对前人思想的本质创新，一方面承认历史中有逻辑，另一方面创立了辩证逻辑，大大丰富了逻辑的形式。

斯宾诺莎的实体与费希特的自我
意识的统一：实体即主体

	逻辑中有历史	
历史中无逻辑		历史中有逻辑
其他古典形而上学家	逻辑中无历史	康德、费希特、谢林

图 3-111　历史与逻辑的一致思想创新

4. 真正解决了思维与存在的同一性问题

自巴门立德提出思维与存在的同一性以来，这个概念的内涵不断发生衍变。在巴门立德那里，这是一个本体论的问题，即世界分为存在与非存在，存在只能由思维所把握，得到的是真理；而非存在只能由感觉所把握，得到的只是意见。但是思维是认识层面的，存在则是本体层面的，二者的同一性只是外在的同一性。在笛卡儿那里，思维与存在的关系问题变成了一个认识论问题，即思维能否认识作为他物的存在。心物二元论取消了何为本体的问题，而关注于二者如何对应的问题。到了斯宾诺莎，重新回到一元论，从而从两方面回答了思维与存在的同一性问题。一方面，思维与存在作为样式的序列，彼此平行，一一对应。万物皆是实体皆是神，任何一个层次的存在都有同样层次的思维与之对应。另一方面，思维与存在既然是来自同一个实体的属性，则它们的联系是先天的和必然的，思维必然能够认识存在。莱布尼兹用单子序列的预定和谐更形象地诠释了这一观点。康德割裂了思维与存在，将认识问题归结为一个主观领域的问题。

费希特虽然取消了康德的物自体,但是仍然是从主观的方面来理解,在他这里,非我是自我创造的客观世界,违反了主观必须与客观相一致的根本原则,从而没办法实现知识的真理性,无法解决思维与存在的关系问题。谢林从理论与实践两个层面提出了哲学的两个任务,分别是:"解释表象何以能绝对地同完全独立于它们而存在的对象一致"①,"解释某一客观的东西如何会因为一种单纯思想的东西而改变,以致与之完全一致起来"②,其中第一个任务即是我们常说思维与存在关系问题的第二个方面。谢林对这一方面的解释基本合理,但是在方法论上,他企图用知性直观、艺术的玄思冥想来实现思维与存在的认识关系,这是非理性的,甚至是荒谬的。同时,他没有提出,更没有解决思维与存在关系问题的第一个方面,即思维与存在何为第一性的问题。黑格尔认为,谢林的错误在于把辩证法的同一性理解为无差别的同一,如同"黑夜观牛",无法形成思维与存在的对立,不能说明原始的同一如何分裂为矛盾的对立面,也不能说明如何认识这种抽象、静止的同一性,最后只能诉诸非理性的艺术直观和神秘的启示。可以说,在思维与存在的问题上,黑格尔的客观唯心主义真正给出了圆满的解释。黑格尔首次提出近代哲学基本问题是思维与存在的基本问题,后来恩格斯将之推广到整个古典哲学的历史,这也是合理的,可以说,从巴门立德到黑格尔,西方哲学的形而上学史就是围绕思维与存在的关系展开的。康德针对唯理论导致的独断论与经验论导致的怀疑论,提出先验哲学,强化了主体能动性,解决了认识的能力问题,但是造成了主客体的割裂;费希特针对唯物主义的独断论,坚持唯心主义的立场,坚持了康德的认识活动限定于自我意识之内的立场;针对康德现象与物自体的划分,提出了自我统摄非我,解决了主客体割裂的问题;谢林针对康德的二元论与费希特的主观唯心主义,已经进行了斯宾诺莎式的改造,但是他的

---

① 〔德〕谢林:《先验唯心论体系》,梁志学、石泉译,商务印书馆,1976,第13页。
② 〔德〕谢林:《先验唯心论体系》,梁志学、石泉译,商务印书馆,1976,第13页。

工作是初步的,还不完善,真正的完善工作是由黑格尔完成的。创新过程见图 3-112。

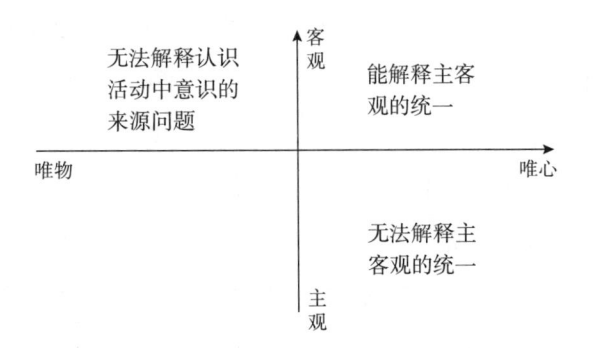

图 3-112　解释思维与存在的同一性创新

（坐标图：纵轴 客观/主观，横轴 唯物/唯心。第二象限：无法解释认识活动中意识的来源问题；第一象限：能解释主客观的统一；第四象限：无法解释主客观的统一）

第一步,通过费希特的研究可知,唯物主义解决不了思维与存在关系问题的第一个方面,因为唯物主义无法解释意识的来源、意识何时在哪个层面出现的问题。通过谢林的研究可知,主观唯心主义无法解释主客观的统一,因为客观本质上还是主观。但是谢林的解决是不完善的,黑格尔提出实体即主体、存在即思维、绝对即精神的论断,彻底解决了思维与存在的关系问题。创新过程见图 3-113。

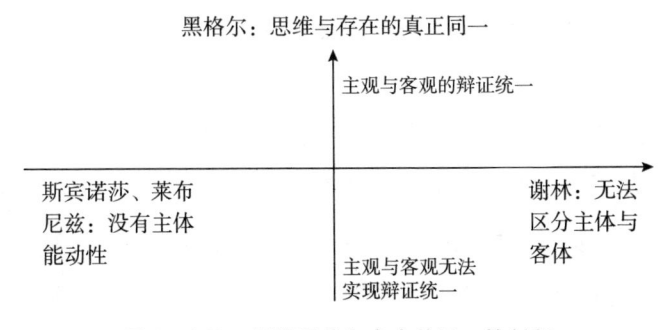

图 3-113　解释思维与存在的同一性创新

（坐标图：黑格尔：思维与存在的真正同一；纵轴上方 主观与客观的辩证统一，纵轴下方 主观与客观无法实现辩证统一；横轴左侧 斯宾诺莎、莱布尼兹:没有主体能动性，横轴右侧 谢林:无法区分主体与客体）

借用亚里士多德的四因说,斯宾诺莎与莱布尼兹的客观唯心主义哲学只是说明了世界的形式因,却没有说明动力因与目的因,无论是神还是单子,都只是这个世界的形式与原则,这两种实体学说先验地规定了主体与客体、思维与存在的一一对应关系,但都缺乏能动性,思维如何认识存在、主观如何符合客观的问题在唯理论者这里不成为一个问题。谢林的客观唯心主义问题在于无法解释绝对同一是如何产生出主体与客体、思维与存在的对立。根本上讲,是由于谢林不懂得辩证法,只能诉诸非理性的艺术直观。这样思维能否认识存在的问题依然没有解决。所以这两种客观唯心主义都没有真正解决思维与存在的关系问题,以上述二者为基础,黑格尔的客观唯心主义是一种本质的创新。存在即思维的观点坚持了费希特的唯心主义立场,合理地解释了意识如何产生的问题;实体即主体的观点解决了斯宾诺莎的问题,将泛神论的能动性进一步提升,万物都有其对应的客观思维(即本质),并且按照辩证逻辑作圆圈式运动;人作为主体对世界的认识其实不过是主观思维对于包含在万物之中的客观思维的认识,所以世界是可知的,人对世界的认识不过是世界对于其自身的自我意识。主观思维与客观思维相符合便是真理,形成了概念,构成了客观精神。由此,我们可以看到,在古典哲学的意义上,黑格尔的客观唯心主义可以说根本上解决了思维与存在的关系问题。不过我们也要看到,由于古典哲学探讨哲学问题局限于抽象的思辨,一旦涉及现实的活生生的劳动着的人,这些形而上学的理论便失去了说服力。马克思用实践来划界,从现实的人的活动出发,用新唯物论取代旧唯物论,从而科学地解决了思维与存在的关系问题。

5. 圆圈式的运动

在黑格尔看来,他的哲学作为自我运动的圆圈,可以从任何地方开始建构他的体系,但同时又是向上发展的,准确地说,这是一种螺旋式上升的模式。这一方面纠正了直线式的哲学模式,它们在追寻开端的过程中无穷倒退,导致恶的无限;另一方面避免了无限循环的圆圈,理论上导致同义反复、循环论证,实践上陷入历史循环论,没有超越与发展。具体如图3-114 所示。

螺旋式发展的体系具有辩证的特征,一方面是有限的,表现在辩证逻辑的正反合特性,运动变化不是无迹可寻,而是被限制在有限的领域内;

```
         发展
         ↑
直线式发展模式 │ 螺旋式上升
         │ 的模式
─────────┼─────────→
无限      │       有限
         │ 循环论的
         │ 圆圈
         │
         静止
```

图 3-114 圆圈式的哲学模式创新

另一方面是无限的，表现为向两端伸展的无限性，自我否定的运动是无限发展的，不可能封闭在任何一个体系内。从对社会历史与精神现象的解释力来看，螺旋式发展的模式最好地体现了精神发展的前进性与曲折性，既有合乎逻辑的规范性，又有无限发展的超越性。可以说黑格尔关于哲学圆圈式运动的创新是一种组合式创新，兼顾了两方面的优点，本身就具有辩证的特征。

6. 古典形而上学的综合

黑格尔真正实现了自巴门立德与柏拉图的客观唯心主义以来的所有古典形而上学的大综合，由柏拉图到笛卡儿再到黑格尔，呈现为否定之否定的圆圈。马克思说，黑格尔的哲学有三大要素：实体、自我意识与绝对精神，从巴门立德与柏拉图到近代的斯宾诺莎，他们的实体只是僵硬的自在的存在，自笛卡儿提出"我思"，将自我意识作为认识活动的能动性的根源，康德与费希特将这一点发挥到极致，他们的自我意识是自为的存在，但是一方面，实体与自我意识分别是有缺陷的，实体无能动性，自我意识则陷入主观性的泥潭；另一方面，实体与自我意识的鸿沟无法逾越，无论是笛卡儿的二元论，还是康德的调和，抑或是费希特的主观唯心主义，都无法真正解决二者的同一性问题，更无法解决认识的客观性问题。面对思维与存在的同一性这一根本问题，黑格尔自觉地站在他之前的整个西方哲学史的终点，用实体即主体的宏大思维，将实体与自我意识结合到一起，从而彻底解决了存在与思维的同一性和真理的客观性问题。绝对精神即实体与自我意识的综合统一，是自在又自为的存在。从而实现了"实体—自我意识—绝对精神"的概念圆圈与"柏拉图—笛卡儿—黑格尔"的历史圆圈，总体上实现了"客观唯心—主观唯心—客观唯心"的大圆圈，标志着西方古典形而上学的顶峰与终结。用二重性逻辑示意见图3-115。

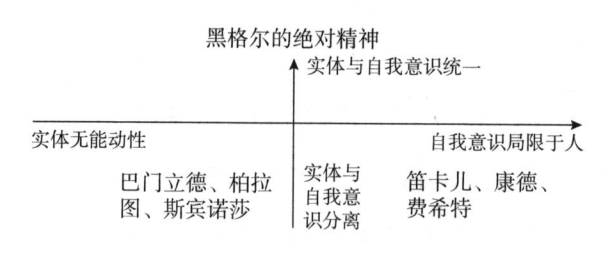

```
                    黑格尔的绝对精神
                    ↑ 实体与自我意识统一
  实体无能动性      │        自我意识局限于人
  ─────────────────┼──────────────────────→
    巴门立德、柏拉   实体与    笛卡儿、康德、
    图、斯宾诺莎    自我意    费希特
                   识分离
```

图3-115 黑格尔哲学创新

黑格尔以其最为广阔而深刻的视野，将两条最主要的思想脉络汇入自己的体系，对两千年来的西方形而上学做了最宏大的综合。

第四节 当代西方科学哲学史中的创新案例

笔者的专业是科技哲学，对第二代实证主义者以来的科学哲学做过一点粗浅的研究。其中对以马赫、彭加勒为代表的第二代实证主义者尤为关注。这一阶段的科学哲学家有两大特点，一方面他们是科学家出身，而且多是当时科学界顶尖的人物，这相比近代笛卡儿以来的哲学家们有过之而无不及，相比后来的对科学知之不多的专业哲学家们更是有绝对的专业优势。这一特点使得他们受哲学各派思维定势之影响最小，正如近代以来在康德之前的那批哲学家一样，他们的业余性恰恰是他们哲学思维上的优势所在。由于他们对当时前沿的自然科学十分精通，同时又勤于思考，自觉地运用哲学思维方式，所以洞见也极为深刻，当他们在各自的领域触碰到了最基础的最根本性的问题时，哲学问题便自然产生了，马赫对绝对时空的反思便是典型案例。另一方面他们受近代哲学影响非常深刻，既受到从经验论到孔德实证主义的熏陶，又深受康德先验哲学中主体性思想的影响。这使得他们能在经验论与先验论、实在论与反实在论、客观主义与主观主义之间保持一定的张力，体现了辩证的思维特点，保持了创新的活力。本节尝试以二重性逻辑为工具重点研究以彭加勒为代表的科学哲学家们的创新思想。

例 38：彭加勒的哲学创新

作为一位在数学与物理学领域有着卓越贡献的科学家，彭加勒在科学哲学的发展历程中也具有重要的地位。他无论是在科学成就还是在哲学思考方面都攀上了那个时代的高峰，其约定论与马赫的实证主义一起成为逻辑经验主义的主要来源，从而在科学哲学史上确立了其在近代与当代之间承上启下的重要地位。因而，开展对彭加勒哲学思想的研究便具有重大的理论价值和现实意义。20 世纪以来，关于彭加勒哲学思想的研究在世界各地如火如荼地展开，20 世纪 80 年代以来，彭加勒的哲学在国内引起关注，李醒民先生作了深入的研究，取得了卓著的成果，但是彭加勒思想的创新元素尚未引起足够重视。事实上，作为一位"敏锐深刻的思想家"，与其他科学哲学家或消极保守或片面独断的作风相比，他鞭辟入里、敏锐深刻却又兼收并蓄、善于平衡的辩证思维能力显得卓尔不群。作为一名承前启后的科学巨匠，他的思想保持了一贯的鲜明性与辩证性。彭加勒善于在多种思想之间保持张力，对唯理论与经验论等各种对立的关系，他都极富辩证的思考与阐述。他超越了所处的那个时代形而上学的思维方式，在他的哲学思想中，辩证因素俯拾皆是，这也正是他的思想长期以来与时代同步并保持活力的主要原因。

例如，自笛卡儿和培根分别开创唯理论与经验论传统以来，各自导致独断论与怀疑论的出现，康德的认识论只是作了一定的调和，并未解决这个问题，彭加勒的约定论可以说是在康德基础上所作的进一步的尝试。在经验论或唯理论的认识论中，主体都是不活跃的。彭加勒的约定论则极大地调动了主体的能动作用。同经验论不同，约定论认为约定不是经验唯一地给予的；同唯理论不同，约定论认为约定也不是我们思想的结构唯一地给予的。约定的选择固然要受到经验和理性的引导，但这种选择依然有很大的自由。由此可见，彭加勒善于在经验论与唯理论矛盾双方的对立中寻求统一。

另外，数学哲学方面，彭加勒对逻辑主义持批评态度，但是他并不是反对数学中的逻辑，他反对的只是逻辑主义者把数学化归为逻辑的企图和把直觉从数学中排除出去的做法。他在尖锐批判逻辑主义和形式主义的极端立场的同时，也坦率地承认罗素和希尔伯特的著作中有独到见解的、深刻的、往往是有充分理由的观点，并认为最好是使逻辑主义与直觉主义互相兼容。在方法论的意义上，他正确地指出，直觉和逻辑在数学中都有其各自的价值，直觉主义者与逻辑主义者同样也都为数学的发展做出了应有的贡献。他在论述数学直觉的重要性时，又多次提醒人们，"它不能给我们以严格性，甚或不能给我们以可靠性；"因此，他也并没排斥逻辑的地位，而认为应将两者适当地结合起来，相得益彰，有效地发挥二者的作用："唯有逻辑能给我们以可靠性，它是证明的工具，而直觉则是发明的工具。"转换成现代眼光看，对于左脑的逻辑功能与右脑的直觉功能的分工合作，彭加勒已有相当合理的认识。

除上述显而易见的因素之外，在本例中，拟从多个方面展示彭加勒的创新思维特色，为丰富和发展辩证唯物主义认识论提供有意义的借鉴。

1. 将约定引入几何与物理学领域

提到彭加勒，最引人注目的创新思想毫无疑问是约定论。自智者学派以来，"自然"与"约定"之争就贯穿于西方哲学史，关于伦理、法律、审美、政治、宗教等意识形态中的约定成分逐步被思想家们所揭示，但是，对于数学与自然科学，人们对其客观性与确定性毫不怀疑，即使到了休谟的怀疑论，也只是否定了科学中的因果必然性，除了"习惯"，他没有从正面提出关于重塑科学体系的建设性意见。康德为了应对休谟的质疑，采用了哥白尼式的颠倒，提出了先天综合判断，将科学的无误性用先天性来保证。如果说休谟的"习惯"是一种模糊不清的类似于风俗人情的约定，那么康德的约定则是一种先天的约定，这种约定跟人在经验中的主体能动性无关，是一副无法摘下的有色眼镜。严格来说，这些都不是真正的关于数学与自然科学的约定论，休谟的约定既没有逻辑也没有经验，只是将风俗人情的约定笼统照搬过来；康德的约定是先天的，而不是后天的，没有主体能动性的参与。直到19世纪非欧几何的出现，以及惠威尔等人提出科学可误论思想，关于数学与自然科学的约定论思想才开始登上历史舞台。彭加勒等人的约定论思想一方面反对关于数学与科学的自然主义观点，反对科学无误论，另一方面在科学认识活动中强调人的主体能动性，主张科学离不开假设，基本的科学原理都是真正的约定，只不过伦理法律风俗等约定的依据是价值，而数学与科学约定的依据是逻辑与经验。用二重性逻辑示意见图3-116。

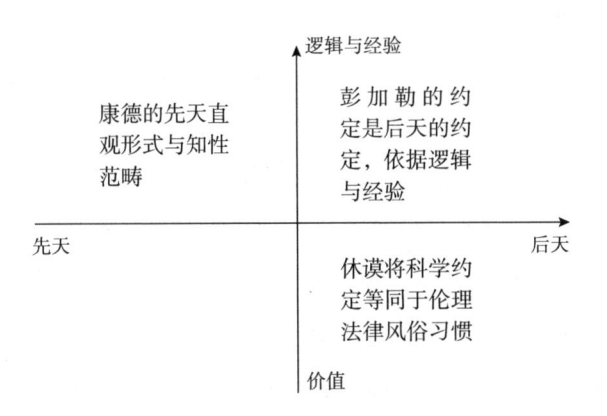

图3-116 彭加勒约定思想创新

关于彭加勒的几何学哲学思想，笔者用"逻辑约定论"来进行概括。因为几何公设的约定是基于逻辑，非欧几何是由于第五公设的不同而可以分为三种几何学。欧氏几何的第五公设是，过直线外一点有且仅有一条直线与已知直线平行。根据逻辑，还可以有两种选项，即过直线外一点没有任何一条直线与已知直线平行，这就是罗巴切夫斯基几何；或者，过直线外一点有两条以上直线与已知直线平行，这就是黎曼几何。因此，可以看到，几何公设的选择一方面具有自由特性，不受经验的约束，但同时又不是任意的，故而笔者称其为"逻辑约定论"。李醒民先生提出，彭加勒关于物理学哲学的约定论可以定义为"经验约定论"，这是很恰当的。日常行为如伦理、风俗、政策乃至游戏活动等，其规则是根据价值或对社会生存发展的功利而制定的，不受逻辑和经验的约束，因此这种约定的观点可以称为"价值约定论"。

无论是关于几何学的"逻辑约定论"还是关于物理学的"经验约定论"，它们都有共同的特点，那就是，它们在原理层面都是约定的，是科学家共同体主体间性式的约定。这些原理表面上看似乎都是确凿无疑，都是对现象界真实的反映，与人的能动性无关，但是彭加勒指出了它们的约定性质。这些约定是在科学研究活动中主体能动性的体现，相比康德而言，更加如实地反映了科学家的科学研究活动，动摇了科学体系的先天性，但并未走到休谟式怀疑论的悲观境地，相反，它在承认科学可错论的同时，充分肯定了科学家们的自主性和能动性，并同时用"关系实在论"维护了科学体系的客观真理性。如果说康德认为科学体系的基础是先天综合判断的话，那么彭加勒则认为科学体系的基础是后天分析判断——约定。在康德的术语体系中，后天分析判断是不可能的，但是研究彭加勒的约定思想可以发现，约定一方面是后天的，基于经验的，另一方面，通过人的主体能动性赋予这些约定以原理和基础的地位，关于数学与科学中那些最基本概念的定义也是约定的，它们具有了分析判断的性质，具有必然性，这种必然性虽然不是一劳永逸的——彭加勒说过，如果约定被经验推翻，我们要毫不犹豫地抛弃它——但是科学家共同体在常规科学时期宁愿将其作为分析判断来对待。如果说康德是从先天综合判断出发，解决了唯理论与经验论的分歧，那么彭加勒则是从后天分析判断出发，解决了这一问题。用二重性逻辑示意见图3-117。

```
              ↑分析
              │ 彭加勒关于原
              │ 理层面的约定
    唯理论    │ 可以称为"后
              │ 天分析判断"
              │
 先天─────────┼─────────→后天
              │
        康德:先天综合
              │        经验论
            判断
              │
              ↓综合
```

图 3-117 彭加勒约定思想创新

可以看到，自约定论以来，人们对数学与自然科学的观点发生了根本的转变，这一思想对当代科学哲学的直接影响在于，它一方面影响了逻辑经验主义者们对逻辑的看法，他们认为逻辑也是约定的；另一方面影响了历史主义者的观点，如库恩的科学共同体、常规科学与科学革命的思想和拉卡托斯关于科学体系的硬核的观点。在数学与科学上的影响则是科学家开始在各个领域发现其约定的特性，如相对论思想与非标准算术思想的出现即是这一影响的直接产物。

2. 主体的能动性

唯理论者认为知识被先天的给予，主体只是一个接收器官，用来接收天赋观念，然后按照逻辑推演下去就行了，自然与经验世界一一对应，这种和谐是上帝预定的。主体在其中只是一个自在的存在物，而不是自为之物。彭加勒却认为，人的思想结构的先天性有助于人们形成共同的约定，这是主体间性之所以可能的先天根据。但是要形成约定主要还是依靠人的主体能动性的发挥。面对各种能解释现象的假设，哪一种假设更符合简单性的要求，哪一种假设能上升为形而上学的原理，这都要靠后天的能动性。经验论者认为知识从感觉经验中得出，每个人的感觉不同，得出的判断可能不同。这个过程中仿佛有主体的参与，实则主体受经验所制约，不能超越经验的束缚，从而导致主观唯心主义和相对主义。彭加勒认为，科学家固然是根据经验得出知识，但是充分发挥了主体能动性，知识不是从经验中自然地推理出来的，而是科学家假设的结果。经验是知识的来源和检验手段，但在形成假设的关键过程，主体能动性才是最主要的功臣。用二重性逻辑示意见图 3 – 118。

彭加勒：约定的形成既要靠经验的提示，
又要靠科学家主体能动性的发挥

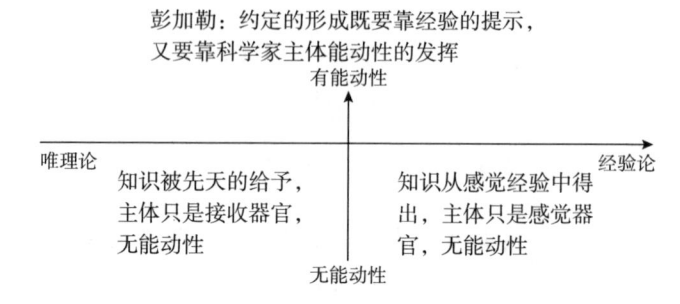

```
                     有能动性
                        ↑
   唯理论                |                      经验论
  ──────────────────────┼──────────────────────→
   知识被先天的给予，    |   知识从感觉经验中得
   主体只是接收器官，    |   出，主体只是感觉器
   无能动性              |   官，无能动性
                        |
                     无能动性
```

图 3 – 118　彭加勒约定论思想创新

彭加勒对唯理论与经验论者的共同弱点进行了批判，二者都没有充分发挥主体能动性。这是一个典型的本质创新。与康德相比，彭加勒对主体能动性的参与无疑更加重视与强调。

3. 自由非任意之谓

作为同样提倡主体能动性的哲学家，彭加勒不仅仅要反对经验论与唯理论，如同康德同时也要反对法国机械唯物主义一样，在彭加勒的时代，他要面对极端约定主义者即唯名论者的挑战。

一般约定论的基本纲领是，任何一组现象都能够同样有效地用许多不同的理论来说明，科学家如何选择是考虑是否方便和简单，而不是因为此真彼假，只是科学家出于方便考虑而做出的随意的约定，因而它们并不具有真理性。科学家用这一套术语而不用另一套术语来描述世界，这只不过是约定而已。

彭加勒思想与上述有所区别，他的约定论是一种"温和的约定论"。其中一个重要特色就是："自由非任意之谓"，自由并不就是随心所欲、放荡不羁，约定也要受到经验的限制。在彭加勒看来，科学中的约定虽然是"我们精神的自由活动的产物"，但是这种自由并不是"完全任意的"，并不是"放荡不羁""胡思乱想",否则约定将毫无结果了。

他特别指出,我们只是把约定强加于科学——没有它们便不可能有科学——但并没有强加于自然界,科学家们所思考、所发现的世界并不是他本人的任性所创造。可见,其实彭加勒所说的"精神的自由活动",指的是充分发挥精神的能动作用。他明确指出,"这种约定不是完全任意的,它并非出自我们的胡思乱想;我们之所以采纳它,是因为某些实验向我们表明它是方便的","即使我们没有看到导致科学创造者采纳约定的实验,这些实验尽管可能是不完善的,但也足以证明约定是正当的。我们最好时时留心回想这些约定的实验根源。"因此,"实验虽然给我们以选择的自由,但同时又指导我们辨明最方便的路径……我们的法令如同一位专制而聪明的君主的法令,他要咨询国家的顾问委员会才颁布法令。"同样,"科学家并没有凭空创造事实,他用未加工的事实制作科学的事实。因而,科学家不能自由而随意地制作科学事实。工人不管如何有本领,他的自由度总是受到他所加工的原材料性质的限制。"

彭加勒还指出,科学中的规则和定义虽具有约定的因素,但这种约定也不是任意的。针对勒卢阿关于"科学就是行动规则""科学家能创造客观事实"等极端言论,彭加勒都作了有力的抨击:"一些人受到某些科学基本原理中可辨认出的这种自由约定的特点的冲击。他们想过分地加以推广,同时,他们忘掉了自由并非放荡不羁。他们由此走到了所谓的唯名论……在这些条件下,科学也许是可靠的,但却丧失了意义。"这样,从多个方面,彭加勒都对约定的使用范围与功能作了合理的限制。

我们看到,彭加勒的思想极富辩证性:一方面,他认为,人们约定科学原理,主要考虑它们是否方便和有用,而不过问它们是否真实;但同时,他又认为,约定不是主体的任意虚构。约定不仅必须避免逻辑矛盾,而且要受到实验的控制。这样,彭加勒在自由约定与实验检验的对立中寻找到统一的可能性,这是他辩证因素最重要的体现。

另外,彭加勒与康德一样同意知识的客观必然性地位,但是康德是通过知识的先验性来保证的，而彭加勒则是通过经验的约定来保证的。康德认为知识的基础是先验综合判断，先验的知识具有普遍必然性，也可以说是客观必然性。到了彭加勒的时代，先验论已经不被认可，那么由什么来保证知识的客观必然性呢？彭加勒认为科学家通过经验材料提出假设，通过经验的层层检验，假设被上升为形而上学的原理，这是真正的约定，它们作为定义和基本原理在知识的基础部分起作用。这些约定一方面经受了经验的检验，另一方面是科学家共同认可的。所以它具有客观性的保证。事实上，康德与彭加勒所承认的知识的客观性说到底也是主观性，先验综合判断是人为自然立法，其客观性终究依赖人的先验结构；彭加勒认为约定保证了知识的客观性，其实约定说到底是一种主体间性，是科学家共同选择并确立的。但是，无论如何，他们都共同反对把知识看作主观任意的主观唯心主义和相对主义观点。

所以，彭加勒一方面同意康德寻求知识客观性的努力，另一方面同意实证主义与经验主义的基本立场，认为知识的可靠性来自主体对经验的能动反映，而不是来自先验。

如图3-119所示，彭加勒对康德的实在论和实证主义的经验论各取一半，组合成自己独创性的"经验约定论"或"结构实在论"思想。这是一种典型的综合创新。

图3-119 知识的客观性与经验性综合创新

4. 关系（结构）实在论

马赫认为，通过函数概念替代因果概念，可以解决所谓的世界的固定不变性问题。所谓世界的固定不变性如他所说,并不是如哲学家或科学家所假定的那些原始原子,而是我们用以描述要素之间的依存关系的那些数学函数或公式。换句话说:世界原来的固定不变性并不是"形而上学的物质实体",而是描述自然事件的依存关系的数学函数,或者说自然规律。自然规律的固定不变性,即世界要素的依存关系或函数的不变性,乃是在自然现象的各种各样的变化中唯一不变的东西。彭加勒认为,科学研究的就是不变性,这种观念不仅源于马赫的思想以及克莱因著名的"爱尔朗根纲领"(其中提出,几何学就是研究变换下的不变性的学科),而且来自他自己对几何、物理及天文学的深入思考。彭加勒的实在论的实在观可以简要地概括为:实在即关系。在彭加勒看来,真实对象之间的真正关系是我们能够得到的唯一的实在,而且,唯一的客观实在在于事物之间的关系。他认为,科学能够达到的实在并不是像朴素的教条主义者所设想的事物本身,而只是事物之间的关系。由于受康德不可知论的影响,彭加勒断言,在这些关系之外,不存在可知的实在。彭加勒虽然说关系是唯一的实在,但并不意味着他否认像不可直接观察的原子、分子之类的实体的实在性。然而,彭加勒毕竟看重关系而不是看重实体,他认为关系是比实体更为深刻、更为微妙、更为有趣的实在。科学实在论者坚持实体的实在性与可知性。而实证主义者宣称,只有我的感觉经验是实在的,至于在我的感觉经验之外有没有客观实在,这是一个永远也不可能解决的问题。另一类不可知论者康德认为,尽管在我的感觉之外存在"物自体",但"物自体"是永远不可能被认识的。彭加勒在科学上坚持了唯物主义立场,对实体的存在不产生丝毫怀疑。只是从科学研究的性质出发,他更加重视事物之间的关系与结构的实在性。彭加勒以辩证的思维,超越了他所处实证论与工具论泛滥的时代,也超越了一般形而上学实在论者和科学实在论者。因为二者有一个共同的错误,都将实在性归属于物质实体的特征,但是马赫与彭加勒却另辟蹊径,着眼于关系与结构的实在性,以之作为科学不变性和可靠性的基础。

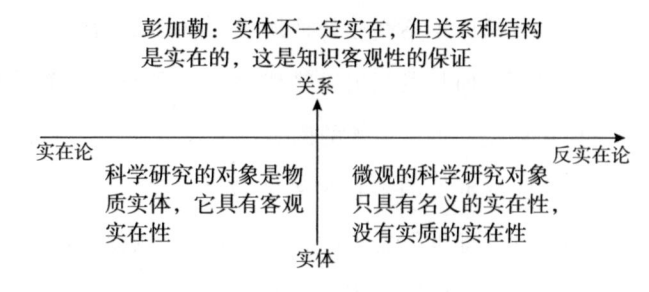

```
                        彭加勒：实体不一定实在，但关系和结构
                        是实在的，这是知识客观性的保证
                              ↑ 关系
        实在论    ┌─────────┼─────────┐    反实在论
        ────────┤         │         ├────────→
                │科学研究的对象是物│微观的科学研究对象│
                │质实体，它具有客观│只具有名义的实在性，│
                │实在性         │没有实质的实在性  │
                └─────────┼─────────┘
                         实体
```

图 3-120　关系实在论思想创新

如图 3-120 所示，这是一种本质的创新。彭加勒的这一创新大大超越了简单的实在论与反实在论之争，为科学的发展开辟了更为广阔的视野。

5. 简单性与复杂性相互渗透

奥卡姆反对把人类关于简单性的思想置于自然界的本体论地位的观点，他在方法意义上将简单性作为形成概念和建立理论的标准。马赫的思维经济进一步强调了这一点。彭加勒并不仅仅满足于这种自毕达哥拉斯以来的本体论和科学美学意义上的简单性，要知道，彭加勒亦是混沌学的先驱者之一，他对简单性与复杂性的认识早已超越前人，彭加勒是站在数学与自然科学的前沿深入探寻自然界的简单性与复杂性的关系。

彭加勒分析道，小尘粒之所以能在瓶水中均匀地悬浮着，恰恰在于水流的复杂性；考察两种液体的混合或两种精细尘的混合，我们也会得出同样的结果。人们对简单性的坚定信念也与此有关。他进一步指出，如果通过研究科学的历史，就会发现两种相反的现象："有时简单性隐匿在复杂的外表下；有时简单性则是表面的，它隐藏着极其复杂的实在。"科学史上，行星摄动是复杂的，牛顿定律是简单的；气体分子的运动最为变幻莫测，可是观察的结果却表现为马略特定律的简单性。彭加勒认为，在气体运动论中，"大数定律在平均中重建起简单性。在这里，简单性仅仅是表面的，只是我们感官的粗糙妨碍我们洞察复杂性。"关于牛顿定律的简单性，也是隐藏在行星摄动这一现象的复杂外表下。

彭加勒认为，不能肯定自然界是简单的。他说："如果我们的研究方法变得越来越深刻，我们便可以在复杂的东西之下发现简单的东西，然后在简单的东西之下发现复杂的东西，接着再在复杂的东西之下发现简单的东西，如此循环不已，我们不能预见最后的期限是什么。"

我们是否会因此否定方法的简单性呢？不会的。彭加勒认为，关于用简单原理表达复杂事物的原因是，原因概率可以用连续函数来表示。因而，彭加勒指出，"我们必须停止在某个地方，要使科学是可能的，当我们找到简单性时，我们就必须停下来。这是唯一的基础，我们能够在这个基础上建立我们的大厦"。

彭加勒还进一步认识到，简单性与复杂性的关系对应着必然性与偶然性的关系。自然界是偶然和非决定论的，但也是必然和决定论的，必然和偶然是辩证的统一。他坚持认为自然界存在偶然性，但也没有明确地反对决定论，尤其是对于概率决定论，他是持赞成态度的，事实上，这属于他所研究的偶然性现象的一种解释。他远未止步于当时的科学发展水平，敏锐地认识到小原因引起结果的极大差异的混沌现象，而且，他并未就此否定决定论的地位，他以统一性和简单性的自然观预见，偶然性中也存在决定论。

彭加勒充分肯定了偶然性的存在。为了论证这个观点，彭加勒细致地将偶然性分为三类。第一类是微小的原因导致巨大的结果，或者说，初始条件的微小差别在最后的现象中产生了极大的差别。从中他已洞察到了混沌运动的重要特征——极其微小的差异可能会被放大，从而导致一个简单系统可以爆发出惊人的复杂性；第二类偶然性是复杂的、多重的原因导致简单的、单纯的结果。例如，小尘粒之所以能在瓶水中均匀地悬浮着，恰恰在于水流的复杂性。人们对简单性的坚定信念也与此有关。这类偶然性人们长期以来都在不自觉地使用，它对科学发展起着举足轻重的作用；第三类偶然性更接近于日常语言中的偶然性。

大量的偶然性的出现并未影响彭加勒中肯地评价科学中决定论的合

理地位。他认为科学是决定论的；一方面它是先验的决定论的；它以决定论为公设，因为没有决定论，科学便不会存在。另一方面科学也是后验的决定论的，科学的每一个成果都应看作是决定论的胜利。但他反对那种没有为任何偶然的事物留下余地的绝对决定论。这一论点表明，科学需要简单性，简单性是科学的根本特征之一，是科学必然性的体现。自然界未必是简单的，但是在复杂性下面发现简单性则是科学的主要任务之一。

可以看到，在本体论层面，彭加勒认为简单性与复杂性是相互渗透相互依存的关系，而要使科学得以可能，则必须在方法论意义上选择简单性。因此彭加勒在这里超越了马赫及以前的传统观点，他很明确地区分了本体论意义上的简单性与方法论意义上的简单性，承认本体论意义上的简单性是一种唯理主义的先验论，这是一种独断，彭加勒从经验论立场否定了这一点，但是他从方法论意义上继承了毕达哥拉斯以来的简单性思想，这又与经验论者的描述主义立场有着本质的区别。与马赫的思维经验原则一样，彭加勒科学方法论的立场既不是基于反实在论的描述主义，也不是基于实在论的本质主义，而是介于二者之间的"修饰主义"，这种修饰不是康德式的先验论立场，不是通过先天的有色眼镜来修饰，而是在后天经验中，发挥主体能动性，用简单性原理对感性具体进行抽象和理想化，形成理性具体，即可连续的函数。这种消除了误差和不确定性的连续函数是对感性具体的更高层次的复归，比描述主义者更能深刻地反映现象本身。

如图3-121所示，这也是一种本质的创新。值得称道的是，正是彭加勒，以其辩证的认识能力，高瞻远瞩地指出，科学的发展有两种趋势，其一是走向统一与简单的道路，其二是走向演化与复杂的道路。纵观自然科学在20世纪的发展走向，彭加勒的预见何其深远。

6. 数学推理的辩证性质

数学推理的本质是什么？是演绎的还是归纳的？是或然的还是必然

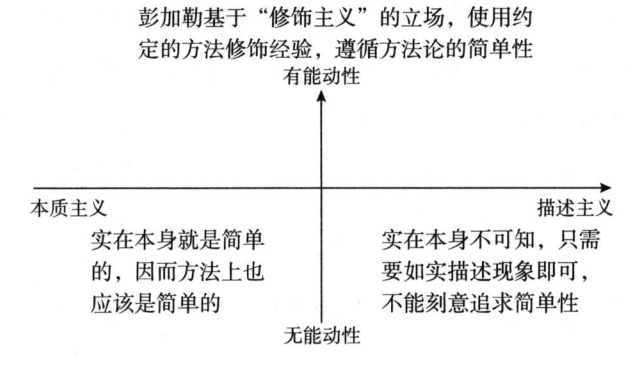

```
                    彭加勒基于"修饰主义"的立场,使用约
                    定的方法修饰经验,遵循方法论的简单性
                         有能动性
                            │
                            │
     本质主义                │                描述主义
    ────────────────────────┼────────────────────────▶
    实在本身就是简单         │         实在本身不可知,只需
    的,因而方法上也          │         要如实描述现象即可,
    应该是简单的             │         不能刻意追求简单性
                         无能动性
```

图 3-121　简单性思想创新

的?大多数人似乎认为数学推理具有逻辑的必然性,数学和逻辑一样是严格的演绎科学,归纳法在数学中没有任何地位。事实并非如此。彭加勒很早就注意到数学推理具有演绎与归纳的双重性格。彭加勒指出,数学归纳法的实质是递归推理法,它实在是最完善的数学推理。它既有演绎的性质,又有归纳的性质。说它有演绎的性质,是因为它可以包含无数个三段论,可以看作无限个三段论式的浓缩;说它又有归纳的性质,是因为它与物理的归纳步骤趋于一致,都是从特殊推到普遍,都能从已知到未知,具有创造性。

彭加勒从数学推理的演绎与归纳的两重性中意识到(猜测到)了数学中的辩证性。但他囿于康德的"先天综合判断"的局限,只是从先天综合性的立场来看待这个问题。尽管如此,他的分析仍然是相当精辟的。彭加勒认为,数学这门科学本身就像包含着一个似乎不可解决的矛盾:如果说数学的演绎性质是虚假的,那么哪会有那种无可怀疑的彻底严格性呢?另外,他认为那种断言数学命题是纯粹建立在演绎推理之上的分析命题的说法是不对的。彭加勒认为,事实上数学推理具创造性,与三段论有实质上的区别。数学归纳法与经验归纳法亦有本质的不同。两者的一个相似之处是,它们都是从特殊到一般的思维过程,如果以康德的话来说就是,它们都是综合的。这意味着,它们能够为我们提供新的知识,而不只是玩弄"同义的反复"。然而,数学归纳法却不像经验归纳法那样仅仅是或然的,它在结果上超越于经验之外的严格性和必然性,完全可以和演绎法相比。因而,彭加勒断言,为了获得普遍真理,人们不得不借助于数学归纳法,因为"这是能使我们从有穷通向无穷的工具",能"把我们从特殊提升到一般"。

彭加勒上述思想可以用二重性逻辑示意,见图 3-122。

```
               ↑ 必然性
               |
    演绎法      |    数学归纳法
               |
  无创造性 ————+————— 有创造性
               |
               |    经验归纳法
               |    或物理归
               |    纳法
               |
               ↓ 或然性
```

图 3-122　数学归纳法思想创新

彭加勒对数学归纳法的上述认识,实际上已经深入数学推理的本质,而且处处闪耀着辩证法的光芒。桂起权教授如此评价:"我们看到,彭加勒在数学推理的本质这个问题上,反复围绕着归纳与演绎、特殊与普遍、有限与无限那样几对辩证矛盾在打转。彭加勒根据自己对科学工作的深刻体验,部分地猜测到和接触到了其中的辩证法。"[①]

7. 几何学的双重性质

彭加勒很早就认清了几何学的双重性质,即既有形式的、纯逻辑的一面,又有经验的、物理的一面。为了合理地解释由非欧几何引起的有关几何学的本性和真理问题,彭加勒自发地形成了关于几何学双重性质的辩证概念,即"纯粹几何学"和"物理几何学"。这两个概念是以公理系统本身与其在经验中的应用之间的区别为前提的。各种几何学系统本身缺乏经

---

① 桂起权:《当代数学哲学与逻辑哲学入门》,华东师范大学出版社,1991,第 80~81 页。

验内容，只有当它们与某些力学原理相结合时，才产生经验上有意义的命题。

彭加勒提出，如果我们对宇宙空间按牛顿力学作物理解释，则欧氏几何为真，而非欧几何为假。如果我们按爱因斯坦广义相对论的时空观作解释，则黎曼几何为真，其他为假。一种几何系统，可以通过物理模型解释显示其真和无矛盾性，也可以通过数学模型解释显示其相对无矛盾性。[1] 彭加勒将罗巴切夫斯基几何中的直线解释为特殊的欧氏半圆，这样，罗氏几何与欧氏几何可以有条件地同时为真。在彭加勒看来，抽象空泛地说一种几何为真或为假是混乱的、不科学的。应当具体地说，对哪种解释为真，对哪种解释为假。"辩证唯物主义历来认为，真理永远是具体的，真假是相对的、有条件的、可变动的。形式逻辑使用固定范畴，真假值是严格不变的，辩证逻辑使用流动范畴，真假值是辩证地可变动的。"[2] 因而，与非欧几何有关的真理疑难可以在辩证唯物主义意义下得到合理的解释。很明显，彭加勒早已达到了这种认识程度。

彭加勒对非欧几何与真实物理空间的理解超越了工具主义与传统实在论观点。一方面，彭加勒并不认为非欧几何只具有工具的性质，而是现实中可能的真实存在；另一方面，不同的几何学只有与物理空间相结合时才具有真实的意义，并不是绝对客观的实在。彭加勒不再采用传统的欧氏几何与非欧几何的划分，其划分方式是看它们是否与经验相结合。

如图 3 - 123 所示，无论是欧氏几何还是非欧几何，在没有与物理学相结合时，它们只是纯粹几何学，只具有逻辑上的可能性和工具的意义。但是一旦与物理学结合起来，便具有经验的实在性，可以通过实验证实

---

[1] 桂起权：《当代数学哲学与逻辑哲学入门》，华东师范大学出版社，1991，第49页。
[2] 桂起权：《当代数学哲学与逻辑哲学入门》，华东师范大学出版社，1991，第49页。

或证伪，这便是"物理几何学"。在彭加勒的基础上，当代数学哲学家进一步明确表述了"非解释几何"与"解释几何"这一对概念。欧几里得几何在通常情况下被看作解释几何，但当我们寻求这个体系的严密逻辑结构时则应当把它看作非解释几何。非欧几何往往被看作非解释几何，看作无确定含义的抽象系统，但又可以借助于种种物理解释赋予它以经验的意义。因而，在彭加勒辩证思想的指引下，我们对欧氏几何与非欧几何孰真孰假，对几何学的真理性问题，可以有比以前更深刻的认识。

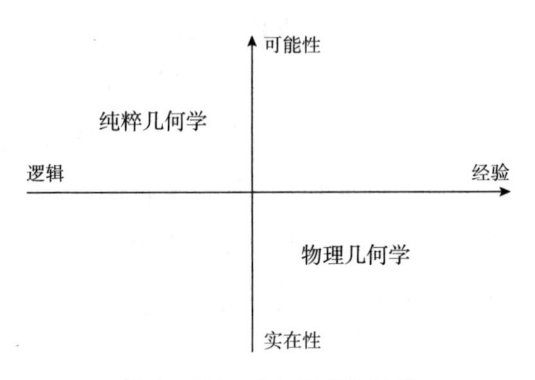

图 3-123　几何学观念创新

8. 整体多元论——能动的反映论

整体多元论概念来自桂起权教授对逻辑的真理性的探讨。桂起权教授指出，逻辑系统的多元性引起了逻辑哲学家对逻辑本身地位的反思。对于"是否存在唯一正确的逻辑系统"这个关键问题，在逻辑哲学上有三种观点。①一元论，即认为只有一种正确的逻辑；②工具主义，即认为无所谓正确逻辑，逻辑只是一种思考的工具；③多元论，即认为正确的逻辑系统不止一种。多元论又可分为两支：局部多元论和整体多元论。局部多元论主张，不同论域有自己独特的逻辑，不同的逻辑都是可以局部正确的；整体多元论主张，逻辑仍然必须对任何论域一概地整体地正确，然而"多元性"却可以通过"多角度"或"多方面"性来得到体现。因而，在逻辑真理观上，局部多元论者容易成为相对真理论者，导致滑向工具主义;整体多元论者主张逻辑系统是日常和科学实践中实际有效的非形式论证的反映,而且是能动的反映。因此,有可能同时存在几个不同的逻辑系统,从不同侧面正确反映了"非形式论证",因而在被解释的含义上都是正确的。但是,逻辑仍然必须对任何论域一概地整体地正确。由于承认"真理归根结底只有一条",所以整体多元论实质上是与逻辑一元论相通的,当然,整体多元论在表现形式上更带有灵活性、能动性。

彭加勒的结构实在论中综合了整体论与多元论的观点,从而形成了类似上述整体多元论的思想。对于判决性实验这一争论不休的问题,彭加勒明确提出了自己的观点,他认为判决性实验是难以实现的,因为多个理论具有同等的效力,都可以根据自身需要不断改变形式以适应经验的要求;同时,他倡导在关系不变性与关系实在性的前提下,在经验的基础上,我们可以自由地发挥主体能动性,最大限度地开启主体的创造能力。从该思想出发,人们在同一经验材料的引导下作出或选择约定时依然是自由的,作为约定的公理或原理及其导出命题构成的非解释系统无所谓真假,只是出于方便的考虑。即使得到的多个理论之间是相互矛盾的,只要人们不在它们之中寻找事物的基础,完全都可以成为有用的研究工具。

彭加勒上述思想可以用二重性逻辑示意,具体见图 3-124。

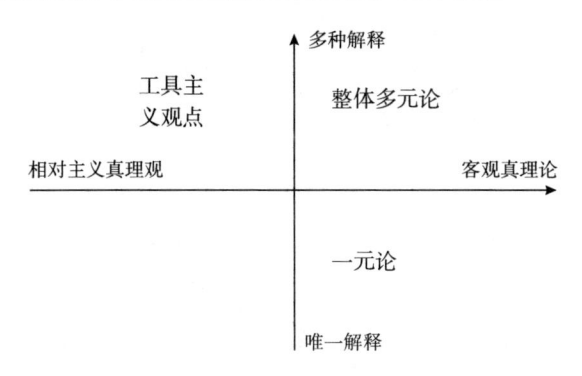

图 3-124 整体多元论思想创新

整体多元论与辩证唯物主义的能动反映论有着相似的立场，这与工具主义、实用主义等相对主义真理观相比是一种认识上的超越。

例39：逻辑经验主义的科学哲学思想创新

逻辑经验主义者同康德及彭加勒一样，希望能够解决经验论与唯理论的矛盾。它的理论先驱者是逻辑原子主义者罗素，其基本思想是，以最基本的经验事实为起点，按照逻辑的方式演绎出知识的体系。逻辑经验主义者受其影响，提出了解决经验论与唯理论冲突的方案。唯理论者的知识系统是由演绎的体系构成的，但是其逻辑起点是先验的，是天赋观念。经验论者的传统影响更大，逻辑经验主义者从根本上讲是经验主义和实证主义者，但是经验论者的主要逻辑方法是归纳法，通过感觉经验归纳出知识，这早已经被休谟从内部否定了。所以逻辑经验主义的创新在于，一方面将经验作为知识的源泉与基础，另一方面用演绎的方法保证其普遍必然性。

如图3-125所示，这是一种典型的综合创新，逻辑经验主义者从经验论与唯理论二者中各取其一，然后组合形成自己的创新思想。不过需要指出的是，逻辑经验主义最终破产的原因在于它依然没有办法摆脱无法证实的命运，这是经验主义者难以逾越的障碍。

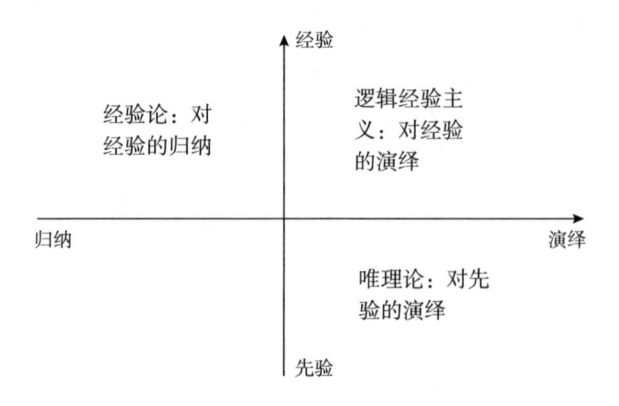

图3-125　逻辑经验主义思想创新

例40：库恩的科学哲学思想创新

波普的批判理性主义与逻辑经验主义一样，都是逻辑主义。两者都崇尚用逻辑的方法一劳永逸地解决问题，他们希望，即使现实无法实现，但是逻辑上的可确证度或者可证伪度是可以确立的。尽管一个提倡证实，另一个提倡证伪，但是在本质上都有一个逻辑主义的幻想，根源于唯理主义与形式主义的理想。库恩通过对科学史的研究，打破了逻辑主义的迷梦，提出科学划界问题、科学增长问题及科学合理性问题只能在历史中去寻找答案，这不是一个用逻辑就能一蹴而就地解决的问题，它有赖于科学共同体的选择，可以看到，库恩引入了主体选择性，引入了科学史，从而也引入了社会学，科学不再是一块与社会无关的净土，而是像社会决策过程一样，是科学共同体争论与妥协的结果。库恩的这一思想被称为历史主义。

如图3–126所示，这是一个本质的创新过程。库恩看到逻辑经验主义与批判理性主义的共同缺陷就是逻辑主义，无论是证实还是证伪都是逻辑方法。事实证明他们的理论都破产了。库恩的创新引发了一个巨大的历史主义思潮，并且与后现代主义汇聚到一起，成为当代西方哲学的重大转折。

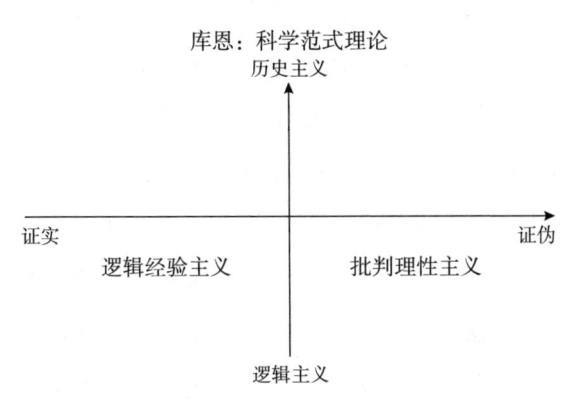

图3–126 库恩的思想创新

例 41：拉卡托斯的科学哲学思想创新

波普的证伪主义被拉卡托斯称为素朴的证伪主义，这是因为，一方面，波普的证伪过程是不断进行的，是不断革命论，没有常规科学时期；另一方面，波普认为在证伪过程中，经验证据直接面对整个理论，要么整个理论经受证伪，要么整个理论被抛弃。这是一种非整体论的思维方式。库恩的科学范式理论注意到了这一点，认为整个理论体系面对反常情况时是有韧性的，科学家选择了一个范式便会固守常规，不会因为个别反例而改变。只有当另一个有竞争力的范式出现时，经验证据才会对科学家的选择产生影响。范式是一个整体，不仅包括直接面对经验证据的理论，也包括科学共同体的坚持与信念程度。但是库恩加入了科学社会学的因素，导致了理论选择与科学进步问题上的相对主义的立场。而波普是一直坚持科学进步的客观性立场的，他的第三世界学说认为科学的理论选择与进步是与科学心理学、科学社会学和科学史完全无关的，认识论原则与方法原则都处于第三世界，它们是客观的、是超历史的、放诸一切时代而皆准的不变的标准。

拉卡托斯吸取了二者的优点，避开了二者的弱点。他选择了客观性与整体论立场。拉卡托斯的新历史主义特点在于纠正了库恩的相对主义，具有一定的客观主义立场。他所提出的研究纲领方法论力图寻找一个客观的科学合理性标准。在研究纲领方法论的具体构建上，他借鉴波普与迪昂的思想，构建了一个整体论的科学理论结构，在他看来，科学理论在面对经验证据时，只是保护带在面对，硬核是不受影响的。反常增多的情形下，只需要调整保护带，增加辅助假说就可以了。他吸收库恩的整体论思想，认为不是一个理论体系独自面对经验证据，而是两个研究纲领共同面对一个经验证据，各自向法庭提请辩护。理论体系不会全盘否定，而是会调整保护带，保护内核，保证了科学的稳定性，相比波普的观点，这是更符合科学史的。用二重性逻辑示意见图 3 - 127。

图 3-127　拉卡托斯的思想创新

拉卡托斯的新历史主义立场分别汲取了波普与库恩的优点，又分别回避了其缺陷，体现为综合的创新过程。

第四章

"二重性逻辑"视域下马克思主义原理中的创新案例

笔者曾讲授思想政治理论课十年以上，在讲课的过程中意识到，就马克思主义基本原理概论这一课程而言，重要的是让学生弄清楚这些思想的形成过程，另外，很多的学生在运用辩证法规律的过程中容易出现困惑，觉得无迹可循，掌握不到恰到好处的分寸，针对这些情形，笔者尝试使用二重性逻辑，梳理马克思主义原理的创新过程，从细节上规范辩证法规律的运用。

第一节 马克思主义中基本原理的创新

马克思主义原理中的创新要素是显而易见的,在辩证唯物主义基本思想、科学实践观、马克思主义认识论、科学社会主义等伟大思想的创新过程中都有二重性逻辑在背后起着深层次的作用。

例1:辩证唯物主义

马克思主义最基本最重大的创新莫过于哲学体系的创新。马克思主义哲学是辩证唯物主义或者实践唯物主义,因为辩证法是实践的内在要求,所以有学者认为二者基本相近,本书亦不做明显的区分。我们通常说马克思将在黑格尔那里被头脚倒置的辩证法重新恢复过来,其实马克思分别取黑格尔的辩证法与费尔巴哈的唯物论,将黑格尔的唯心辩证法改造为唯物辩证法,从而将黑格尔社会历史观里的逻辑从自由意识的辩证发展深入到其物质层面,即生产力与生产关系的矛盾运动。这一伟大的创新过程用二重性逻辑示意见图4-1。

图4-1 辩证唯物主义思想创新

黑格尔的辩证法是唯心辩证法，费尔巴哈的唯物论是半截子唯物主义，在历史观上同样陷入形而上学，陷入了唯心论。马克思各取其半，重新组合为辩证唯物主义，这是一个典型的综合创新。

例2：马克思的科学实践观

在德国古典哲学的实践观中，明显地突出了人的主体性的地位，而且逐步确立了实践的本体论地位，这是哲学从实体哲学到过程哲学的重大转变，从而导致了马克思哲学革命的出现。康德把亚里士多德的实践区分为实利的实践与道德实践，其中道德实践从人的自由意志出发，只受道德律本身的支配，因而是纯粹的；费希特开始克服康德的二元论，将认知与实践合二为一，将自我意识与自由意志联系在一起，对实践概念赋予更多行动的含义，从绝对自我出发去统摄自我与非我的对立；黑格尔进一步把实践理解为主观改造客观对象的创造性的精神活动，第一次提出了"劳动实践"的概念，第一次将生产实践纳入实践范畴中。费尔巴哈批判了黑格尔与康德的实践只局限于精神，但他自己的实践观却是局限于本能的、日常的物质性活动。马克思继承了自康德以来的德国古典哲学的实践观。尤其是将黑格尔与费尔巴哈的实践观加以整合，取其精华去其糟粕，得出了科学的实践观。

如图4-2所示，马克思分别取黑格尔的能动性与费尔巴哈的物质性观点，将之作为科学实践观的基本特点。这是一种典型的综合创新。值得一提的是，马克思是从现实的个人出发，把实践作为联系人与自然、人与人、人与自身的桥梁，这才是新唯物主义的真义所在。离开了实践，自然存在与社会存在是难以理解也是无法联系在一起的。因此，马克思主义的哲学革命不但需要以实践观的视域来看待，而且，必须基于存在论的维度来理解实践。如此，才能体现马克思对德国古典哲学的继承与超越。

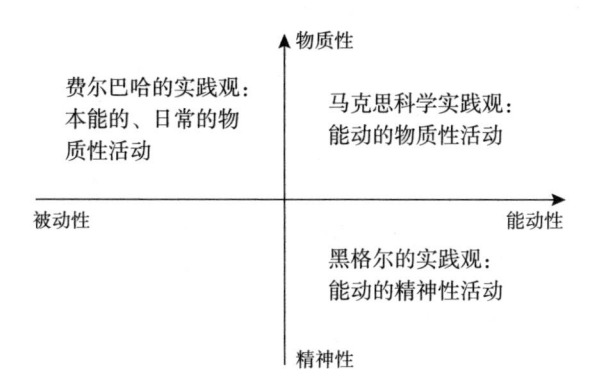

```
              ▲ 物质性
费尔巴哈的实践观:   │  马克思科学实践观:
本能的、日常的物    │  能动的物质性活动
质性活动          │
─────────────────┼─────────────────▶
    被动性       │       能动性
                │  黑格尔的实践观:
                │  能动的精神性活动
                │
              ▼ 精神性
```

图 4-2　科学实践观思想创新

例 3：科学社会主义

空想社会主义的目的与愿望无疑是美好的，带着对资本主义与封建主义的强烈批判，怀着对自由与公正的美好憧憬，空想社会主义者对未来充满了乌托邦式的幻想，但是仅有目的是不够的，这只是一重性思维，从二重性思维来看，需要考虑另一个前提，即手段如何的问题。从空想社会主义者们的理论与实践来看，他们的手段是非科学的，理论上没有从生产力与生产关系的高度去看待社会发展的历史，实践上没有团结有力的政党，没有调动起人民群众的积极性，这些都表明他们的手段是非科学的。科学的手段只有到了马克思主义的时代才出现，马克思恩格斯提出了历史唯物主义与剩余价值两大发现，以之作为理论基础，用科学的方法改造空想社会主义者的纲领。《共产党宣言》的发表，标志着科学社会主义理论的诞生。它与空想社会主义的目标是一致的，但是由于其方法是科学的，所以只有马克思主义关于社会主义的理论与实践才能称得上是科学的社会主义。

如图 4-3 所示，不能仅仅只从一重思维看问题，任何结论皆有两个前提才能实现，在考虑问题的过程中，不要只看到一个前提，更不要形成思维定势，要多反思一下两个前提是否还有其他的可能性甚至相反的可能性，这就是二重性逻辑思维。

```
              ↑ 目的：社会主义
结果：空想              结果：科学
社会主义                社会主义

手段：非科学                    手段：科学
─────────────────────────────────→
```

图 4-3 科学社会主义思想创新

例 4：能动的反映论

马克思主义认识论既批判唯心主义认识论，又批判旧唯物主义认识论，坚持主体对客体的能动反映。在确立主体的能动地位这一点上，是源于康德的先验认识论所提出的"对象依照知识"的"哥白尼式革命"的传统；在唯物主义立场上，是源于费尔巴哈和旧唯物主义，马克思对这二者做了辩证的综合，从而形成了以实践为基础的主客体交互作用的能动认识论原则。

如图 4-4 所示，马克思分别取康德先验认识论中的能动性部分与旧唯物主义认识论中的反映论部分，将二者综合而成为能动的反映论。这是一种综合的创新。

```
                    ↑ 反映论
旧唯物主义：            马克思：
机械的反映论            能动的反映论

被动性                               能动性
─────────────────────────────────→
                        康德：先验
                        认识论
                    ↓ 先验论
```

图 4-4 马克思主义认识论思想创新

第二节 用"二重性逻辑"解读唯物辩证法的思维模式

本节研究二重性逻辑在唯物辩证法中的具体运用。如第一章所述，辩证逻辑事实上就是一种不太规范和清晰的二重性逻辑。因为辩证逻辑与形式逻辑不同的是，形式逻辑不需要考虑条件，而辩证逻辑需要考虑，并且这个条件是不断变化的，这样一来，就等于在形式逻辑的基础上多了一重思维过程，这样便形成了二重性思维。对立面的统一体现的是看问题的全面性，否定之否定体现的是看问题的历史性，通过对这两条规律具体运用案例的分析，可以看出，辩证逻辑的分析过程类同于二重性逻辑中的综合创新。与辩证逻辑的模糊性相比，"二重性逻辑"充分体现了规范性的特征。可以看到，以往我们运用辩证法解释对立面的同一性以及否定之否定等规律的时候，常常流于笼统，没有讲清楚对立面在什么条件下转化以及否定和肯定的分别是什么，二重性逻辑则可以体现出，相比辩证逻辑而言解释这些问题时的规范性。

例5：对立统一规律的运用

对立面虽然有斗争性，但是在同一性的基础上可以统一起来，这是对立统一规律的实践意义所在。所谓同一性是指对立的双方表面上相互排斥相互分离，其实它们相互依存，一定条件下相互转化。对立面的同一性是理论前提，对立面的统一性是实践要求。本例中选择马克思主义基本原理本科教材中的几则案例加以说明，可以使我们看到，辩证法在讲述这一部分的时候如果能够借助"二重性逻辑"加以直观的展示，则会使教学过程更加简洁和清晰。

下面几例侧重于分析对立面的同一性。

例5.1：认识与实践的同一性

认识与实践的关系是马克思主义哲学的一对重要范畴，认识源于实践，并且服务于实践，这是实践论的根本思想。我们选择将"外化与内化"这个元作为转化的条件，如图4-5所示。

认识的外化过程就是实践，实践不是盲目的，而是在一定认识指导下

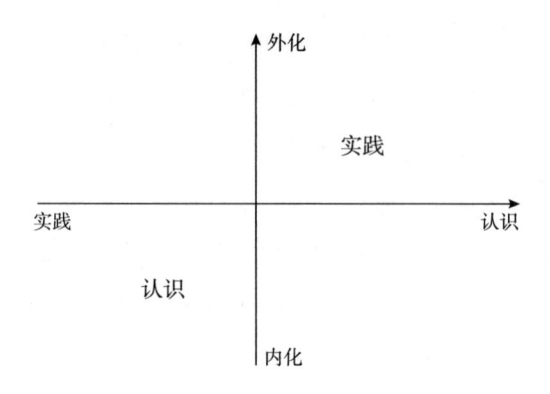

图 4-5 认识与实践的同一性思想示意

的有目的有计划的物质性活动，实践是将人的认识在意志的作用下外化的过程；同样，实践的内化过程就是认识，实践是认识的来源和动力，人类在实践过程中逐渐加深了对世界的认识，这些认识即是内化于人的头脑之中的实践。

例 5.2：思维与存在的同一性

思维与存在的同一性是认识论的基本问题。我们选择将"认识与实践"作为转化的条件，如图 4-6 所示。

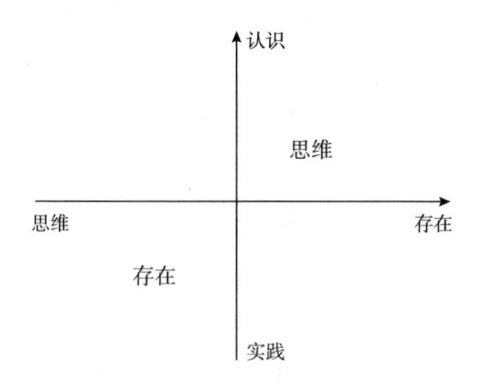

图 4-6 思维与存在的同一性思想示意

思维是经过人的头脑认识了的存在，是存在的主观的表现；而思维在实践中的指导应用则转化为新的存在，即人化自然和人工自然。

例 5.3：理性与感性、逻辑与历史的同一性

理性与感性、逻辑与历史是认识论中的重要范畴，由于它们含义接近，在此将这两对范畴一起来进行解释。我们选择"抽象与具体"来作为转化的条件，如图 4-7 所示。

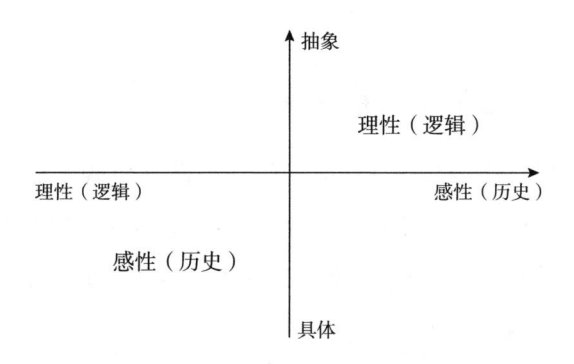

```
           ↑抽象
           |
           |   理性（逻辑）
           |
理性（逻辑）|_____ 感性（历史）
           |
   感性（历史）
           |
           ↓具体
```

图 4-7 逻辑与历史的同一性思想示意

理性（逻辑）是抽象化了的感性（历史），感性（历史）是具体化了的理性（逻辑），这体现了逻辑与历史的一致。理性（逻辑）无感性（历史）是空洞的，感性（历史）无理性（逻辑）是盲目的。这就是两者的同一性所在。

例 5.4：必然与偶然辩证统一

事物的发展存在必然性和偶然性，两者也是对立统一的关系。必然性是事物发展过程中确定不移的趋势，是由事物的根本矛盾决定的，体现事物发展的本质联系和发展前途。偶然性是事物发展过程中不确定的趋势，是由事物的非根本矛盾和外部条件引起的，对事物的发展起加速或延缓作用。两者相联结而存在，必然性寓于偶然性之中，偶然性背后隐藏着必然性，偶然性为必然性开辟道路。关于二者辩证关系的方法论意义，用"二重性逻辑"描述如图 4-8 所示。

第二象限是"只看必然不看偶然"，会导致宿命论；第四象限是"只

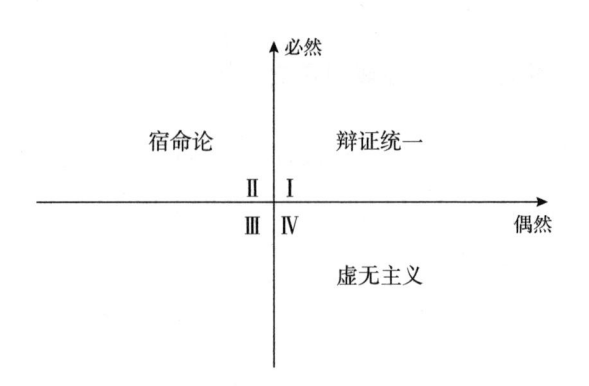

```
        ↑ 必然
        │
 宿命论  │  辩证统一
        │
    Ⅱ   │  Ⅰ
────────┼──────────→ 偶然
    Ⅲ   │  Ⅳ
        │
        │  虚无主义
        │
```

图 4-8 必然与偶然辩证统一思想示意

看偶然不看必然",会导致虚无主义;第一象限是"既看必然又看偶然",这就是二者的辩证统一:必须重视事物发展的必然性,把握事物发展的总趋势,但也绝不可忽视偶然性的作用,要善于从偶然中发现必然,把握有利于事物发展的机遇。

例 5.5:主观能动性与客观规律性的辩证统一

尊重事物发展的规律与发挥人的主观能动性是辩证统一的。首先,必须尊重客观规律。发挥人的主观能动性必须以承认规律的客观性为前提。只有遵循历史的规律和进程,把握时代的脉搏和契机,才能真正成为历史的主人。人们对客观规律的认识越深刻、越正确,就越能有效地发挥主观能动作用。不顾规律和违背规律,只能把事情办糟。其次,在尊重客观规律的基础上,要充分发挥主观能动性。承认规律的客观性,并不是说人在规律面前是无能为力的。人们通过自觉活动能够认识规律和利用规律。否认人的主观能动性,必然导致对人的价值性的否定,导致对历史发展动力的否定。对于二者关系的方法论意义,用"二重性逻辑"描述如图 4-9 所示。

第二象限"只尊重客观规律但不发挥主观能动性"会导致无所作为;第四象限"只强调主观能动性不顾客观规律"会导致盲动蛮干;第一象限"既尊重客观规律,又发挥能动性"是二者的辩证统一。

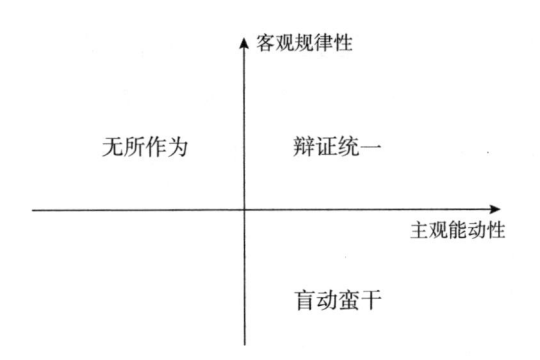

第四章 "二重性逻辑"视域下马克思主义原理中的创新案例

```
        ↑ 客观规律性
        │
无所作为  │  辩证统一
        │
────────┼──────────→ 主观能动性
        │
        │  盲动蛮干
        │
```

图 4-9 客观规律性与主观能动性思想示意

例 5.6：感性与理性

感性认识和理性认识有着密不可分的辩证联系。首先，理性认识依赖于感性认识，理性认识必须以感性认识为基础。坚持理性认识对感性认识的依赖关系，就是坚持了认识论唯物论。其次，感性认识有待于发展和深化为理性认识。只有使感性认识上升到理性认识，才能把握住事物的本质，满足实践的需要。坚持了这一点，就是坚持了认识论的辩证法。最后，感性认识和理性认识相互渗透，相互包含，二者的区分是相对的，人们不应当也不可能把它们截然分开。对于二者关系的方法论意义，用"二重性逻辑"描述如图 4-10 所示。

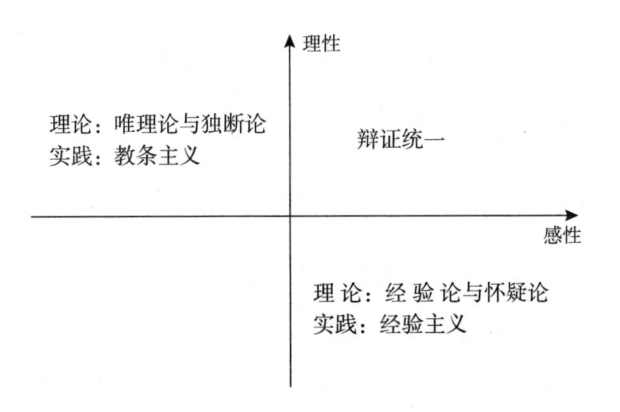

```
                          ↑ 理性
                          │
理论：唯理论与独断论       │  辩证统一
实践：教条主义             │
                          │
──────────────────────────┼──────────→ 感性
                          │
                          │  理 论：经验论与怀疑论
                          │  实 践：经验主义
                          │
```

图 4-10 感性与理性辩证关系示意

第二象限"只要理性不要感性"就会在理论上走向唯理论与独断论，在实践上导致教条主义；第四象限"只要感性不要理性"就会在理论上走向经验论与怀疑论，在实践上导致经验主义；第一象限就是感性与理性的辩证统一。

例 5.7：逻辑与历史

逻辑与历史是一致的，"历史从哪里开始，思想进程也应当从哪里开始，而思想进程的进一步发展不过是历史过程在抽象的、理论上前后一贯的形式上的反映"。即历史的东西是逻辑的东西的基础，逻辑的东西则是历史的东西在思维中的再现，因此，逻辑的进程和历史的进程具有内在统一性。对于二者关系的方法论意义，用"二重性逻辑"描述如图4-11所示。

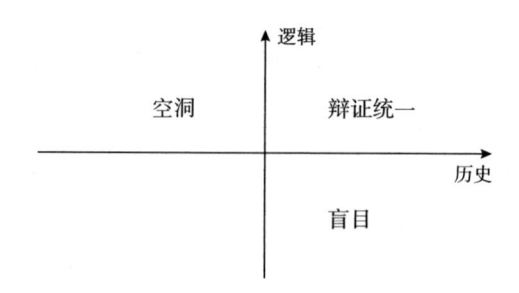

图 4-11 逻辑与历史辩证关系示意

第二象限"逻辑无历史"是空洞的，第四象限"历史无逻辑"是盲目的，第一象限就是逻辑与历史的辩证统一。

例 5.8：和谐

无论是个人，还是国家，都要追求"致中和"的境界，这就是我们在新时期提出和谐社会构想的理论来源。和谐包含着矛盾双方互相联系、互相依存的思想，强调平衡、协调、合作，体现包容万物、兼收并蓄的博大精神。但是"和而不同"，和谐并不否认矛盾，也不意味着矛盾双方的绝对同一。和谐也是在不断解决矛盾中实现的。"和实生物，同则不继"，和谐的本质就在于协调多种因素的差异，化解矛盾，为事物的发展创造条件。因此，要正确把握和谐，就是要处理好同一与斗争的关系。对于二者关系的方法论意义，用"二重性逻辑"描述如图 4-12 所示。

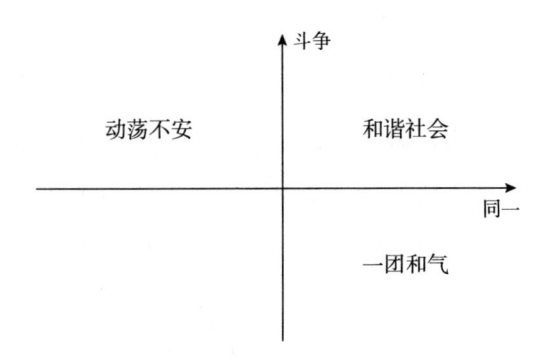

```
              ↑ 斗争
              |
    动荡不安   |   和谐社会
              |
    ——————————+——————————→ 同一
              |
              |   一团和气
              |
```

图 4-12　同一性与斗争性关系示意

第二、四象限分别是过与不及，第二象限"只斗争不同一"就会导致社会动荡不安，没有安定团结的发展环境；第四象限"只同一不斗争"就会导致社会表面一团和气，实则暗流涌动，潜存危机；第一象限就是"既同一又斗争"，即和谐社会是二者的辩证统一。

上述几个例子可以看到，用"二重性逻辑"描述对立面的辩证统一是极为简洁而直观的，指出割裂二者辩证关系的局限性，使我们更深刻地体会到将对立面统一的必要性。

例 6：否定之否定规律的具体运用

否定之否定规律体现了事物发展的前进性和曲折性，每个周期可以分为两次否定三个阶段，正题与反题的片面性与矛盾之处在合题中得以解决。这两次否定或是形式否定或是辩证否定，无论哪种否定，都是对原有的命题添加一个新的标准，过渡到其对立面或者矛盾面。因而，对于否定之否定规律，我们完全可以用"二重性逻辑"来加以描述。以下试举马克思主义基本原理概论本科教材中的几个例子加以说明。

例 6.1：马克思的方法论：抽象与具体

从黑格尔到马克思都比较注重具体地考察问题，具体与抽象相比，是一种更高层次的思维。比如形式逻辑就是抽象的逻辑，而辩证逻辑则是具体的逻辑；抽象的自由是低层次的自由，高层次的自由是具体的自由；抽象地谈人性是无意义的，具体的人性是一切社会关系的总和；历史不是抽象的精神产物，而是现实的具体的人的活动。"从抽象到具体"是马克思在一百五十年前所提出来的用于研究资本主义政治经济学的方法论。在马克思的经典语境中，它是指一种总体性再现现代社会历史发展过程的科学的社会历史认识逻辑方法，其"感性具体—抽象—理性具体"的否定之否定三阶段方法科学地概括了历史唯物主义者认识世界的思维过程。

抽象与具体是辩证思维的高级形式。在思维活动中，抽象与具体是同分析与综合密切相关的思维方法。这一思维方法是通过从具体到抽象，又从抽象到具体的过程，达到对事物的真理性认识。在认识过程中，有两种完全不同的具体，一种是感性的具体，另一种是思维的具体。所谓感性的具体，就是人的感觉器官所得到的生动而具体的知觉表象。感性中的具体是人们认识的起点，为了实现从感性的具体到思维的具体的过渡，必须首先否定感性中的具体。而对感性具体的否定就是抽象。抽象是通过分析把整体分解成各个部分，区分开必然的本质的方面和偶然的现象的方面，从中抽取出各个必然的本质的因素，以达到对具体事物的某一本质方面的认识。这就是从具体到抽象的过程。但是要真正达到对具体事物的全面的具体的认识，还必须运用综合的方法，把对事物各方面的本质的认识联系起来，形成关于统一的事物整体的认识，使抽象的规定在思维的具体中再现出来。这就是从抽象上升到具体的方法。这种具体认识是多样性的统一，是事物自身各方面的矛盾组成的对立统一的整体在思维中的再现。

对辩证思维而言，重要的是从抽象上升到具体。这是一个以抽象为逻辑起点，通过各种形式的逻辑中介，达到以思维具体为逻辑终点的运行过程。这里重要的是把握好作为从抽象上升到具体的逻辑出发点的"抽象"。列宁认为，一般辩证法的阐述（以及研究）方法也应当如此。这就是从抽象开始，通过逻辑中介展开矛盾，从而走向思维具体的方法。

为了简明地表达这个三阶段关系，我们选取"现实与非现实"和"规范与不规范"这两个元来构建二元坐标系，为了体现否定之否定的过程，再加上两个箭头，如图 4-13 所示。

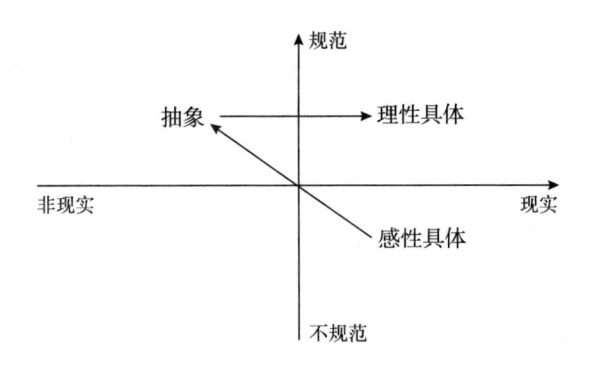

图 4-13 抽象与具体方法论示意

第一阶段的感性具体是现实但不规范的，科学研究必须从感性具体入手，这是坚持了经验论的基本立场；但是感性经验是不可靠的，杂多的经验会影响和阻碍我们进一步的认识，因此，科学的认识必然要有对感性经验进行归纳分析进而达到抽象要素的过程。这个过程是对感性具体进行规范的过程，是一个剔除无关因素，进行思维提纯的理想化过程，因而抽象也是非现实的。仅停留于第二个抽象阶段容易走向形而上学的片面孤立，因此，还需要有第二个过程，即从简单稀薄的抽象到丰富的理性具体的第三阶段。这个过程保留了抽象要素的规范性，但是否定了抽象要素的非现实性，使得抽象的概念范畴再回归历史的整体认识之中，使其丰满起来，达到有血有肉的、结构的、有机的呈现。这样，两次否定，三个阶段的否定之否定就在这一个二元坐标系中展现得淋漓尽致。

例 6.2：马克思的所有制三阶段理论

按照马克思主义经典作家的观点，原始公有制是生产力水平低下的被迫选择，财产公有的方式可以使族群中更多的人存活下来。随着生产力水平的不断提高，生产净余增加了，人类摆脱了受自然环境制约的被动，开始积极争取自由，自由的首要前提是财产的自由，因此私有制开始出现，经过奴隶制和封建制，在资本主义制度下达到完善。可以说私有制的发展伴随着人们对私欲的克制，这种克制不是由于人性的进步，而是制度完善的结果。在资本主义制度下，群己关系界限分明，产权关系日益明晰，彼此尊重对方产权，这才是真正的私有制。所以说，私有制也是经过了长久的发展才逐步成熟的。但是，私有制的问题到了 19 世纪末越来越暴露无遗，那就是，它不能兼顾分配的公平，尽管它能尊重每个人机会的公平，但是在结果上，它严重拉大了贫富差距，既给生产力的进一步发展带来了障碍，也埋下了社会动荡的隐患。因此，马克思主义经典作家们高瞻远瞩，预见了社会发展的第三个阶段，也就是高级公有制阶段。这个公有制不是简单地回到原始公有制，而是在吸收私有制发展经验的基础上，以更高的层次回复到过去。对于新形势下的公有制如何界定，这是一个长期的历史的过程，有待于我们在新的条件下不断地与时俱进，发掘出高级公有制新的内涵。根据上述内容，我们取"自由与不自由"和"公平与不公平"两个元，构建坐标系如图 4-14 所示。

原始公有制的特点是公平而不自由，人类被动地受自然环境的约束；到了私有制的成熟期即资本主义阶段，人类有自由但不公平；资本主义之后的社会主义和共产主义阶段就是高级公有制阶段，是一个既自由又公平的阶段，既保留了前两个阶段的优点，又克服了它们的弱点，从而实现了否定之否定。

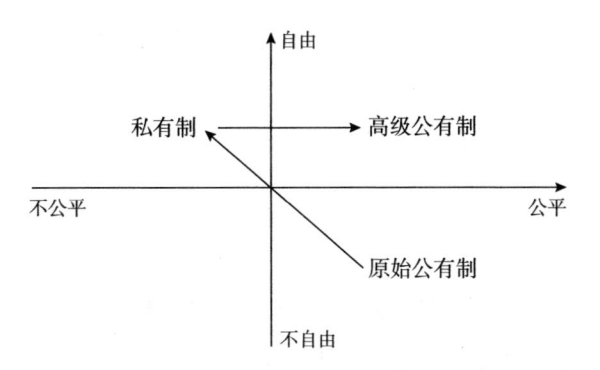

图 4-14　马克思的所有制三阶段思想示意

例 6.3：马克思的社会发展三阶段理论

马克思的社会发展三阶段理论即人群共同体阶段、物的依赖性阶段和个人全面发展阶段。

马克思关于社会发展和演进有"五形态"和"三形态"论。在《德意志意识形态》一书中，他第一次比较完整地提出了人类社会演进的阶级图式，以分工和所有制的不同特征来说明人类历史上出现过的各种社会制度：部落所有制、古代公社所有制和国家所有制、封建的或等级的所有制、现代资产阶级私有制，最后是共产主义制度。后来他又在《政治经济学批判序言》中，提出了人类社会经济形态演进的几个时代：亚细亚的、古代的、封建的和现代资产阶级的生产方式。综合马克思其他著作中有关社会发展的观点，可以说马克思提出了社会发展五形态理论，即原始社会、奴隶社会、封建社会、资本主义社会和共产主义社会。

在《政治经济学批判（1857—1858 年草稿）》中，马克思依据人的发展和与之相适应的人与自然的关系、人与人之间的关系的特征，又从社会关系的角度提出了人类三大社会形态的构想："人的依赖关系（起初完全是自然发生的），是最初的社会形态，在这种形态下，人的生产能力只是在狭窄的范围内和孤立的地点上发展着。以物的依赖性为基础的人的独立性，是第二大形态，在这种形态下，才形成普遍的社会物质变换，全面的关系，多方面的需求以及全面的能力的体系。建立在个人全面发展和他们共同的社会生产能力成为他们的社会财富这一基础上的自由个性，是第三个阶段。第二个阶段为第三个阶段创造条件。"① 马克思关于社会发展与演进的"五形态"论与"三形态"论在本质上是统一的、各具特色的，二者是互为补充和不可分割的。

根据上述对马克思思想的回顾，我们以"依赖物与摆脱物"和"依赖人与摆脱人"作为两个元构建坐标系，如图 4-15 所示。

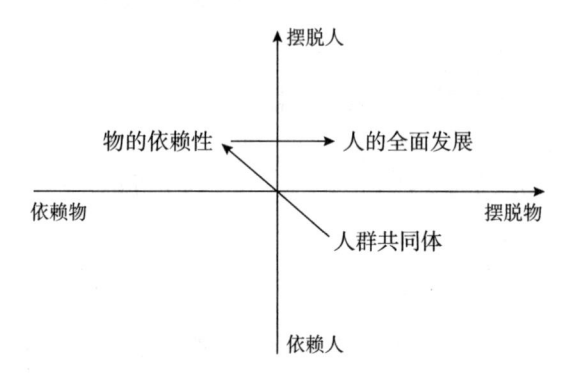

图 4-15 马克思的社会发展三阶段示意

在资本主义社会以前，人与人之间有一定的人身依附关系，人与人之间的关系主要是身份关系，不受物的支配，这就叫"人群共同体阶段"。进入资本主义社会以后，人与人之间没有了人身依附关系，但在资本主义生产方式下，人与人的关系却日益严重地依赖物而存在，这就叫"物的依赖性阶段"。资本主义为社会主义做好了准备，进入社会主义社会，人既摆脱了物又摆脱了人，成为使人真正自由而全面发展的社会。二重性逻辑用这两个元抓住了三阶段学说的关键特征。

尽管马克思依据所有制和生产方式提出了社会发展的"五形态"与"三形态"论断，但马克思关于社会发展的阶段的划分是多标准的，而且都体现了社会形态发展是阶段性与连续性、前进性与曲折性的统一。马克

---

① 《马克思恩格斯全集》第 46 卷上册，人民出版社，1979，第 104 页。

思还根据社会阶级关系的状况，把人类社会历史划分为无阶级社会阶段—阶级社会阶段—再到无阶级社会阶段；根据社会财产关系的特征，把人类社会历史划分为原始公有制阶段—生产资料私有制阶段—高级公有制阶段。这些划分都体现了马克思否定之否定的辩证思想。

例6.4：马克思的认识论

马克思的认识论大体分为三个阶段两个过程，从实践到认识，再从认识到实践，实践是认识的源泉与动力，认识最终是实践的指导力量。初级实践具有现实性，但是不规范，是盲目的粗糙的，认识是对初级实践的一次否定，认识否定了初级实践的盲目性或不规范性，但是认识的非现实性仍然具有片面性，还需要通过第二次否定达到完善。从认识到高级实践的过程就是一个认识向实践回归和升华的过程。高级实践既具有现实性又具有规范性，这是认识的最终目的与结果。

如图4-16所示，二重性逻辑在研究辩证法的过程中，不仅能清晰地展示辩证运动的路径：初级实践—认识—高级实践，而且对每一阶段所否定的对象以及否定所达成的结果都有明确的提示，这一方法相比传统辩证法模糊笼统的方式而言，毫无疑问能使思维梳理得更加清楚明白。

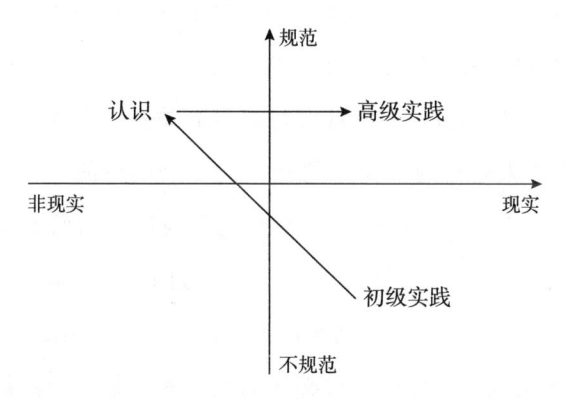

图4-16 马克思的认识论三阶段示意

第三节　二重性逻辑视域下的自由与必然关系之探讨

自由与必然是马克思主义哲学中价值论的重要范畴，也是康德以来德国哲学的核心范畴之一。因此，我们理解"自由与必然"这对对立范畴的关系的时候，要依据整个德国古典哲学一脉相承的论点。

按照马克思的观点，人文主义与自然主义的完成即共产主义，即物质生产资料的彼岸世界，是作为目的的人的世界，是真正通过必然王国而实现了的自由王国。本节将"人是目的"与"自由与必然"两方面结合起来相互解读，对于我们理解从卢梭经康德到马克思这一线索是大有裨益的。笔者不揣浅陋，尝试对"自由与必然"这一对重要的对立关系加以深入剖析，以展现二重性在拓展思维方面的功用。

"自由与必然"的关系是西方哲学恒久的话题，自文艺复兴以降，随着主体性哲学研究对象从人与自然的对象性关系发展到主体与客体的相互关系，本体论从物质与精神的二元对立发展到现象界与超越界的二元对立，自由与必然的关系也在不断地升华发展。卢梭说："人生而自由，却无往不在枷锁之中。""在枷锁之中"就是在必然之中而无法超越之意，讲的也是自由与必然的关系问题。康德吸收众家之长，在批判唯理论与经验论、机械论与唯我论的过程中将自由与必然的关系上升为德国古典哲学的一对核心概念。"人是目的"是康德提出的一个响亮的口号，一般是按照"己所不欲，勿施于人"来理解，即要把他人当作目的而不要仅仅当作手段。本节拟一方面对"人是目的"这一论断进行全面解读，另一方面将"人是目的"作为一种方法论原则来深入把握自由与必然的关系。

通常我们笼统地讲：自由是对必然的认识和超越，但是缺乏细致的分类解读，本文试用"二重性逻辑"对其进行分类，并就四种情况一一给出解读。对"自由与必然"的关系按照"个人与人类""内在与外在"两个维度分成四个象限，如图 4-17 所示。

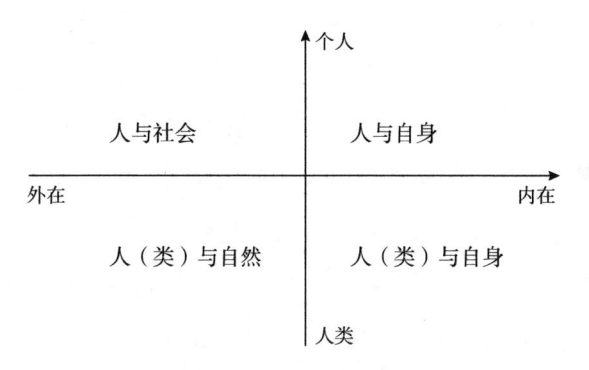

```
              ↑ 个人
              │
   人与社会    │    人与自身
              │
 外在 ─────────┼───────────→ 内在
              │
  人（类）与自然 │  人（类）与自身
              │
              │ 人类
```

图 4-17　自由与必然关系的解读

这个分类涵盖了传统的"人（类）与自然、人与社会、人（类）与自身"三分法，而且逻辑上更为严密，思路上更为全面。

本文以下按图中四个象限来逐一分析。

1. 人与自身

个人内在的必然性是人自身的动物性和对物质的依赖性。人都有好逸恶劳、追求享乐的本性，许多人认为想吃就吃想玩就玩就是自由，殊不知这恰好是必然性的表现，是做了物欲的奴隶，是妨碍人实现内在自由的枷锁。人要追求自由就必须打破枷锁，严格自律，即康德所说的"自律即自由"。

卢梭认为，道德的自由是社会的自由在个人内在修养意义上的最高境界。社会自由使人成为国家的主人，但却尚未使人成为自己的主人。"唯有道德的自由才使人类真正成为自己的主人；因为只有嗜欲的冲动便是奴隶状态，而唯有服从人们自己为自己所规定的法律，才是自由。"[1] 只有通过人内心的自我规范和约束，才能达到善行、正义和美德；从反面来讲，在自我规范和约束的状态下，必须祛除邪恶的欲望，认识善，并听从良心的指导去行善，才可能有道德的自由。应该说，康德最受卢梭影响的就是

---

[1] 〔法〕卢梭：《社会契约论》，何兆武译，商务印书馆，2003，第 26 页。

关于道德的自由方面，康德第二批判就是讨论这个问题。在康德那里，人为自己立法，意志的自律就是行为的普遍法则，自律才能自由，这种内在的自由的实现要求我们的行为不仅合乎义务，而且要出于义务，自己成为自己的主人，这才是真正的自由人。

要理解这种"内在的自由"，还需要借助"目的与手段"的区分。康德把人分为现象界的人与超越界的人，现象界的人需要衣食住行，但是这只是人维持生存的手段。人真正的目的是超越界的精神意义上的自我，超越界的我能严格自律，摆脱动物性，追求道德的高尚与精神的超越，这是人的神性的体现，是人的内在自由的体现。所以，把超越界的自己当作目的，就能实现人的内在自由。

2. 人与社会

作为社会的人，人的必然性表现为对金钱和权力的天然迷恋，这是人的另一种枷锁，并且把人与人之间的关系异化为物质的关系。在缺乏自由的奴隶制与封建制社会，人被权力与身份的枷锁所奴役，在资本主义社会，人虽然实现了从身份到契约的转变，但却落入另一个枷锁，那就是资本，资本的奴役使得人的行为被金钱所左右，社会普遍陷入拜金主义，为金钱而迷失理性，这就是另一种不自由。人要追求社会自由就必须逐步打破必然性，这要靠建立日渐完善的旨在保障人类的自由与公平的法律，并且服从自己的意志所建立的法律，即康德所说的"外在的自律"。

在人与社会关系中，社会状态下人们面对现实生活中种种政治的、经济的乃至精神的不平等，强烈要求改变不平等的现状，在人人平等的基础上以法律的形式签订社会契约，从而实现社会的自由。这一状态的自由，在康德那里被称为外在的自由，人们依照自由律的外在运用，即"法权律则"："外在的如此行动，即你的意志的自由运用能够依照普遍的律则与每个人的自由和谐并存。"在这里，康德并不要求人们的行为是出于义务，只要合乎义务就行。这样，法律中包含了每个自由人的意志，我遵守法律其实就是在遵守我自己的意志，这是一种外在的"自律"。

在社会中，每个人固然要把他人当作手段以解决自己的生存问题，诸多社会分工就是大家互相作为对方的手段的表现。但是康德认为，不能把他人仅仅当作手段，还要把他人当作目的，即所谓"己所不欲，勿施于人"和"己欲立则立人，己欲达则达人"。这样，我们就能自觉遵守法律，在享受自己的自由时不影响他人的自由。

3. 人（类）与自然

作为自然的人，人类的必然性在于自然的规律性，这是外在的枷锁，人不可能逾越，但是人类可以认识和利用自然的规律性并自觉地遵守这种规律。在人与自然关系中，面对强大的自然界的束缚与约束，人类不是被迫的接受，而是激发了生命本能的冲动：争取自由。自然的自由是指在自然情感的主宰下，人掌握自然界的奥秘，从自然界分化出来，创造人类社会。但是，人类通过与自然的相处必将深深认识到，人类只有严格自律，倡导可持续发展理念，保护和发展环境，并最终复归于自然，达到与自然和睦相处的逍遥状态。这是人类的外在自律，因为尊重和爱护环境最终是人类自己意识的结果。

自然是人类的他者，同时人类是自然界的一部分。因此，人类不仅应当把自然当作赖以生存发展的手段，更应当把自然当作人类的无机的身体，人类最终复归的目的所在。此时，人类才能真正实现自然主义的完成。

4. 人（类）与自身

无论是卢梭的三个层次的自由，还是马克思的人与自然、人与社会和人与自身的划分，都似乎缺少了一个方面，即人类与自身的关系问题。人类内在的必然性在于人类的专制倾向，由于动物的贪婪本性，人类为争权夺利而相互倾轧，权力肆虐导致普遍而长期的专制。人类只有通过政治革命，变集权专制为民主共和从而达到自由解放，这种自由是人类克服自身弱点、实现内在自律的结果。

人类是万物之灵长，人类不应当贬低自己的价值，仅把自己的种族延续当作目的。人类的繁衍只是手段，人类的目的应当是创造出其他生物所没有的社会形态，展现其他物种所不具备的理性、文明、民主、高贵的一面，这才能体现宇宙的目的。此时，人类才能实现人文主义的完成。

本例的创新点在于第四象限，突破了传统的三分法，对于主客体的关系作出了更完整的划分，补充了长期以来为学界所忽视的一个方面，即人（类）与自身的关系。而得到这个结果得益于添加一根竖轴，将传统的"人"分为"个人"与"人类"，这样一来，逻辑的作用就体现出来了，"二重性逻辑"的运用之妙由此可见一斑。

第五章

"二重性逻辑"视域下的传统智慧

中国传统智慧中不乏辩证思维的因素，道家比较侧重于探讨对立面的同一性，儒家侧重于探讨矛盾的特殊性。此外，中庸的思想方法更是儒家的典型代表，中庸思想中"执两用中"的思维方法更加体现了二重性逻辑思维特点。下面分别试举几例来说明二重性逻辑在传统智慧中的深刻作用。

第一节 儒家思维中的"二重性逻辑"

在中国传统文化中,先秦儒家可以说是非常擅长矛盾特殊性思维方式的,以下我们试以儒家的几个例子来说明"二重性逻辑"在矛盾特殊性思维方式中的运用。

例1:儒家对矛盾特殊性的理解

"二重性逻辑"最能直观地反映矛盾的特殊性,因为此方法的实质是整体看问题,是多加一个条件看问题,而这恰恰是矛盾的特殊性的体现。人们往往只看到矛盾的普遍性,在实践中体现为只用一个标准来做出价值判断,不会根据条件的变化而变通,这导致人们经常犯教条主义的错误,因而堵塞了通向创新的道路。注重矛盾的特殊性其实就是要求我们根据实际情形多增加一个标准做判断,这样我们对问题的认识就会更全面而深入。而"二重性逻辑"可以非常直观地体现这种思维的特点。在具体操作中,我们将普遍性的标准作为一个元,将特殊条件作为另一个元,这样就能简洁清晰地表现出矛盾的特殊性了。

例1.1:孔子对"孝"的看法

在弟子规里记载了这样一个故事:大杖则走,小杖则受。说的是曾参侍奉父母,尽心尽力。有一次,曾参的父亲曾点叫他去瓜地锄草,曾参不小心将一棵瓜苗锄掉。曾点认为其子用心不专,便用棍子责打。由于出手太重,曾参被打昏。当曾参苏醒后,并没因为被误打而愤愤不平。孔子知道此事后教训他说:"小杖则受,大杖则走,今参委身待暴怒,以陷父不义，安得孝乎！"如果大杖不走，让父亲在盛怒之下将其打死，就会令父亲受不义之恶名，造成终身遗憾。为了清楚地表达这则故事中所蕴含的思维方式，我们用"二重性逻辑"构建坐标系如图 5-1 所示。

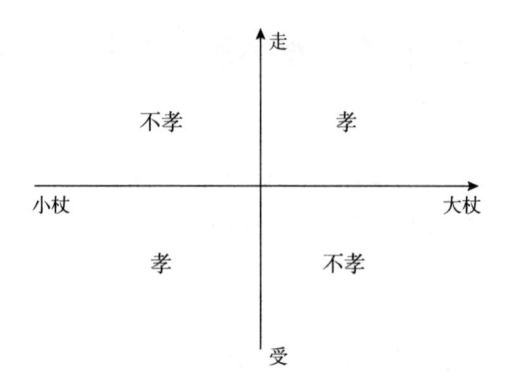

```
              走
              ↑
    不孝      |      孝
              |
   ───────────┼───────────→
   小杖       |       大杖
              |
     孝       |     不孝
              |
              ↓
              受
```

图 5-1 儒家的矛盾特殊性思想示意

"大杖与小杖"和"走与受"分别作为两个元，第一和第三象限是"孝"的表现，即"大杖则走"与"小杖则受"都是"孝"。第四象限是"不孝"的表现，故事中的曾参就是因"大杖则受"而受到孔子批评，可以推理出，第二象限中"小杖则走"也是"不孝"。这里面清楚地揭示了孔子所使用的矛盾特殊性的思维方法。人们往往认为"孝"就是父母怎么打骂也不走，在众人眼里，"走"就是"不孝"，"受"就是"孝"。这是只用矛盾普遍性思考问题的表现，是典型的教条主义。而孔子多加一个条件，"孝与不孝"还要看打得轻重，这是愚鲁的曾参所不曾理解的，孔子在此问题上的见解也会让当代的我们耳目一新，既加深了我们对"孝"与"不孝"的理解，也改变了我们对孔子的看法。儒家并不是正襟危坐迂阔呆板的一群书呆子，而是深谙世事通达人情的有血有肉的人。

例1.2：儒家对"信"的看法

有子曰："信近于义，言可复也"。（《论语·里仁》）孟子曰："大人者，言不必信，行不必果，惟义所在。"（《孟子·离娄下》）子贡问曰："何如斯可谓之士矣？"子曰："行己有耻，使于四方，不辱君命，可谓士矣。"曰："敢问其次。"曰："宗族称孝焉，乡党称弟焉。"曰："敢问其次。"曰："言必信，行必果，硁硁然小人哉！抑亦可以为次矣。"（《论语·子路》）这几段话是儒家对"信"的观点的集中表现。民间一般流传下来的是："言必信，行必果"，固然不错，但是只是用一个标准看问题，太固执僵化，犯了只注重矛盾的普遍性的错误，因而被孔子评价为"硁硁然小人哉"，是思维层次比较低下的表现。有子与孟子则从正面表达了对"信"的看法，对他人的"信"要不要去"复"，说的话要不要去信守承诺，这个不是绝对的，还要根据另外一条标准，那就是"义"。根据儒家的上述思想，我们选择"义与不义"作为体现矛盾特殊性的元，与"复言与不复言"一起构建二元坐标系如图5-2所示。

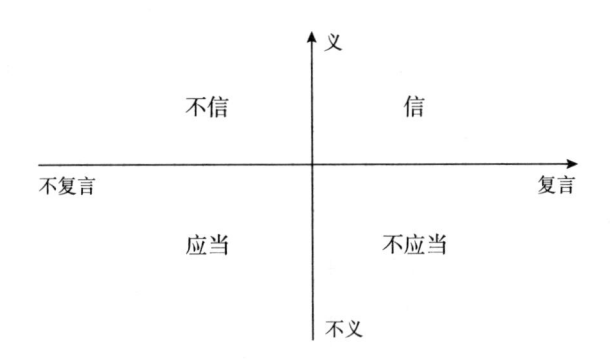

```
                  义
                  ↑
          不信    │    信
                  │
    ──────────────┼──────────────→ 复言
    不复言        │
                  │
          应当    │    不应当
                  │
                  ↓
                  不义
```

图5-2　儒家的矛盾特殊性思想示意

简单地把"言必信"当作矛盾的普遍性而不加思考地接受与实践，这是一种单线的思维方式，没有考虑"言"的性质是否符合"义"的标准。第一、二象限表明，符合"义"的"言"才是可以"复"的，这才叫"信"。如第三、四象限所示，当"言"属于"不义"的时候，"复言或不复言"已经不是信与不信的问题，而是应当与不应当的问题。用"二重性逻辑"所绘制的这张图为我们清晰地揭示了对"信"的判断取决于"义与不义"的特殊条件。

例1.3：孟子关于"叔嫂关系"的回答

在《孟子》里记载了这么一段对话，讲的是儒家对于礼的看法。淳于髡曰："男女授受不亲，礼与？"孟子曰："礼也。"曰："嫂溺则援之以手乎？"曰："嫂溺不援，是豺狼也。男女授受不亲，礼也；嫂溺援之以手者，权也。"（《孟子·离娄上》）

古代礼法对人们的日常生活作出了种种规范。男女之间不能亲手递接东西，也属于礼法规定的范畴。齐国雄辩家淳于髡问孟子男女之间不用手递受物品是礼，那么嫂子掉进水里，小叔子用手去救是礼吗？孟子认为对于古代礼法也不必过于拘泥，嫂子落水而用手去拉，这是对礼法的变通。否则，见死不救，就如同豺狼。孟子讲："时中而达权"，儒家提倡"通权达变"，这是非常重要的智慧，是体现矛盾特殊性思维的重要方法，也是我们长期对儒家的方法论比较忽视的方面。对于这个例子，我们选取"伸手与不伸手"和"特殊与一般"作为两个元，构建二元坐标系如图5-3所示。

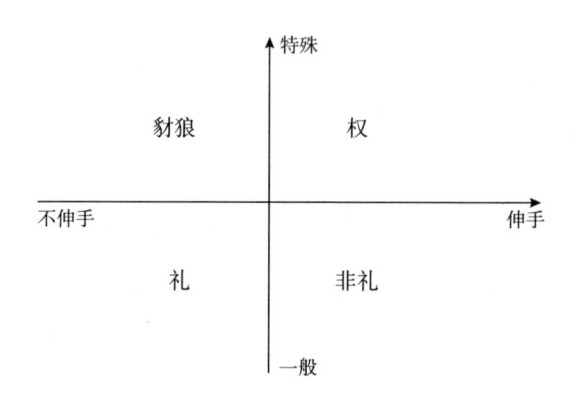

```
          ↑ 特殊
   豺狼    │    权
          │
──────────┼──────────→
  不伸手   │    伸手
    礼    │   非礼
          │
          ↓ 一般
```

图5-3 儒家的矛盾特殊性思想示意

第三、四象限表明，在一般情况下，对嫂嫂不伸手是礼，对嫂嫂伸手是非礼。但是儒家绝不是不知变通的书呆子，孟子在应对淳于髡的质疑的过程中，显示了高超的辩证法思维。嫂嫂即将溺水是一个极其危急的特殊情况，如果还抱有任何礼或非礼的思想来应对，就是极其迂腐的教条主义。此时应当重新加以权衡，如第一、二象限所示，在嫂嫂溺水的情况下还不伸手不是讲不讲礼的问题，而是善恶的问题，此时不伸手相救就是豺狼，伸手相救是善的行为，是一种权变，超越了"礼或非礼"的狭隘境界，是一种更高层次的礼。"二重性逻辑"为我们清楚地揭示了儒家"通权达变"的辩证思维。

例 2：中庸之道

"中庸"是儒家思想的一个重要范畴，是孔子乃至儒家思想一以贯之的核心范畴和最高道德。中庸之道既是儒家关于德行的最高追求，也是其本体论和方法论的统一。"中者，天下之正道也"，天按中道运行，故人道也应依据中道而行。在本体论意义上，庸是"恒常"和"不变"的意思，在方法论意义上，则是"日常"的意思，意为人人皆可以有中庸之道的慧根，是一种知易而行难的方法。通过对儒家中庸思想的分析，可以看到中庸之道通常受两个要素共同影响，它们相互促进、相互制约，维持一个恰到好处的平衡。故而，我们可以取"A 与非 A"和"B 与非 B"两个元来构建二元坐标系。

如图 5-4 所示，从中庸之道的结构来看，可以分为 A 与 B 两个元，"B 且非 A"是"过"，"A 且非 B"是"不及"，"既 A 且 B"就是中庸之道。"二重性逻辑"以非常简洁直观的方式让我们体会到"中庸之道"的要求。可以看出，中庸之道实质上是对立面"A 与 B"的外在统一，具有与辩证法相似的特征。以下我们试举儒家的几个例子对"二重性逻辑"在解释"中庸之道"中的运用加以说明。

例 2.1：文质彬彬

子曰："质胜文则野，文胜质则史。文质彬彬，然后君子。"（《论语·雍也》）意思是说，质朴超过了文采，就会粗野；文采超过了质朴就会浮

```
          ↑ B
   过    |   中庸
────────┼────────→
  非A    |         A
         |   不及
         |
         ↓ 非B
```

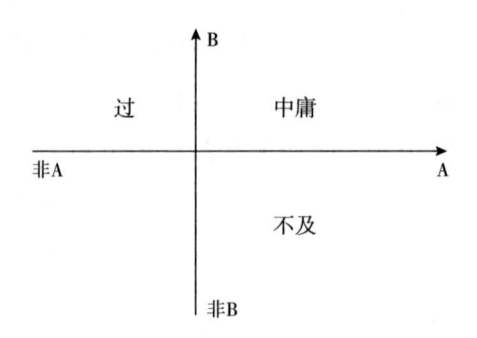

图 5-4　儒家的中庸之道思想示意

华。文采和质朴相辅相成，配合恰当，这才是君子。我们以"文与不文"和"质与不质"作为两个元，构建二元坐标系如图 5-5 所示。

```
              ↑ 质
  质胜文则野  |  文质彬彬
────────────┼────────────→
   不文      |          文
             |  文胜质则史
             ↓ 不质
```

图 5-5　儒家的中庸之道思想示意

第二、四象限分别是过与不及，第二象限"质而不文"即是"质胜文则野"，第四象限"文而不质"即是"文胜质则史"，第一象限"既文且质"就是中庸之道"文质彬彬"。这种直观性的解释加深了我们对这句话的理解，也加深了对中庸之道的理解。

例 2.2：学思并重

子曰："学而不思则罔，思而不学则殆"。（《论语·为政》）这句话为孔子所提倡的一种读书学习方法。指的是一味读书而不思考，就会因为不能深刻理解书本的意义而不能合理有效利用书本的知识，甚至会陷入迷茫。而如果一味空想而不去进行实实在在地学习和钻研，则终究是沙上建塔，一无所得。告诫我们只有把学习和思考结合起来，才能学到切实有用的知识，否则就会收效甚微。我们选取"学与不学"和"思与不思"两个元构建二元坐标系如图5-6所示。

```
            思
            ↑
  思而不学   │   学思并重
            │
  ─────────┼─────────→ 学
  不学      │
            │   学而不思
            │
           不思
```

图5-6　儒家的中庸之道思想示意

第二象限"思而不学"与第四象限"学而不思"分别是过与不及，第一象限即是孔子的言外之意，就是"学思并重"，这就是"学而不思"与"思而不学"的中庸之道。

例2.3：温而厉

"子温而厉，威而不猛，恭而安"这句话意思是说，孔子温和而严厉，威严而不凶猛，庄重而安详。有人在诠释"温而厉"时说：与人交谈，应该语气温和而有礼貌。在温和而礼貌的同时，还必须做到严厉。这个"严厉"，不是语气和用语的严厉，而是对原则问题的坚持。不徇情枉法，不营私舞弊，正气凛然，自然让人肃然起敬。

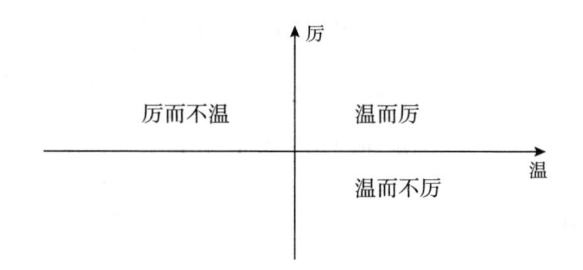

```
            厉
            ↑
  厉而不温   │   温而厉
            │
  ─────────┼─────────→ 温
            │
            │   温而不厉
            │
```

图5-7　儒家的中庸之道思想示意

第二象限"厉而不温"与第四象限"温而不厉"分别是过与不及，第一象限"温而厉"就是二者的中庸之道。

例 2.4：弘毅

《论语·泰伯章》中曾子说，"士不可以不弘毅，任重而道远。仁以为己任，不亦重乎？死而后已，不亦远乎？"，在这里，"弘"字是"大"的意思，"毅"字是"强而有决""强而能断"的意思。朱子说："弘，宽广也。毅，强忍也。非弘不能胜其重，非毅无以致其远。"朱子又转引程颐的话："弘而不毅，则无规矩而难立；毅而不弘，则隘陋而无以居之"，又曰："弘大刚毅，然后能胜其任而致其远。"（见朱熹《四书集注》）因此，曾子的话意思就是：士子（读书人）不可以不心胸宽广，刚强而有毅力，因为他责任重大，路程遥远。把实现仁德于天下作为自己的职责，难道还不重大吗？终生奋斗，到死方休，难道路程还不遥远吗？通过以上表述，我们已经了解了"弘毅"的基本含义了。我们取"弘与不弘"和"毅与不毅"两个元来构建二元坐标系，如图 5-8 所示。

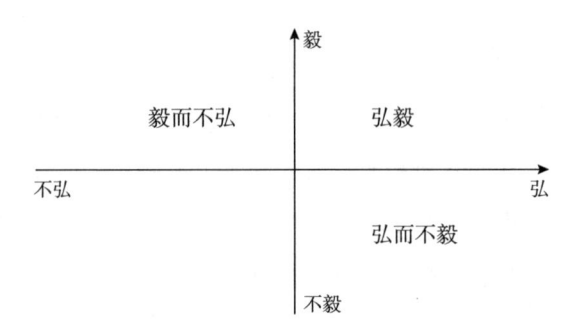

```
                  ↑ 毅
                  |
      毅而不弘    |    弘毅
                  |
   ───────────────┼───────────────→
     不弘         |        弘
                  |    弘而不毅
                  |
                  ↓ 不毅
```

图 5-8　儒家的中庸之道思想示意

第二象限"毅而不弘"与第四象限"弘而不毅"分别是过与不及，第一象限"弘毅"就是二者的中庸之道。

例 2.5：礼与和

有子曰："礼之用，和为贵。先王之道，斯为美；小大由之。有所不行,知和而和,不以礼节之,亦不可行也。"(《论语·学而第一》)意思是说,礼的作用,在于使人的关系和谐为可贵。先王治国,就以这样为美,大小事情都这样。有行不通的时候,单纯地为和谐而去和谐,不用礼来节制,也是不可行的。有子既强调礼的运用以和为贵,又指出不能为和而和,要以礼节制之,可见孔子提倡的和并不是无原则的调和,这是有其合理性的。有子在本章提出的这个观点是有意义的。在当时,各等级之间的区分和对立是很严肃的,其界限丝毫不容混乱。上一等级的人,以自己的礼仪节文显示其威风;下一等级的人,则怀着畏惧的心情唯命是从。这是一种"为礼而礼",亦僵化了人与人之间的关系,背离了"和"的要求。到春秋时代,这种"为礼而礼"的社会关系开始走向反面,相互的效忠与和谐关系破裂。因此,礼的推行和应用要以和谐为贵,既要遵守礼所规定的等级差别,相互之间又不要出现不和。我们选取"礼与无礼"和"和与不和"两个元,构建二元坐标系如图5-9所示。

```
                    ↑ 和
                    │
      为和而和      │  礼之用,
                    │  和为贵
                    │
   无礼 ────────────┼──────────── → 礼
                    │
                    │  为礼而礼
                    │
                    │ 不和
```

图5-9 儒家的中庸之道思想示意

第二、四象限分别是过与不及,第二象限"和而无礼"即是"为和而和"的毫无原则的调和关系,第四象限"礼而不和"即是"为礼而礼"的森严等级关系,对这两个极端情形的扬弃就是第一象限的"礼和并重",也就是中庸之道,"礼之用,和为贵"。

这个例子非常典型地表现了"二重性逻辑"的描述功能,通过这一个直观的二元坐标系,可以对有子这段话做出全面而深刻的解读,一方面，其背后隐微之义"为礼而礼不可行"能够得到揭示，另一方面，能体现"为和而和"、"为礼而礼"与"礼和并重"之间的"过—不及—中庸"的辩证关系，有利于更深刻地体会孔子"叩其两端而竭焉"的方法论思想。

第二节　道家思维中的"二重性逻辑"

通过前面的例子，我们了解了"对立"与"矛盾"之间的关系，矛盾只有斗争性，没有同一性；对立与矛盾不同，对立的双方既有斗争性，又有同一性。其同一性是，首先，对立的双方相互依存；其次，对立的双方相互贯通，并在一定条件下，相互转化。使用"二重性逻辑"可以很简洁清晰地表达这一深刻的辩证法思想。我们可以将对立的双方作为一个元，而将转化的条件作为另一个元，这样就能直观地表现出对立面在一定条件下的相互转化。在中国传统思想家中，老子的辩证思想尤其突出，特别是其关于对立面的同一性的思想堪称传统智慧的杰出代表。

例3：道家关于对立面的同一性

道家关于对立面的同一性的例子最典型的莫过于我们所熟知的"祸福相依"，老子说："祸兮，福之所依；福兮，祸之所伏"，讲的就是祸与福相互依存、相互贯通、相互转化的关系，"塞翁失马，焉知非福"这个生动的寓言就讲述了这个道理。塞翁丢失一匹马，在旧条件不变的情况下是"祸"；但是这匹马带回来一群野马，在这个新条件下，丢失马匹由"祸"变成了"福"；塞翁的儿子骑野马摔断了腿，在这个新条件下，带回一群野马这个事件由"福"变成了"祸"；战争爆发，塞翁的儿子因为断腿免于服兵役，在此新条件下，摔断腿这个事件由"祸"变成了"福"。

图5-10使用"二重性逻辑"的时候，根据实际情况，选择"祸福

```
        ↑新条件
    福   │   祸
────────┼────────→
  祸    │    福
```

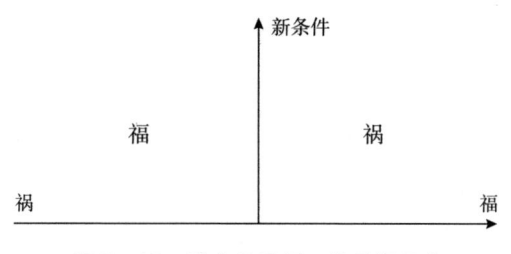

图 5-10　道家矛盾同一性思想示意

与"新旧条件"两个标准作为元,用新的标准解释了老问题。可以看到,"福"在新条件的配合下变成了"祸","祸"在新条件的作用下变成了"福"。一张简洁的图,深刻地反映了对立面的同一性,体现了对立的双方在新条件的配合下相互转化。为了更深入地解释老子"反者道之动"的辩证法思想,以下试结合《道德经》具体举几个对立面相互转化的例子。

例 3.1:"先"与"后"的同一性

道德经里面讲到"前后相随"和"后其身而身先",这里面讲到的就是"先"与"后"的辩证关系。通常对"先与后"的关系的解释是,要居人先,必先甘居人后,先苦才能后甜。这个解释只对了一半,因为只讲出了从"后"向"先"的转化,而没有讲老子是如何理解从"后"向"先"转化的,没有这后一半的解释,就不能叫作相互转化了。老子说"夫唯不争,故天下莫能与之争",为了揭示其相互转化的关系,我们设计了"争与不争"作为新的条件,这个元的加入,使得"先"与"后"的辩证关系清晰明了。

从图 5-11 可以解读出"先"与"后"的同一性:本来居人之先,但是一味地跟别人争名夺利,势必会被人唾弃孤立,忝列人后;反之,虽然居人之后,但是无私奉献,不计名利,不与他人争利益,处处把利益让给别人,终究会被大家推到台前,成为大家的领袖。可以看到,"先"在"争"的条件下向着"后"转化,"后"也在"不争"的条件下向"先"转化。

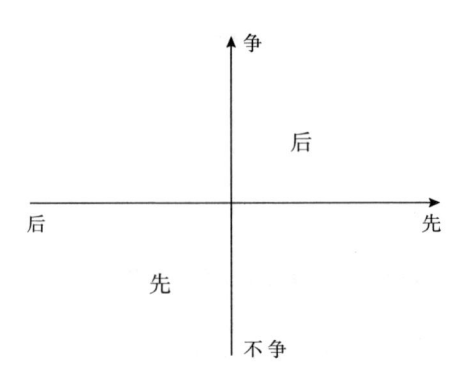

图 5-11 道家矛盾同一性思想示意

选择"争与不争"作为元是符合老子思想的本意的,除此之外,我们也可以有另外的选择,比如将"努力与不努力"作为元,如图 5-12 所示。

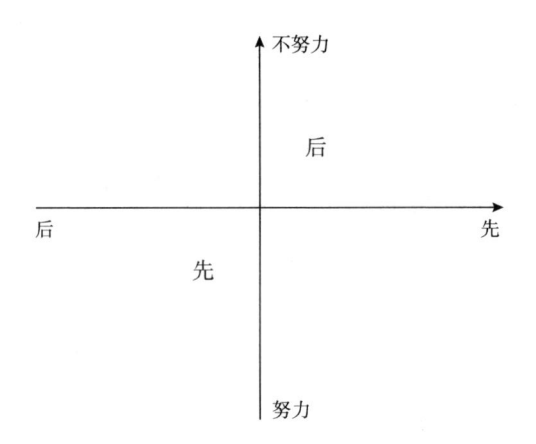

图 5-12 道家矛盾同一性思想示意

尽管居人之先,但是由于不努力,久而久之,终将被人赶超,最后沦为人后;虽然起点较低,一开始居人之后,但是毫不放弃,努力拼搏,终将居人之先。这也是一种关于"先"与"后"的同一性的解释,只是这种解释并不符合老子的本意而已。通过此例可以看到,对"元"的选择是灵活多变的。以下几例中,我们对"元"的选择均是从老子的本意出发。

例 3.2:"难"与"易"的同一性

老子在《道德经》里讲道,"难易相成","天下难事必做于易","多易必多难。是以圣人犹难之，故终无难矣"。这几句话讲到的就是"难"与"易"的同一性。通常对"难与易"的关系的解释是，要做难事，必先做好易事，但是这只体现了从"易"向"难"的转化，从上述老子的原文可知，其本意显然不止如此。要体现相互转化，就还需要说明从"难"向"易"的转化。按照老子的本意，我们选择"重视与轻视"作为新的条件变元，可以得到图5-13。

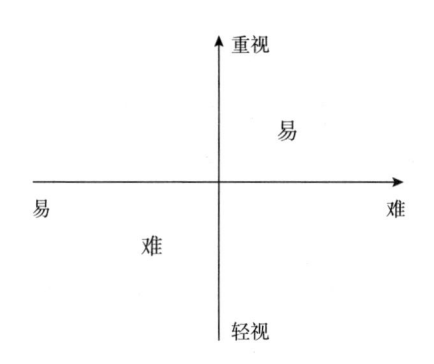

图5-13 道家矛盾同一性思想示意

可以解读出，尽管是难事，但是我们看到问题的难处，把它当作难事来重视，就可以解决困难，使之变得容易；虽然是易事，但是如果我们轻视对待，则反而会变得越来越难。可以看到，只要条件配合，"难"与"易"可以相互转化。

例3.3："高"与"下"、"贵"与"贱"的同一性

老子在《道德经》里讲道，"高下相倾"，"贵以贱为本，高以下为基"，讲的就是"高"与"下"、"贵"与"贱"的同一性。通常我们只是说，"贵"要从"贱"做起，"高"要以"下"为基础，但是这同样只说对了一半，反向的转化有必要讲清楚。根据老子的本意，我们选择"自大与自谦"来作为新的条件变元，由于这两组概念含义相近，故而用一个图来描述，具体见图5-14。

一个人尽管出身高（贵），但是他自大张狂，自视甚高，以精英自居，

```
              自
              大
                        下（贱）
     ────────────┼────────────→
   下（贱）        │    高（贵）
              高（贵）
              自
              谦
```

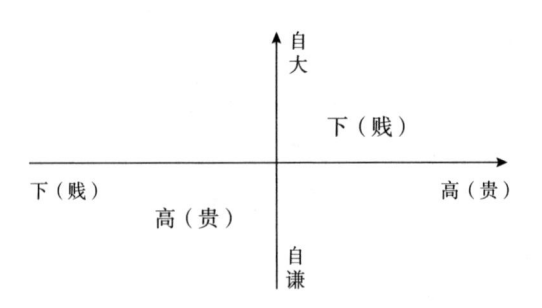

图 5-14　道家矛盾同一性思想示意

蔑视人民群众，终究也会被别人唾弃，沦为下（贱）；一个人虽然出身下（贱），但是他处处自谦，甘居众人之所恶，利万物而不争，知其白，守其黑，知其雄，守其雌，默默奉献，不居中功自傲，终将身居高（贵）之位。

例 3.4："强"与"弱"、"刚"与"柔"的同一性

老子在《道德经》里不止一处地讲到"强"与"弱"、"刚"与"柔"的关系，其理论的核心是"反者道之动"，其实践的核心则是"弱者道之用"，可见老子对于这一对概念的重视程度。老子强调："柔弱胜刚强"，并说"将欲弱之，必固强之"，"天下之至柔，驰骋天下之至坚"，"人之生也柔弱，其死也坚强。草木之生也柔脆，其死也枯槁。故坚强者死之徒，柔弱者生之徒。是以兵强则灭，木强则折。强大处下，柔弱处上"，"天下莫柔弱于水。而攻坚强者，莫之能胜。以其无以易之。弱之胜强。柔之胜刚"。这些大段的论述都是在强调"强"与"弱"、"刚"与"柔"的同一性，只要条件配合，"强"与"弱"、"刚"与"柔"皆可以相互转化。根据老子的原意，在此我们设计了"逞强与内敛"这一个元作为转化的条件。

如图 5-15 所示，（刚）强者不顾现实条件，一味逞强，锋芒毕露，反而早早招至祸患，就像那些高大的树木，飓风来时，最先折断的就是它们，如是看来，（刚）强者反而是（柔）弱的；反之，（柔）弱者能认清

```
              ↑ 逞强
              │
        （柔）弱
              │
──（柔）弱────┼────（刚）强──→
              │
        （刚）强
              │
              │ 内敛
```

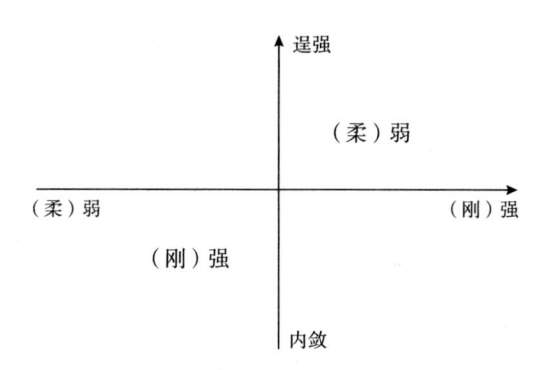

图 5-15　道家矛盾同一性思想示意

形势，顺势而为，沉着内敛，因而能逃避灾祸，化险为夷，就像那些柔弱的小草，虽然平时歪歪倒倒，显得不堪一击，但是，飓风过岗，伏草唯存，在狂风暴雨面前，它们反而显得最（刚）强。

例 3.5："有为"与"无为"的同一性

老子在《道德经》里讲道，"有无相生"，"为无为，则无不治"，"天下万物生于有，有生于无"，"道常无为，而无不为"。这里讲的就是"有为"与"无为"的同一性，这是老子最深刻的理论见解，也是道家所追求的最高境界。根据老子的本意，我们将"循道与不循道"这个元作为转化的条件。

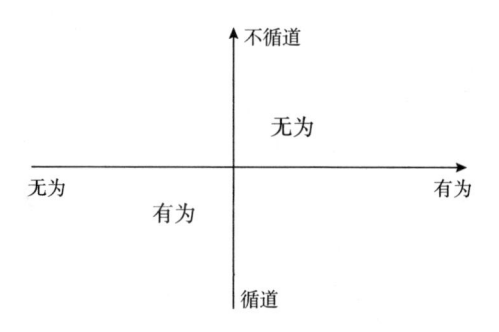

```
              ↑ 不循道
              │
            无为
              │
──无为────────┼────有为──→
              │
            有为
              │
              │ 循道
```

图 5-16　道家矛盾同一性思想示意

如图 5-16 所示，道家经常批评儒家太过于追求"有为"，不循道而为，反而乱了世道人心。老子说，大道废，有仁义，智慧出，有大伪；六亲不和，有孝慈，国家昏乱，有忠臣。这就是批评儒家不循道而为。对于此句有两种解释，一种解释为："大道被废弃了，才有提倡仁义的需要；聪明智巧的现象出现了，伪诈才盛行一时；家庭出现了纠纷，才能显示出孝与慈；国家陷于混乱，才能看出忠臣。"至德之世，大道兴隆，仁义行于其中，人皆有仁义，所以仁义看不出来；也就没有倡导仁义的必要。及至大道废弃，人们开始崇尚仁义，试图以仁义挽颓风，此时，社会已经不淳厚了。但是，在老子这里，仁义与大道废、大伪与智慧出、孝慈与六亲不和、忠臣与国家昏乱，形似相反，实则相成，因而第二种解释更显示出老子的深刻见解和对儒家更深刻的批评："正是因为儒家提倡仁义，所以大道被废；正是由于提倡礼仪，所以人们学会了智巧；正是由于提倡孝慈，所以六亲不和；正是由于提倡忠臣，所以国家昏乱。"这种解释彻底地批判了儒家的"有为"思想，揭示出一个历史的悲剧：正是儒家所提倡的一切，使得社会越来越堕落。这就是"有为"向"无为"的转化；与之相反，老子指出，"绝圣弃智，民利百倍；绝仁弃义，民复孝慈；绝巧弃利，盗贼无有"，并提倡，"不尚贤，使民不争。不贵难得之货，使民不为盗。不见可欲，使民心不乱。是以圣人之治，虚其心，实其腹，弱其志，强其骨；常使民无知、无欲，使夫智者不敢为也。为无为，则无不治"。这两段话充分表明了循道的"无为"更胜于"有为"，即所谓"无为则无不为"。

　　以上是对老子辩证思想的"变着讲"。由以上几个例子可以看到，由于我们根据情形设置了新的转化条件，应用"二重性逻辑"对于对立面的同一性有着较强的解释力，清晰简洁，一目了然，能深刻地体现对立面的相互转化。

第六章

**王海明《新伦理学》
思想中的"二重性逻辑"**

笔者形成二重性逻辑思维方式的缘起，可以追溯到清华大学的秦晖教授，十多年前，偶然读到秦晖教授的著作与文章，被其思想中严密的逻辑所征服，尤其有一张二重性逻辑图表引起了笔者持久的兴趣，自此，用二重性逻辑图表进行定性分析的思维方式成了笔者的习惯。在哲学专业的科研与教学过程中，笔者热衷于用此方法来追溯哲学家思想创新的秘密，或者用来解释各种思想之间的逻辑关联，或者用它来充实教学实践，比如对辩证法的二重性逻辑进行解读等。在秦晖教授之前，20世纪之初，由于专业的缘故，笔者就读到过王海明的《伦理学原理》，当时就被王海明教授严谨的逻辑所折服，后来又继续读他的《新伦理学》与《新伦理学原理》，发现里面的思想有太多二重性逻辑的特点。因而，在本书最后一章，分别选取二位教授的思想加以解读，一方面作为二重性逻辑思想应用的展示，另一方面对二位教授表示衷心的感谢。除了笔者的导师桂起权教授之外，这两位教授对笔者的影响是最为深刻的。由于本书的定位是作为一本思政专业学生创新性思维培养的辅导用书，故而在本章仅尝试用二重性逻辑解读王海明教授的新伦理学中的思想。

第一节 王海明新伦理学体系中的二重性逻辑研究

1. 道德终极标准

王海明新伦理学体系是对旧功利主义伦理学的重大改进,边沁以来的旧功利主义,始终面临着各种诘难,其中最致命的莫过于对道德终极标准的责难。人们认为,功利主义的道德标准,最大幸福原则或最大功利原则,或最大多数人最大利益原则,会导致不正义。有两个著名例证,奴隶制度和惩罚无辜。前者是说,如果一个社会实行奴隶制比非奴隶制更能增进最大利益净余额,那么按照功利原则,实行奴隶制就是应该的、道德的,这意味着功利原则,必导致非正义,因为奴隶制是非正义的。后者是说,法官明知一个人无辜,但如果惩罚宣判他死刑,便可阻止一场必有数百人丧命的大骚乱,那么按照功利原则,惩罚这个无辜者,便是应该的,道德的,所以,功利原则必导致非正义,因为惩罚无辜是非正义的。然而细究起来,这两个例证都有两种恰恰相反的可能性,一种可能性是在冲突不能两全的情况下,这个时候,两恶相权取其轻。杀死奴隶、惩罚无辜,是应该的,但不能说是正义的。另一种可能性是在不相冲突可以两全的情况下。这个时候,杀死奴隶、惩罚无辜都一定是不道德的,非正义的。批评者们对功利主义的结论犯了抓住一点不及其余的错误,抹杀功利主义的增进每个人利益总量和无害一人的增进利益总量标准,而把功利标准或功利主义完全等同于最大利益净余额或最大多数人最大利益标准,于是,便由这些标准在人们利益不相冲突而可以两全的情况下导致非正义,从而得出功利主义必然导致非正义的结论。[①]

---

① 王海明:《新伦理学原理》,商务印书馆,2017,第205页。

王海明关于道德终极标准的思想，来自经济学领域里的启发。新福利主义经济学大师帕累托，提出了帕累托标准，应该使每个人的境况变好，或是一些人的境况变好，而不使其他人的境况变坏，简言之，应该至少无害一人的增进利益总量。相反，旧福利经济学大师庇古的论点却是，收入应该均等化，富人应该把钱拿出来，资助穷人，直到收入平均化为止。庇古的错误，显然在于夸大最大利益净余额标准，不懂得这个标准仅仅适用于利益冲突不能两全的情况下。事实上富人与穷人的关系，并不是冲突的关系。从全社会的发展来看，富人与穷人的利益是一致的。富人有钱了，能创造更多的就业，最终惠及穷人。由此可见，最大利益净余额原则只能适用于利益冲突的情形下，而利益不冲突的情形下要用帕累托标准。王海明因此将旧功利主义伦理学的单一标准修改为一个"一总两分"的标准体系：道德终极总标准，是在任何情况下，都应该遵循的终极价值标准：增减每个人利益总量。分标准一是在人们利益不发生冲突，或发生冲突，而可以两全情况下的终极标准，就是帕累托标准：无害一人的增加利益总量。分标准二则是在人们利益发生冲突，而不能两全情况下的价值终极标准：最大利益净余额和最大多数人的最大利益标准。[①]

在人们利益发生冲突而不能两全的情况下，增进每个人利益总量是不可能的。因此只可能增加利益净余额。最大利益净余额标准具有正与反，或积极与消极两方面内容。正的或积极方面，是在增进一方利益的同时，必定减少另一方利益的情况下的最大净余额标准。可以概括为，两利相权取其重。反的或消极的方面，是在实在不可避免要遭遇到两种以上的损害情况下的最大利益净余额标准，可以概括为两害相权取其轻。在人们利益不相冲突，或可以两全的情况下，也就只有无害一人的增进利益总量，才符合增进每个人利益总量的终极总标准。反之，如果为了最大多数人最大利益，而牺牲最小少数人最小利益，那么不论这样做可以使利益净余额达

---

① 王海明：《新伦理学原理》，商务印书馆，2017，第186页。

到多么巨大的最大的程度，不论这样做可以给最大多数人造成多么巨大的、最大的幸福，都违背了增进每个人利益总量的终极总标准，都是不好的、不应该的和具有负价值的。例如，假设损害一小撮人，某国家就会突飞猛进，从而给最大多数人带来极为巨大的幸福，使利益净余额达到最大限度。如果不损害这一小撮人，该国家最大多数人也并不会受到任何损害，但是该国家却会发展缓慢，从而最大多数人得不到最大幸福，利益净余额达不到最大限度。这种情况下，怎样做才是应该的？答案是应该选择后者。

王海明新伦理学的道德终极标准体系具有强大的解释力。以哈曼设计的两个思想实验为例。第一个例子，一个医生，如果把极其有限的医药资源用来治疗1个重病人，另外5个病人就必死无疑，如果用来救活这5个病人，那个重病人就必死无疑。医生显然应该救活5个人，而让那一个重病人死亡。第二个例子，有5个分别患有心脏病、肾病、肺病、肝病、胃病的人和一个健康的人，这5个病人如果不进行器官移植，就必死无疑，如果杀死那个健康的人把他的这些器官，分别移植到这5个病人身上，这5个病人就一定能活命，而且会非常健康，医生应该怎么办？显然不应该杀死那个健康人而救活这5个人。问题就是，为什么第一个案例应该为救活5个人而牺牲1人，第二个却不应该？

答案就是，第一个案例中5个人与1个人的利益发生了冲突。5个人活命必然导致那一个人死，反过来，那一个人活命必然导致这5个人死。这个时候应该采用最大多数人最大利益标准。反之在第二个案例中，5个病人与1个健康人的利益并没有发生冲突，保全这个健康的利益和性命，并没有损害那5个病人的利益和性命，这个健康人的性命并不是用这5个人的性命换来的。因为并不是那个健康人要活命，就必定导致那5个人死，也不是那5个人的死亡才换来这个健康人的生命。那5个人的死亡是他们的疾病所致，与那一个健康人的生命没有任何关系，没有关系，就没有利益冲突。这个时候，就应该采用无害一人的增进利益总量标准。①

可以看到，旧功利主义只以"最大多数人的最大利益"作为道德标准是单一的，而且是片面的。因为它只看到了整体利益和多数人利益，却忽视了少数人利益。为了解决这一困境，王海明增加了一重标准，即利益是否冲突，由此形成了两条分标准，极大地提升了体系的解释力，这就是二重性逻辑思维方式的体现。

如图 6-1 所示，二重性逻辑常常将前人总结的概念或规律作为大前提或小前提，然后寻找一个新的标准，将之作为小前提或者大前提，从而推理出更深入的结论。本来义务论者与功利主义者的对立是一重性的，即增进每个人道德与增进每个人利益的对立。王海明在大前提"增进每个人利益"下，加上一个小前提"利益是否冲突"，就分别推理得到了"最大多数人最大利益"与"无害一人地增加全社会利益"这两个分标准。

```
                    ↑ 增进每个人利益
                    |
  无害一人地增     |  最大多数人最大利益
  加全社会利益     |  或者最大利益净余额
  总量原则         |  原则
                    |
利益不冲突 ─────────┼───────────── 利益冲突
                    |
                    |
                    ↓ 增进每个人道德
```

图 6-1 道德终极标准思想创新

不仅如此，王海明在解决有关道德目的而出现的人类中心主义与非中心主义之争时，也用到了这一方法。随着生态伦理学的出现和发展，形成了非人类中心主义与人类中心主义之争。只有道德的特殊的起源、目的和标准，才可能是为了增进人类与动植物等非人类存在物的共同利益。而道德的终极的起源、目的和标准，必定只能是为了增进人类的利益。这样一

---

① 王海明：《新伦理学原理》，商务印书馆，2017，第 196~197 页。

方面，当人类与动植物等非人类存在物的利益一致时，便应该既增进人类利益，又增进动植物利益。这个时候，非人类中心主义是对的。另一方面，当动植物等非人类存在物的利益与人类的利益发生冲突，不可两全时，便应该诉诸道德终极标准，增进人类的利益，从而应该牺牲动植物等非人类存在物的利益，以保全人类的利益。这个时候就应该采取人类中心主义的立场。道德毕竟是人创造的，难道人类创造道德的目的就是反对自己而自取灭亡吗？所以，道德的终极目的，绝不可能是增进人类与非人类存在物的利益，最终说来，人类利益的道德价值高于一切。

可以看到，王海明熟练地运用二重性逻辑的思维方法，用增加一重标准的方法去解决疑难，并且加深了我们对问题的理解。二重性逻辑在具体运用中的关键，是找到恰当的新标准，能切中要害。很显然，二重性逻辑不是简单的分类，而是有明确分类标准的分类。二重性逻辑也不是盲目的分类，而是根据矛盾双方的内在性质，找到相同点与对立点，从而寻找到新的分类标准。比如，通过对"实行奴隶制"与"惩罚无辜"两个质疑的分析，发现了最大利益净余额原则与正义原则的冲突，从而找到了"利益是否冲突"这一重大的分类标准，以此作为小前提，从而就能从总标准推理出两条分标准了。对于人类中心主义与非人类中心主义的争论，同样可以从二者的矛盾焦点找到分类标准。当人类面临严重饥饿时，他应该不应该吃动植物？这个时候就能找到分类标准了，那就是看动植物利益与人类利益是否冲突。①

2. 在归纳总结时使用二重性逻辑

在元伦理学中，关于应该、善、价值的产生和推导过程及其价值论、评价论和规范论的推导方法，是一些极为复杂的难题，这些难题的复杂性还表现在，元伦理学家们对于它们的研究，竟分为五大流派：自然主义、直觉主义、情感主义、规定主义和描述主义。王海明运用二重性逻辑的思

---

① 王海明：《新伦理学原理》，商务印书馆，2017，第177页。

维方法，使用清晰的分类标准将其一一分类，并且其异同十分明了。王海明对上述五种派别作了如下总结：情感主义和规定主义，把所有已产生和存在的条件与标准，如主体的需要、欲望、情感，当作应该产生和存在的源泉与实体。因而误认为应该存在于主体的需要欲望情感之中，是主体的需要欲望感情的属性。于是也就只能从主体的需要欲望、感情、而不能从事实中推导出来。反之，自然主义和描述主义则未能看到，主体的需要欲望目的，是应该产生和存在的条件与标准，而只看到事实是应该产生和存在的源泉与实体，因而误以为从事实自身，直接便能产生和推导出应该。于是也就把事实与应该等同起来。直觉主义正确地看到，只有通过一种中介，才能从事实产生应该，却未能发现这种中介就是主体的需要欲望目的，而误以为是直觉，从而误认为应该是通过直觉产生于事实。①

王海明对五种理论的分类采用了是否来自主体与是否来自客体作为标准，图6-2清晰地反映了二重性逻辑的思维方式。

图6-2 五种元伦理学思想分类比较示意

在论及道德起源与目的时，功利主义认为道德是必要恶，所以道德起源与目的必定是他律的，对道德性质的看法深深影响关于道德起源与目的的观点。王海明为了论证这一点，举了两个错误的观点为例。一方面，儒家与康德等义务论者大多只见道德和美德，以及政治和法律之利

---

① 王海明：《新伦理学原理》，商务印书馆，2017，第94~106页。

而不见其害，进而将其结果与其本身混同起来，于是，便由其结果是利和善而错误地得出结论说，道德和美德，以及政治和法律，不是必要的恶，而是必要的善。另一方面，道家无政府主义者，则只看见道德和美德以及政治和法律之害，而不见其利。将其本身与结果，都视为恶，于是错误地得出结论说，道德和美德，以及政治和法律，都是一种不必要的恶。

如图6-3所示，"必要与不必要"与"善与恶"可以构成四种组合，其中三种分别就代表了这三种观点。这样的分类方式清晰明了。这就是二重性逻辑的优点。

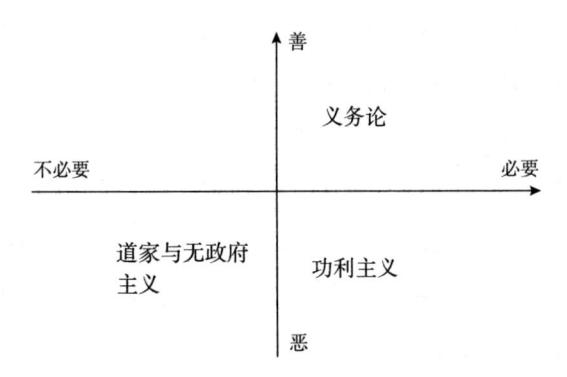

```
                    ↑ 善
                    |
            义务论  |
                    |
    不必要          |          必要
    ────────────────┼────────────────→
                    |
    道家与无政府    |   功利主义
    主义            |
                    |
                    ↓ 恶
```

图6-3　王海明关于道德目的思想的示意

"二重性逻辑"具有拓展创新与描述解释的功能，以上两大示例分别展示了这两方面。恰当地运用这种方法有助于我们拓展思维领域，优化思维结构，往往会发现新的领域，擦出新的思想火花。

3. 提出"为己利他"的思想

在古典功利主义那里，一个最大的困难是如何解决个人利益与公共利益的一致性问题。根据边沁的苦乐原理，人是趋乐避苦的动物，每个人都非常在意自己的苦乐，但是根据他的功利原理，却要求每个人都追求最大多数人的最大幸福，如何能够使这两种不同的目标达成一致呢？边沁提出了一系列的制裁方法，分别是自然制裁、政治制裁、道德制裁和宗教制裁。密尔把边沁的制裁理论统称为外部制裁，有一些外在的力量能够推动功利主义道德的实施，例如希望从自己的同胞和宇宙的主宰那里得到恩宠。但是密尔更为看重的是内部制裁，他认为任何义务的内部制裁只有一种，那就是我们内心的情感。但在西季威客看来，无论是法律的外在制裁还是良心的内在制裁，都无法产生出义务与幸福的完全一致。但是他最终也没有能够提出合理的解决方案。

功利主义与利己主义的人性基础都是自爱心或利己心，但是古典功利主义的目标是增进公共利益，利己主义的目标是增进个人利益。西季威克在处理功利主义与利己主义的关系时，遇到了两难的困境，他认为这两种理论所规定的义务都是人们应当去实施的。功利主义要求每个人都应当去追求普遍幸福，利己主义则要求每个人应当追求私人幸福，谁也不能压倒谁，但他们的要求在许多场合无疑又会发生冲突。王海明教授认为，之所以会有这样的困难，其根本原因在于他们没有区分行为目的与行为手段，从而无法区分利己主义与功利主义的行为方式。利己主义实际上是行为目的利己，行为手段也利己，从而行为结果上利己。而功利主义则是行为目的利己，但是行为手段上利他，从而行为结果上既利己也利他，既能增进个人利益，也能增进公共利益。

王海明教授使用二重性逻辑，将人的行为按照目的与手段进行分类，目的与手段分别又可以分为利己与利他，这样一来就可以有十六种行为，最终合并为三种善行与三种恶行。图6-4用二重性逻辑演示其一部分行为分类。

可以看到，按照行为目的与手段和利他与利己两大分类标准，可以有四种行为，其中目的利他两种行为可以合为一种，统称为"无私利他"，这样便分别得出"无私利他""为己利他""完全利己"这三种层次不同的善的行为。王海明教授提倡的新功利主义其实就是"己他两利"行为，利己主义其实就是"完全利己"的行为。可以说王海明教授对功利主义行为的具体化是一个非常重大的理论创新，其所运用的正是以二重性逻辑为基础的组合式创新。

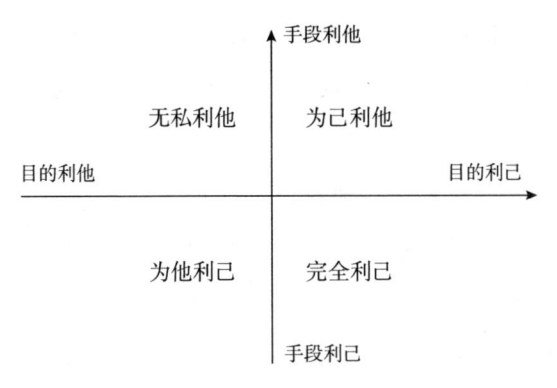

```
            ↑ 手段利他
            |
   无私利他  |  为己利他
            |
目的利他 ————+————→ 目的利己
            |
    为他利己 |  完全利己
            |
            | 手段利己
```

图 6-4 为己利他思想创新

王海明运用二重性逻辑，从对行为目的与行为手段的区分上对二者做出了精准的分类，以此为基础，很容易得出结论，那就是"为己利他"的行为相比利己主义所提倡的"完全利己"行为和义务论所提倡的"无私利他"行为更加普遍更加符合人性的行为事实。利己主义者只看到行为目的大多数是利己的，因而错误地得出结论说，只有利己的行为是符合人性的。义务论只看到行为手段大多数是利他的，且错将手段误认为目的，因而错误地得出结论说，只有无私利他的行为是人之所以为人的体现。而王海明教授精确地区分了行为目的与手段，从而得出更为合理的结论，那就是伦理行为定律，就全社会绝大多数人的行为来看，"为己利他"的行为在目的上利己，在手段上利他，是最符合人性也最有利于社会的伦理行为。用二重性逻辑示意如图 6-5 所示。

```
王海明："为己利他" 兼顾目的与手段的
考量，是符合绝大多数人性行为事实的行为
              ↑ 目的与手段兼顾
              |
只看到目的    |           只看到手段
————————————+————————————→
   利己主义   |            义务论
              |
              | 目的与手段割裂
```

图 6-5 行为目的与手段思想创新

王海明的这一创新是本质的创新,义务论与利己主义者都只片面地看待行为目的与手段,而王海明从这一角度出发,实现了理论上的重大创新。

4. 对"为己利他"合理性的论证

王海明教授在论证"为己利他"的合理性时,也多次使用了二重性逻辑的分析方法。他的论证过程分为三个步骤。第一步,根据人性论的分析,总结伦理行为原动力、目的与手段规律,得出行为手段多数利他同时行为目的必定利己的结论。从而从人性方面论证了"为己利他"行为是最符合人性且最有利于社会存在发展的结论。人的行为原动力与行为目的规律是人性方面的考察,王海明认为,行为目的利己是符合人性的,"恒久为自己而偶尔为他人"是人性的心理力学法则。人的行为手段规律符合社会存在发展要求方面的考察。人在选择行为手段时,最终要考虑到社会存在与发展的要求,因而从统计规律上可以发现,人的行为大多数是利他行为,这是符合社会要求的选择,反之则不是。①

```
            ↑符合社会要求
            │
  无私利他   │   为己利他
            │
不符合人性 ──┼────── 符合人性→
            │
            │   完全利己
            │
            │不符合社会要求
```

图 6-6　王海明论证为己利他合理性示意

如图 6-6 所示,只有"为己利他"的行为是既符合人性又符合社会发展需求的行为,因而被认为是最大的善。这种用二重性逻辑进行论证的思维方式非常严谨周密而且发人深省。

---

① 王海明:《新伦理学原理》,商务印书馆,2017,第 251~260 页。

第二步，根据道德终极标准总体系，"无私利他"行为适用于利益不一致而且不能两全的情形，不能适用于利益一致可以两全的情形。在利益一致可以两全的情形下，只能选择"为己利他"的行为。因为，一方面，无私利他是单赢原则，它虽然增加了他人利益总量，却没有增加自我利益总量，甚至减少了自我利益总量。反之，为己利他行为是一种双赢原则，它不仅增加了他人利益总量，而且增加了自我利益总量。另一方面，由于为己利他行为包含有为己的动机，具有强大的动力，所以相比动力没有那么强烈的无私利他行为，更能极大地增加社会利益总量。

如图 6-7 所示，王海明教授认为，"为己利他"相比"无私利他"有更大的行为原动力，而且是双赢原则，因而，在利益一致可以两全的情形下，"为己利他"行为是最优的选择。

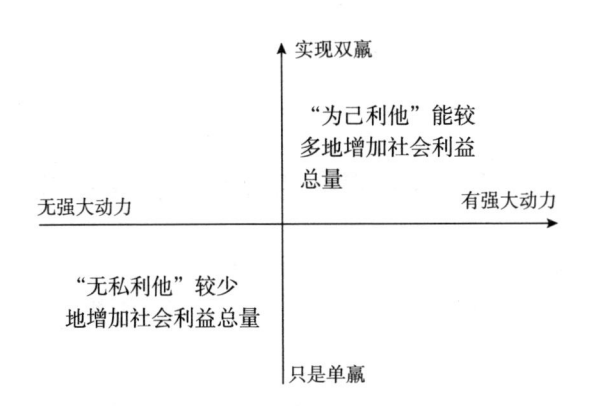

图 6-7 王海明论证为己利他合理性示意

第三步，王海明指出，无私利他仅仅是最高的善，却不是最大的善。为己利他不是最高的善，却是最大的善。无私利他是最高且偶尔善原则，为己利他是基本且恒久善原则，这个结论的根据就是两个方面：一方面，如上所述，在利益一致可以两全的情形下，为己利他的行为能更多地增加全社会利益总量；另一方面，在日常生活中，利益一致可以两全的行为是占绝大多数的，所以为己利他行为是具有更大行为范围与更大行为利益的善，因而是最大的善，是基本善而且恒久善。①

如图 6-8 所示，一方面，从行为的效果看，为己利他比无私利他更多地增加了社会利益总量，另一方面，从社会行为的统计规律来看，利益一致可以两全的行为占全社会所有行为的绝大多数，因而综合这两点可以得知，为己利他行为是最大的善的行为。

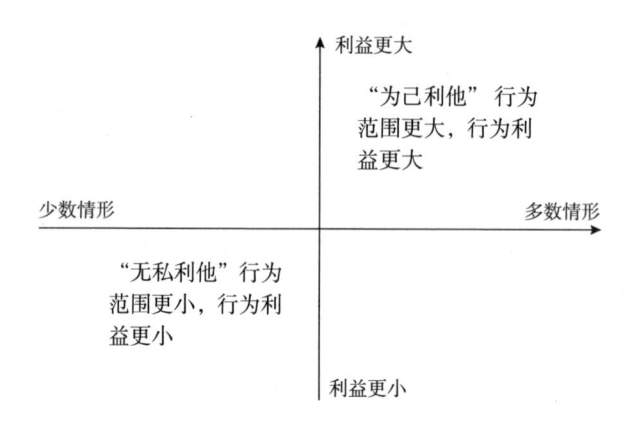

图 6-8　王海明论证为己利他合理性示意

第二节　二重性逻辑视域下的多元主义立场

除了在创新领域擅长定性分析以外，二重性逻辑还给我们以更为深刻的启示，那就是，任何一个人文社科领域的研究都不要只局限于某一个标准，否则会导致理论走向极端化。按照辩证法的精神，我们应当把握两个相对立的标准之间的辩证统一，二重性逻辑同样旗帜鲜明地主张人文社科领域研究的多元主义立场。

以伦理学为例，规范伦理分为两大理论体系：目的论和义务论。目的论和义务论的主要区别在于二者判断道德行为正确性的标准不同。义务论认为，如果行为符合道德"应当"的行为规范的形式，那么这种行为就是

---

① 王海明：《新伦理学原理》，商务印书馆，2017，第 277~279 页。

道德的，而不必考虑行为的效果。而目的论却将行为所导致的"善"的结果作为首要标准，判断行为是否道德要看其是否有助于"善"的实现。义务论是看动机，而目的论是看结果。事实上二者皆有其正确的一面，义务论纯粹了道德的意义，仅将从内心的善良意志出发的伦理行为称为道德的，目的论则具有实践中的可操作可量化的优点。二者又皆有其缺点，义务论过于拔高了人性中神性的一面，而目的论则过于强调了人性中动物性的一面，二者皆易导致伪善。因而无论是哪一派的学者，都必然因坚持某一标准而出现理论漏洞，造成这一问题的根本原因是人们在研究中不敢坚持多元主义的立场。

王海明《新伦理学》体系也存在类似的问题，他基本上是站在功利主义的立场，对功利主义的道德标准做了进一步的细分，可以说做了非常重大的创新。但是他对义务论持严厉批判态度，而无法合理解决功利主义无法回避的非正义问题，这是不可取的。规范伦理学关于道德的标准完全可以有两个，一个是目的论的标准，另一个是义务论的标准。从而可以划分为四种情况。

图 6-9　伦理学双重标准示意

如图 6-9 所示，以上四种情况中，第一、二、四象限的情况皆为道德的，它们或者符合目的论或者符合义务论，其中第一象限毫无疑问是最优选择，而第三象限则一定是不道德。可以看出，如果使用二重性逻辑来梳理的话，兼顾两种对立标准，并未造成理论上的混乱，相反，这样的好处是二者皆不偏废，具有理论上的灵活性和宽容性，又有实践上的可操作性。

为什么伦理学设置两个标准更好呢？因为伦理问题归根结底是价值问题，价值既具有客观性又具有主体性，因而在做价值评价的时候既要从主体出发，又要从客体满足主体的效用程度出发。故而，在判断一个行为道德与否的时候，既要看行为动机及行为本身是不是正当的，同时又要看行为效果的善恶。

以伦理学史上十分著名的"惩罚无辜"案例为例。这个例证是说，法官明知一个人无辜，但如果惩罚、宣判他死刑，便可平息一场数百人的骚乱，从而避免数百人丧命。按照功利原则，应该惩罚这个无辜者，由于惩罚无辜是非正义的，所以功利原则必然导致非正义。这是人们对功利主义者提出批评时所举的典型案例，无论是古典功利主义、行为功利主义还是规则功利主义都无法克服这一致命的缺陷。即使是王海明教授的新功利主义，认为在个人利益与集体利益无法调和不能两全时，当正义与增进每个人利益总量的道德终极总标准发生冲突时，由于增进每个人利益总量的道德终极总标准高于公正的道德标准，只能选择非正义的行为——惩罚无辜。尽管王海明教授的新功利主义对传统功利主义的道德标准做了重大修改，从而成功避免了传统功利主义面临利益冲突可以调和时做出非正义的行为选择，但是在"惩罚无辜"的案例中，使用王海明教授的标准时，依然只能得出赞成非正义的结论。究其根本原因，乃是王海明教授认为，增进每个人利益总量这个非道德价值标准高于公正或正义这个道德价值标准，他始终不愿意接受两个标准同时使用。笔者尝试同时使用义务论与功利主义的标准来解决此案例。笔者选择"正义"与"非正义"或"道德正价值"与"道德负价值"这个义务论的标准，同时选择"非道德正价值"与"非道德负价值"这个功利主义的标准，用二重性逻辑示意见图6-10。

在该情境中，可以选择的处理方式只有以上两种，表面上看，第二种选择导致数百人丧命，是一种不理智的选择，但是可以设想，一旦破坏了正义，从长远看，或者法官常以各种借口来夺人性命，或者民众时常被人

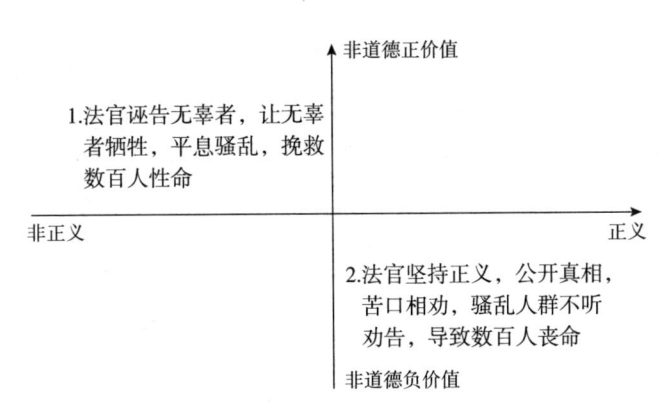

```
            非道德正价值
             ↑
 1.法官诬告无辜者,让无辜 │
   者牺牲,平息骚乱,挽救 │
   数百人性命            │
                         │
─────────────────────────┼─────────────────────→
  非正义                 │              正义
                         │  2.法官坚持正义,公开真相,
                         │    苦口相劝,骚乱人群不听
                         │    劝告,导致数百人丧命
                         │
                      非道德负价值
```

图6-10 "惩罚无辜"案例分析

蛊惑,引发骚乱,以胁迫法官陷害无辜。那样不仅失去了正义,而且无辜者的性命未见得牺牲更少。所以,第二种选择与第一种选择难分伯仲。因此,如果将道德价值标准与非道德价值标准视为同等地位来考虑,并不会带来选择上的困扰,相反却可以多一重选择,考虑得更为周详。

如果将"惩罚无辜"的案例稍做一点修改,则可以看到双重标准的作用更为明显。此案例笔者称为"交出疑犯"案例,假设一个小镇被敌人围困,被要求必须交出一名事实上并不存在的未知疑犯,方可拯救小镇其他人的性命,此时法官将如何抉择呢?与上个案例相同的是,其中一个人的性命与其他人的性命发生冲突不可调和,不同的是,这个人是未知的。这个案例中,便可以兼顾两种价值标准。选择"正义"与"非正义"或"道德正价值"与"道德负价值"这个义务论的标准,同时选择"非道德正价值"与"非道德负价值"这个功利主义的标准,用二重性逻辑示意见图6-11。

在这个案例中,总共可以设想有以上四种结果供选择。我们在评价这几种行为的伦理价值时,既要从义务论的正义标准入手,又要考虑所产生的结果是否具有非道德价值。在我们依据常识道德评价的时候,其实常常是两个标准同时兼顾的。依据常识就可以对上述四种行为选择进行排序,最优选择无疑是第一种,自愿为集体牺牲自我固然也是非正义,但这种行为是仁慈,它虽不是正义,却是超正义,而且保全了小镇上其他所有人的

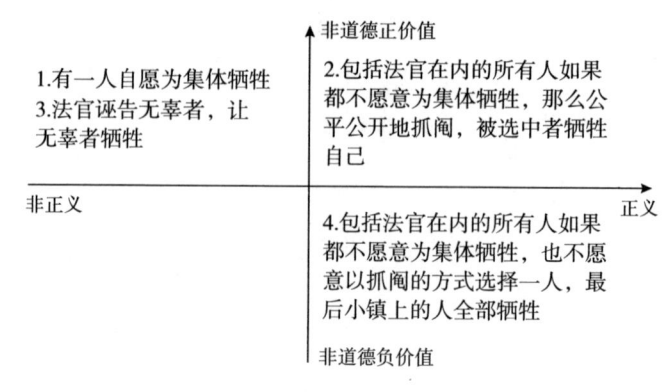

```
                    ↑ 非道德正价值
1.有一人自愿为集体牺牲    2.包括法官在内的所有人如果
3.法官诬告无辜者，让      都不愿意为集体牺牲，那么公
  无辜者牺牲              平公开地抓阄，被选中者牺牲
                         自己
─────────────────────┼─────────────────────→ 正义
   非正义              4.包括法官在内的所有人如果
                         都不愿意为集体牺牲，也不愿
                         意以抓阄的方式选择一人，最
                         后小镇上的人全部牺牲
                    非道德负价值
```

图 6-11 "交出疑犯" 案例分析

性命。因而结果具有正价值，所以毫无疑问是最优选择。次优选择是第二种，这种情况很少被人考虑到，但不失为一种比较理想的选择。它既符合了正义的标准，又达成了具有正价值的结果。而功利主义所倡导的选择则居于第三位，它虽然具有正价值，但违背了正义。第四种选择无疑是悲剧性选择，它的结果具有负价值，但从义务论角度看，它仍然是符合正义原则的，不愿意为集体牺牲自己的人，接受失去生命的惩罚，这未尝不是一种正义。第三种与第四种相比较，一个符合义务论但不符合功利主义，一个符合功利主义但不符合义务论，但这不妨碍我们根据常识可以轻而易举地做出选择。所以由此例可以看出，同时兼顾义务论与功利主义两个标准不会陷入混乱，通常也不会与常识相违背，反而可以多提供几种理想的选择，并给出清晰的选择理由。

其实像这样两个标准同时使用的例子大量出现在我们日常生活当中，已经融入到常识道德及常识管理的思维过程之中。常识道德在评价行为道德与否的时候，往往会既考虑其动机又考虑其后果。在尾生之信的例子中，虽然人们觉得尾生迂腐，令人惋惜，但是考察其行为动机和行为本身，人们还是称其为道德的行为。当代国外有一些富豪设立慈善基金，其动机可能是为了避税，但公众普遍并不恶意推测其动机，而是根据其行为对社会产生的正向效果，愿意称其为慈善家。以上两例说明，在常识道德中，其实我们常常是两个标准同时使用的。同样，在日常治理活动中，我们也是这样评价一个学生、员工、领导或一个集体的。一个学生学习很勤奋，但成绩上不去，我们也不会给差评，相反，一个学生尽管特立独行，但是成绩好，对班级有贡献，我们也不会给差评。这两种学生，一个是主体能动性强，另一个是对班级荣誉有贡献，两者都是教师眼中基本合格的学生。其他诸如此类的评价活动在各个领域比比皆是，但其基本逻辑都是一样的，都会从主体性及客观效果两方面综合考虑，这丝毫没有影响到日常的评价活动，那么在理论上为什么就不能承认两个标准同时成立呢？

研究伦理学史便可以发现，功利主义这一流派，无论是古典功利主义，还是行动功利主义与规则功利主义，或是王海明教授的新功利主义，最终都有一个共同的问题无法解决，那就是无法回答非正义的质问。至于义务论这一流派亦是如此，无论是直觉主义的义务论，还是规则主义的义务论，或是契约论的义务论，最终都无法解决实际行为各种义务相冲突时如何取舍的问题。美国伦理学家罗斯就认为，功利主义与义务论有一个共同的错误，那就是他们都想为道德寻求一个唯一的标准。他提出的自明义务与实际义务的区分，也正是试图采用多元标准以调和功利主义和义务论，尽管最后不能算十分成功，但是指明了方向，那就是一定要破除伦理学只有唯一标准的传统固有思维，其实这也是一种笔者上述所总结的本质创新，具体见图 6-12。

图 6-12 罗斯义务论思想创新示意

罗斯的探索为我们进一步的思考提示了方向，从多元主义的视角延伸出去，除了伦理学领域以外，就整个国家治理体系而言，亦不乏多元主义的用武之地。国家治理无论是在德治、法治或政治上，都面临如何评价以及如何抉择的问题。参照上述多元主义观点，本书认为，在实际评价和治理领域，无论是理论还是实践层面上，我们都应该采取多重标准共同作用，这样避免片面化与极端化，内在地符合了辩证法的要求。我们评价或选择的标准除了主体性的方面，还应当有经验效果上的考虑。仅采用其中任意一方作为唯一的标准，都会导致实践上的偏差。主观主义与效果主义两个标准同时兼顾，这并不必然导致理论的混乱和实践上的麻烦，相反，它是我们探索国家治理之路的必然途径。

参考文献

[1] 〔美〕梯利:《西方哲学史》,商务印书馆,1995。

[2] 赵敦华:《西方哲学简史》,北京大学出版社,2001。

[3] 〔德〕文德尔班:《哲学史教程》,罗达仁译,商务印书馆,1993。

[4] 邓晓芒:《古希腊罗马哲学讲演录》,世界图书出版公司,2006。

[5] 邓晓芒:《康德哲学讲演录》,广西师范大学出版社,2006。

[6] 邓晓芒:《邓晓芒讲黑格尔》,北京大学出版社,2006。

[7] 王海明:《新伦理学原理》,商务印书馆,2017。

[8] 龚群:《西方伦理思想史》,高等教育出版社,2019。

[9] 〔德〕黑格尔:《小逻辑》,贺麟译,商务印书馆,2007。

[10] 江天骥:《当代西方科学哲学》,中国社会科学出版社,1984。

[11] 王小刚:《科学巨匠的哲思:彭加勒哲学思想研究》,江西高校出版社,2013。

[12] 肖前:《马克思主义哲学原理》,中国人民大学出版社,1994。

[13] 冯友兰:《中国哲学简史》,民主与建设出版社,2017。

后 记

　　二重性逻辑在人文诸学科中的概念创造与思想创新过程中的运用是一项复杂而艰深的课题，由于水平有限，笔者只是就自己所熟悉的领域做了一点粗浅的研究，可以说，二重性逻辑的内涵之深度与外延之广度远未充分展示出来，有待笔者今后的努力及其他学者的参与。本书的创作要追溯到读研究生期间。在研读西方哲学史时，笔者发现哲学家的思想创新过程似乎有一些固定的模式，理解并掌握概念之间的裂变与衍变关系常常是我们学习哲学史的入门之匙。后来受到秦晖教授绘制的一张关于社会思潮的逻辑图的启发，笔者开始结合导师桂起权教授关于辩证逻辑概念属于"流动范畴"的论述，思考一种类似于辩证逻辑的实质逻辑。起初笔者称之为"二元分类法"，后来桂起权教授指出，"二元"只是同一个平面同一个层次的，而推理过程的"大前提"与"小前提"之间、概念的"属"与"种差"之间是"二重性"的关系，是一种层次递进的关系。综合以上因素，笔者将这种方法称为"二重性逻辑"，比较贴切地描述了这种思维方式，从而就有了这本书的呈现。所以，在此要向启发和指导我的前辈们致以诚挚的谢意！

　　本书的内容共有两大部分，分为六章，前两章是对二重性逻辑的概念、特征与功能进行界定，重点阐述了二重性逻辑在思想创新方面的几种情形，其中以"综合创新"与"本质创新"最为突出，这两种是最为常用的创新模式。后面四章分别列举西方哲学史、马克思主义哲学及其他人文社科领域诸例证加以说明。二重性逻辑非常恰当地体现了范畴的流动性，其范畴既不是形式逻辑僵化的范畴，也不是辩证逻辑模糊的范畴，在二重性逻辑各种图表里面，范畴的流动性与具体性体现得十分直观而明确。不同的情形下采用不同的范畴，不拘泥，但又不使之空泛。

此书能够出版，除了要感谢我的导师桂起权教授以及其他学界前辈之外，还要特别感谢宜春学院政法学院院长刘天杰教授与书记聂火云教授的鼎力支持，感谢为本书出版而辛勤工作的曹义恒编辑与岳梦夏编辑。篇幅所限，还有许多同事与前辈无法在此一一致谢，敬请谅解！

由于可以借鉴的研究成果不多，所以笔者基本上是从零做起，对自己多年的体会做一点总结，由于水平所限，文中难免出现不当与疏漏之处，只能算是抛砖引玉，希望能得到学界的批评与关注，敬请各位专家与同人赐教。

图书在版编目(CIP)数据

"二重性逻辑"研究:哲学方法论之探寻/王小刚著.--北京:社会科学文献出版社,2022.5
ISBN 978-7-5228-0092-9

Ⅰ.①二… Ⅱ.①王… Ⅲ.①逻辑学 Ⅳ.①B81

中国版本图书馆 CIP 数据核字(2022)第 084554 号

"二重性逻辑"研究
——哲学方法论之探寻

著　　者 / 王小刚

出 版 人 / 王利民
组稿编辑 / 曹义恒
责任编辑 / 岳梦夏
责任印制 / 王京美

出　　版 / 社会科学文献出版社·政法传媒分社(010)59367156
　　　　　　地址:北京市北三环中路甲29号院华龙大厦　邮编:100029
　　　　　　网址:www.ssap.com.cn
发　　行 / 社会科学文献出版社(010)59367028
印　　装 / 三河市尚艺印装有限公司

规　　格 / 开 本:787mm×1092mm　1/16
　　　　　　印　张:15　字　数:212千字
版　　次 / 2022年5月第1版　2022年5月第1次印刷
书　　号 / ISBN 978-7-5228-0092-9
定　　价 / 98.00元

读者服务电话:4008918866

版权所有 翻印必究